Bettina Selby
Himalaja

Zu diesem Buch

Eine Frau um die fünfzig fährt mit ihrem Fahrrad 8000 Kilometer von Karatschi Richtung Himalaja, durch Indien und Nepal bis nach Katmandu. Immerhin, wenigstens das Fahrrad ist eine Spezialanfertigung – zum Nachbauen gibt's die genauen Anweisungen. Das ist aber auch der einzige Luxus auf der fünfmonatigen Tour, die Bettina Selby mitten hineinführt in die Fremde, die sie konfrontiert mit unabwägbaren, manchmal auch gefährlichen Situationen, mit Neugier und Gastfreundschaft, mit Zudringlichkeit und Zuneigung, vor allem aber mit dem intensiven Erleben einer atemberaubenden Landschaft. Der Leser teilt das Erstaunen und die Bewunderung der Autorin – eine Reiseverführung!

Bettina Selby, geboren 1934 in London, ging als Fünfzehnjährige zur britischen Armee, arbeitete später als Fotografin und studierte dann Religionswissenschaften. Zahlreiche Buchveröffentlichungen über ihre Reisen und abenteuerlichen Radtouren: »Ah Agala! Mit dem Fahrrad durch Afrika«, »Timbuktu. Eine Frau in Schwarzafrika allein mit dem Fahrrad unterwegs«, »Himalaja. Mit dem Fahrrad durch Nepal, Kaschmir und Sikkim«, »Ararat! Mit dem Fahrrad durch Kurdistan« und »Der Jakobsweg. Mit dem Fahrrad nach Santiago de Compostela«.

Bettina Selby
Himalaja

Mit dem Fahrrad durch Nepal, Kaschmir und Sikkim

Aus dem Englischen von
Jürg Wahlen

Mit 22 Farbfotos

Piper München Zürich

Von Bettina Selby liegen in der Serie Piper vor:
Ah Agala! (1257)
Himalaja (3338)
Timbuktu! (3664)
Ararat! (3835)
Der Jakobsweg (4140)

Für Peter

Ungekürzte Taschenbuchausgabe
Dezember 1994 (SP 1609)
1. Auflage Juni 2001 (SP 3338)
3. Auflage Juli 2004
© 1984 Bettina Selby
Titel der englischen Originalausgabe:
»Riding the Mountains Down«,
Victor Gollancz Ltd., London 1984
© der deutschsprachigen Ausgabe:
1993 Piper Verlag GmbH, München
Umschlag: Büro Hamburg und ZERO München
Foto Umschlagvorderseite: Bavaria
Foto Umschlagrückseite: Peter Selby
Satz: Typobauer Filmsatz GmbH, Ostfildern
Druck und Bindung: Clausen & Bosse, Leck
Printed in Germany   ISBN 3-492-23338-4

www.piper.de

Inhalt

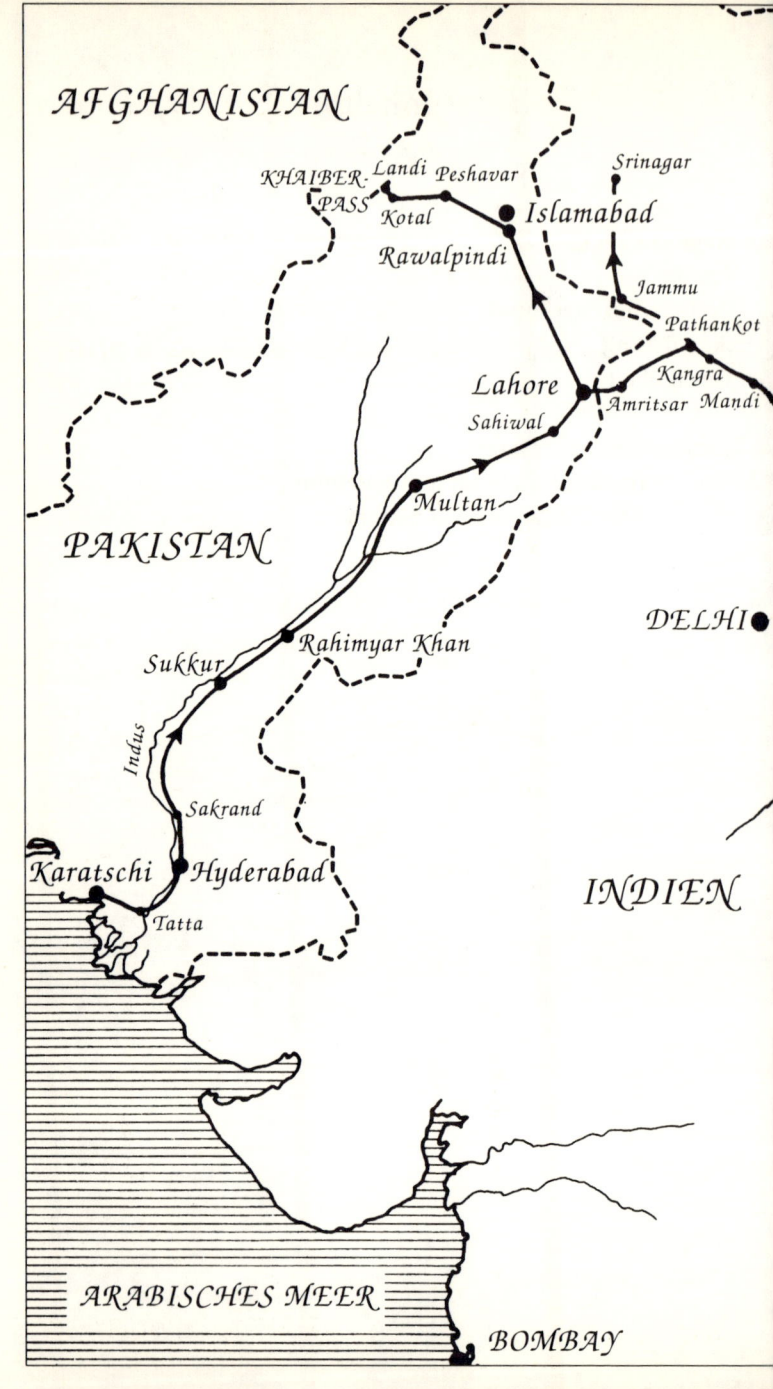

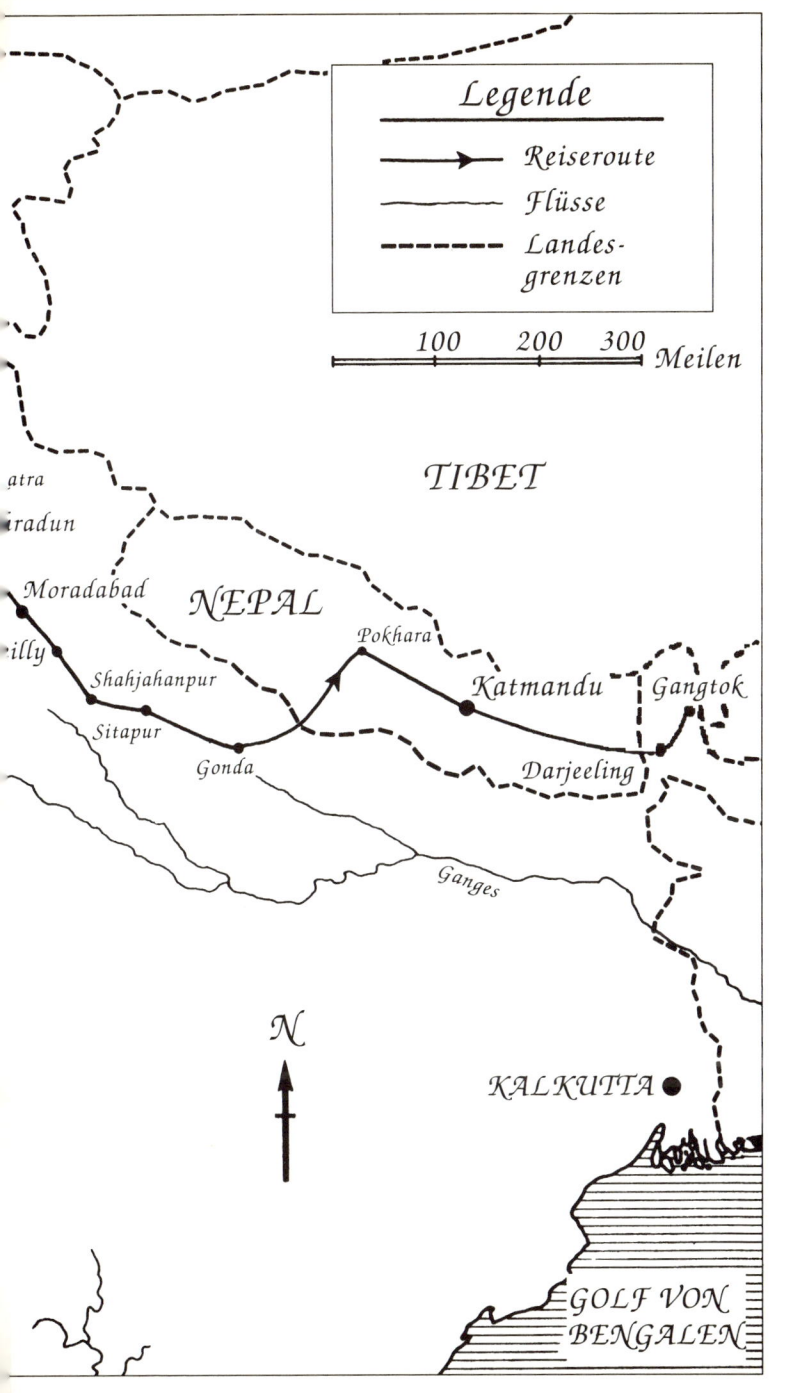

1

―――――

»Wenn dich die Banditen nicht schnappen, kriegen dich die Lastwagen.«

»Da soll es doch auch diese besonders gefährlichen Sprungschlangen geben«, vertraute mir ein phantasiebegabter Freund an.

»Die Sandstürme in der Wüste können dich sogar in einem Auto umbringen«, meinte ein anderer.

»Und erst die Muslimmänner. Na warte«, meinte ein anonymer Anrufer.

Leider hatte niemand daran gedacht, mich vor der Ankunftshalle des Flughafens in Karatschi zu warnen. Daß um vier Uhr früh an einem heißen Februarmorgen all meine Habseligkeiten verlorengegangen oder gestohlen worden waren, ließ die anderen Schrecknisse in meinen Augen völlig verblassen.

Die große, niedrige Halle war schmutzig und fast menschenleer. Meine Mitpassagiere waren mit ihren Koffern längst weg. Das leere Gepäckförderband rollte kläglich und träge weiter. Ein paar gelangweilt aussehende Beamte saßen an hohen Pulten, inspizierten ihre Fingernägel oder starrten trübsinnig ins Leere. Gepäckabfertiger in schmutzig weißen Pyjamas lagen zusammengerollt zwischen dem Unrat auf dem Fußboden – offenbar war Schluß für heute nacht. Ich hatte mich bereits an die uniformierten Beamten gewandt und um Hilfe beim Auffinden meines fehlenden Gepäcks gebeten, doch entweder sprachen sie kein Englisch, oder sie waren taub. Vielleicht war ich auch unsichtbar für sie, denn nicht einmal das geringste Zucken eines Augenlids verriet, daß sie von mir Notiz genommen hatten. Es war alles sehr nervenaufreibend.

Mein fehlendes Gepäck bestand aus einem großen Pappkarton, in dem ein Fahrrad und vier randvolle Satteltaschen steckten. Auf diesem Fahrrad gedachte ich die nächsten fünf Monate durch einige der zerklüfteteren Teile des Subkontinents zu reisen. Gegenwärtig sah es jedoch eher so aus, als sei der Flughafen bereits Endstation. Ich besaß nicht einmal ein Rückflugticket nach London. Ob mein Fahrrad wohl durch die Lüfte nach Sri Lanka flog?

Als ich einen weiteren Beamten erblickte, der ein wenig energischer aussah und ein Walkie-talkie trug, beschloß ich, einen letzten Versuch zu wagen. »Bitte«, sagte ich, »mein Fahrrad ist noch nicht zum Vorschein gekommen. Ich mache mir Sorgen, daß es vielleicht nach Sri Lanka weitergeflogen ist.« Der Beamte blickte mich verächtlich an und erwiderte kein Wort. Das war zuviel. Ich begann, ziemlich theatralisch und unkontrolliert mit den Armen herumzuwedeln. Es verschaffte mir etwas Erleichterung, doch ich fragte mich, ob ich nicht langsam anfing, hysterisch zu werden. Jedenfalls schien es zu wirken, denn der Beamte sprach jetzt etwas in sein Funksprechgerät und ging zu den schlafenden Gepäckabfertigern hinüber. Er rüttelte zwei von ihnen wach, und sie stolperten aus der Halle in die Dunkelheit hinaus. Ich verspürte einen schwachen Hoffnungsschimmer.

Nach geschlagenen zehn Minuten bemerkte ich die beiden Gepäckabfertiger, die auf dem Hallenvorfeld standen und etwas Unverständliches brüllten. Durch die schmutzigen Fenster konnte ich sehen, wie sie vor Freude grinsten und einen eingedrückten Pappkarton in die Höhe hielten, aus welchem Teile meines Fahrrads herausragten. Eine Welle der Erleichterung durchflutete mich, doch dann knickte die Schachtel langsam in der Mitte ein und fiel mit einem hallenden Krachen zu Boden. Die Freude verwandelte sich schnell in Bestürzung. Die Männer schleppten die Schachtel zu der kleinen, mit Plastikstreifen verhängten Luke, durch welche die Reisekoffer auf das Förderband geschoben werden. Die Schachtel war etwa doppelt so hoch wie die Luke, doch die beiden waren ganz aus dem Häuschen und offensichtlich wild entschlossen, sie mit aller Gewalt hindurchzuquetschen. Mein Gefuchtel erreichte unterdessen die Grenze zu einem hysterischen Anfall. Ich schloß die Augen, um nicht mit ansehen zu müssen, wie meinem Rad endgültig der Garaus gemacht wurde. Meine Darbietung hatte erneut ihre Wirkung. Als ich die Augen wieder öffnete, konnte ich sehen, wie die beiden Gepäckabfertiger in Begleitung zweier uniformierter Beamter das schlappe Bündel sorgfältig durch eine konventionelle Doppeltür trugen. Ehrerbietig legten sie es mir zu Füßen.

Ich begann den Karton wegzureißen, wobei auch die Gepäckleute und die Beamten Hand anlegten. Es war ein bißchen wie auf einer Party beim Gesellschaftsspiel »Päckchen auspacken«, nur daß wir hier alle gleichzeitig daran herumzerrten. Ich kam zum Schluß, daß die Männer in Pakistan doch nicht so schlimm waren, wie ich angenommen hatte. Wie durch ein Wunder war nichts zerbrochen oder abhanden gekommen, obwohl sich offensichtlich jemand an der Schachtel zu schaffen gemacht hatte. Die Männer schauten mit einem Ausdruck der Verblüffung zu, wie ich das Fahrrad wieder zusammensetzte, die Pedale anbrachte, den Lenker einpaßte usw. Sie hatten offensichtlich noch nie zuvor eine Frau mit einem Schraubenschlüssel hantieren sehen. Auch das Rad selbst schien sie zu faszinieren. Sie streichelten und tätschelten es pausenlos, während sie es festhielten, damit ich die Reifen aufpumpen konnte. Einer der Männer ging weg und kehrte mit einer Tasse Tee zurück, der wie gerufen kam, denn die späte Stunde, die Emotionen und die Hitze hatten mich völlig erschöpft.

Der erste Schluck Tee auf dem Subkontinent, zu dessen Herstellung man Milch, Wasser, Zucker und ganz feines Teepulver zusammen aufkocht, bis er die richtige Konsistenz erreicht, ist für Briten meist ein ziemlicher Schock. Glücklicherweise war ich vorgewarnt und nahm daher nicht gleich an, daß mich jemand zu vergiften trachtete, um meine Besitztümer zu stehlen. Die Höflichkeit erforderte, daß ich beim Trinken einen gewissen Grad an Begeisterung an den Tag legte, und ich bin sicher, daß jedes Kindermädchen stolz auf meine Darbietung gewesen wäre.

Nun, da ich mit meinem Fahrrad vereint war, schien sich jeder auf dem Flughafen von seiner freundlichsten Seite zeigen zu wollen. Die ehedem so gelangweilten Beamten, die mich zuvor weder sehen noch hören konnten, erinnerten sich auf einmal, daß sie ja Englisch sprachen, und ich wurde wie ein Ehrengast durch die Zollabfertigung und die Paßkontrolle geleitet.

Als sie mich durch den Ausgang begleiteten, trat ein fetter Gentleman auf mich zu, verneigte sich höflich und fragte:

»Sind Sie Memsahib auf Fahrrad?«

Ich hätte mich kaum so genannt, aber die Bezeichnung schien zuzutreffen. Es waren auch gar keine anderen Frauen da, geschweige denn Frauen auf Fahrrädern, deshalb stimmte ich vorsichtig zu, daß dem wohl so sein müsse.

»Haben Sie Foto für mich?«

Ich fragte mich, ob wohl eine Verwechslung mit irgendeiner Berühmtheit vorlag, die man erwartet hatte, doch ich fand keine Gelegenheit zum Argumentieren, denn er hatte ein sehr energisches Wesen. Im Nu saß ich mit einer weiteren Tasse »Mixed Tea« in der Hand da und wurde einer Art Verhör dritten Grades unterzogen.

»Wie ist Ihr richtige Name?«

Ich nannte ihn, und er schrieb ihn sorgfältig auf.

»Sie sind wie alt?«

Ich gab zu, siebenundvierzig zu sein.

»Sie haben Ehemann?«

Ich sagte, ich hätte einen.

»Er erlaubt Sie, allein hierherzukommen?« fragte er in völlig ungläubigem Tonfall.

Ich erklärte ihm, daß wir in England aufgrund der

12

Gleichberechtigung der Geschlechter anders darüber denken und daß mein Mann zudem sehr froh sei, wenn ich etwas tat, was ich mir schon so lange gewünscht hatte. Ich hätte mich sehr gern noch etwas länger über die Rechte der Frau und über die Chancengleichheit ausgelassen, doch an diesem Thema war er offensichtlich nicht interessiert. Er fiel mir mit einem mißbilligenden Stirnrunzeln ins Wort und fragte:

»Sie auch haben Kinder?«

Ich sagte, daß ich drei hätte. Als ich sah, wie sich die Runzeln vertieften, setzte ich schnell hinzu, daß sie alle schon erwachsen und flügge seien und mich nicht mehr brauchten – ich war schließlich keine Rabenmutter. Darauf fragte er mit der Miene eines Mannes, der bloß seine Pflicht tut:

»Weshalb Sie kommen nach Pakistan?«

Ich hielt es für klüger, ihm nicht zu verraten, daß ich es in erster Linie als eine gute Vorbereitung ansah, um mich meinem eigentlichen Reiseziel, dem Himalaja, zu nähern, weil ich mich auf den tausendsechshundert Kilometern Flachland schön langsam an Asien akklimatisieren konnte, bevor in den Bergen die eigentlichen Strapazen begannen. Statt dessen zählte ich ihm einige Nebengründe auf: Ich wollte sein schönes Land und die Fundstätten der uralten Zivilisation am Indus kennenlernen, und da ich zudem an der Universität die wichtigsten Weltreligionen studiert hatte, fände ich es interessant zu sehen, wie sich der Islam im alltäglichen Leben auswirkte. Dies schien ihn einigermaßen zu befriedigen. Ich überließ ihm eins meiner Paßfotos, von denen ich einen kleinen Vorrat hatte, um unterwegs die nötigen Visa zu erhalten. Wenig später erschien mein Bild in einer landesweit verbreiteten Zeitung am Anfang eines kurzen Artikels in Urdu. Als er mir übersetzt wurde, stellte ich fest, daß er viel zutreffender war, als ich es erwartet hatte. Ich hob ihn auf – später sollte er sich als äußerst nützlich erweisen.

Es war noch immer dunkel, als das Interview zu Ende war. Ich wartete eine Weile, bis es Tag wurde, und versuchte mir bewußt zu machen, daß ich trotz aller Schwierigkeiten und der monatelangen Vorbereitungen endlich in Asien war. Wie ich dem Journalisten erklärt hatte, stand diese Reise schon längere Zeit auf meiner Wunschliste. Ich hatte seit Jahren geplant, eine ausgedehnte Fahrradtour zu unternehmen, aber nie richtig gewußt, wohin es mich zog. Da ich jung geheiratet hatte und voll ausgelastet war, Kinder großzuziehen und mir meinen Lebensunterhalt zu verdienen, hatte ich früher weder Geld noch Zeit, in der Welt herumzugondeln. Mit Ausnahme einer kurzen Geschäftsreise in die Vereinigten Staaten war ich nie über Westeuropa hinausgelangt. Als ich schließlich die Freiheit wie auch die nötigen Mittel besaß, um mir eine längere Reise zu ermöglichen, konnte ich mich anfänglich nicht recht entscheiden, durch welchen Teil der Welt ich am liebsten fahren wollte. Um mich inspirieren zu lassen, begann ich den Atlas zu studieren.

So viele Orte lockten. Ich spielte mit dem Gedanken an Afrika, an Südamerika, die amerikanische Westküste von Alaska bis hinunter nach Mexiko, dann wieder Indonesien und Malaysia. Fast hätte ich mich ganz spontan für China entschieden, doch dann erkannte ich eines Tages blitzartig, daß ich unter all den so vielversprechend im Atlas ausgebreiteten Wundern dieser Erde in erster Linie den Himalaja sehen wollte. Es schien mir nur richtig, ihn vor allen anderen Zielen aufzusuchen, solange ich noch bei Gesundheit war und (wie ich hoffte) die nötige Kraft dazu aufbrachte. Danach nahm die Reise schnell Gestalt an. Vernünftigerweise würde ich sie in Karatschi beginnen und durch die große Wüste von Sind und das reiche, flache Land des Pandschab das Indus-Tal hochfahren. Namen begannen eine magische Kraft auszuüben. Bei Lahore würde ich die Grenze nach Indien überqueren und in Amritsar den Goldenen Tempel der Sikhs besuchen. Dann hätte ich bereits mehr als tausendsechshundert Kilometer hinter mir und sollte mich ausreichend akklimatisiert haben und fit genug für den langen Anstieg sein, der durch den Himalaja nach Kaschmir führt, dem sommerlichen Tummelplatz der großen Mogulherrscher.

Von dort an waren meine Pläne flexibel. Ich wollte kurze Abstecher in verschiedene Himalajatäler machen und hoffte, auch das alte tibetische Königreich Ladakh und Zanskar zu durchqueren, doch dies hing ganz vom Schnee und vom Straßenzustand ab. Schließlich würde ich Katmandu in Nepal erreichen, und wenn ich noch ein bißchen Zeit hätte, könnte ich vielleicht etwas von Sikkim und von Bhutan sehen.

Alles in allem hatte ich eine fünfmonatige, zwischen sieben- und achttausend Kilometer lange Reise ins Auge gefaßt, die mir unter anderem die herrlichsten Ausblicke auf die wichtigsten Gipfel des Himalajamassivs gewähren sollte. Mein Vorhaben verhieß viel Aufregendes, machte mir aber auch etwas angst, denn die meiste Zeit würde ich ganz auf mich selbst gestellt sein und mußte mich auf meine eigenen Ressourcen verlassen.

Das Fahrrad, das ich benutzen wollte, war zwei Jahre zuvor maßgeschneidert für mich angefertigt worden – ein exquisiter Zehngänger mit einem oberen Rahmenrohr, da dies der stabilste und zugleich elastischste Rahmentyp ist. Bei seiner Herstellung wurden keine Kosten gescheut, denn damals verfügte ich über eine größere Geldsumme aus dem Verkauf meines Autos, das ich nicht mehr benötigte, weil ich überallhin mit dem Fahrrad fuhr. Alles war von bester Qualität, und das Rad war noch wie neu. Um es auf die Strapazen der Reise vorzubereiten, brauchte ich bloß alle beweglichen Teile zu überholen. Mein Sohn hatte mir aus Amerika einen neuen Sattel geschickt, der letzte Schrei in »anatomischem« Design, der sich als eine höchst willkommene Abwechslung zu dem Ding erwies, worauf ich bisher gesessen hatte. Bevor ich ihn ausprobierte, hatte ich stets gemeint, ein wunder Po gehöre nun einmal unabdingbar zum Radfahren. Die Firma, die mein Fahrrad gebaut hatte, geriet über mein Vorhaben in Feuer und Flamme. Sie schienen dort nicht sehr viel von meinen technischen Fertigkeiten zu halten und übernahmen die Vorbereitungen lieber gleich selbst. Wenn ich es nicht schaffte, sollte wenigstens kein mechanischer Defekt »ihres« Fahrrads schuld sein.

So hatte ich Zeit, mich all den anderen Dingen zu widmen, die erledigt sein wollen, wenn man mit dem Fahrrad die Welt bereist. Ich geriet in einen fieberhaften Wirbel aus Einkäufen, Telefonanrufen und Botschaftsbesuchen. Nach ausgiebigen Erkundigungen mit vielen widersprüchlichen Informationen fand ich heraus, daß für Pakistan und Indien kein Visum nötig war, wohl aber für Nepal. Für Sikkim und Bhutan waren Genehmigungen erforderlich, die jedoch nicht in London ausgestellt werden konnten, da sie schon abgelaufen sein würden, wenn ich dort ankam. Von elementarer Wichtigkeit waren die Impfungen. Sie erforderten viel Organisationstalent, denn Typhus, Paratyphus, Gelbsucht, Cholera, Tetanus und weitere Schrecknisse, die mir entfallen sind, mußten durch zeitlich genau dosierte Einstiche auf Distanz gehalten werden. Ebenso wichtig waren Arzneimittel für alle möglichen bedrohlichen Krankheiten, gegen die ich mich nicht im voraus schützen konnte, und bald häuften sich Pillen und Salben in alarmierenden Mengen an.

Kleider für fünf Monate. Welche Bekleidung sollte ich wählen, wenn ich durch heiße Muslimländer radelte, wo schon ein Fingerbreit nackter weiblicher Haut zu Gewalttätigkeit reizt? Zum Glück half mir eine meiner Töchter geduldig beim Kauf einer passenden Garderobe. Sie bestand aus einem hellgrünen Safarianzug aus Baumwolle für formelle Anlässe, vier feinen Baumwollhemden, drei davon langärmelig, damit die Arme züchtig bedeckt waren; einem dunkelgrünen Hut aus Kordsamt mit Krempe aus der Herrenabteilung von Harrod's, wo er billiger war als bei den Damen; einer robusten Baumwollhose, ebenfalls grün und mit Elastik-Knöchelteil, so daß sie beim Radfahren wie Knickerbocker hochgezogen und beim Absteigen schnell wieder hinuntergelassen werden konnte; sehr langen, dunkelgrünen Kordshorts, die zufälligerweise genau zum Hut paßte und zum Tragen in Hinduländern bestimmt war, wo weibliches Fleisch nicht soviel Appetit erregt; drei Unterhosen – eine Ratte sollte später in Nepal eine davon auffressen, daher war ich froh, daß ich drei mitgenommen hatte. Meinen Büstenhalter konnte ich ja über Nacht auswaschen, daher nahm ich keinen Ersatz mit; auch keinen Badeanzug, weil ich wohl kaum Gelegenheit zum Baden erhalten würde (hier irrte ich mich, doch es machte nichts, da mir jemand einen lieh). Ich nahm drei Paar Socken mit, ein Paar lange wollene für kalte Gebirgspässe, ein langes Paar aus Baumwolle zusammmen mit den »Knickerbockern« und kurze Tennissocken für die Shorts. Als Regenschutz diente mir eine grüne Goretex-Windjacke, die ich auch über meine anderen Kleider anziehen konnte, wenn es sehr kalt wurde. Alle meine Sachen ließen sich beliebig kombinieren und nötigenfalls übereinander tragen, da sie ziemlich lose saßen. Aus Gewichtsgründen verzichtete ich auf Schuhe und Schlafanzug.

Landkarten und Reiseführer stellten mich vor große Probleme. Von den gewünschten Gegenden konnte ich nur eine einzige Karte in sehr kleinem Maßstab auftreiben, und alle Reiseführer waren veraltet oder wogen viel zuviel. Schließlich schnitt ich aus einigen Reiseführern, die auf dem neuesten Stand waren, die relevanten Abschnitte heraus und hoffte, unterwegs Karten in größerem Maßstab zu finden.

Auch an Werkzeug und Ersatzteile fürs Fahrrad mußte gedacht werden. Es war höchst unwahrscheinlich, daß ich irgendwo einen Ort finden würde, wo das Rad im Falle eines gravierenden Schadens repariert werden könnte, nicht einmal in den Städten, die am Weg lagen, denn mein Fahrradtyp ist in jenen Gegenden praktisch unbekannt. Außerdem hatte ich gehört, daß mechanische Reparaturen dort meist mit einem Hammer ausgeführt werden.

Unter diesen Umständen hielt ich es für besser, mich ganz auf meine eigenen, ziemlich rudimentären Fertigkeiten zu verlassen. Ich packte eine Garnitur leichtgewichtige Schraubenschlüssel ein, die für sämtliche Schraubenmuttern am Rad paßten, dazu ein Pannenflickzeug, Reifenabheber, ein Ersatzglied für die Kette und ein kleines Gerät zum Öffnen von Kettennieten, zwei Ersatzkabel und zwei zusätzliche Schläuche. Nach vielem Herumsuchen in Eisenwarengeschäften fand ich eine Miniaturzange, um beim Auswechseln eines Kabels das Kabelende festzuhalten. Ich hoffte inständig, daß ich nichts von alledem je brauchen würde.

Um Gewicht einzusparen, montierte ich die Dynamobeleuchtung vom Fahrrad ab. Ich würde sie nicht benötigen, da ich mir fest vorgenommen hatte, nie in der Nacht zu fahren. Dafür nahm ich eine kleine Taschenlampe mit Ersatzbatterien und eine Dauerkerze mit, um die Stromausfälle zu überbrücken, die auf dem Subkontinent angeblich recht häufig auftreten. Die Reifen bereiteten mir lange Zeit Kopfzerbrechen. Ich konnte zwar einen Ersatzreifen mitnehmen, benötigte jedoch vor Ende der Reise sicher mindestens zwei weitere, möglicherweise sogar drei oder vier. Postlagernde Sendungen waren viel zu riskant für solche Erfordernisse, daher wandte ich mich an andere Organisationen um Hilfe, unter anderem an diplomatische Kreise und mehrere Missionsgesellschaften. Niemand schien jedoch sehr erpicht darauf, mir weiterzuhelfen, bis ich von American Express Bescheid erhielt, daß ihre Zweigstellen die Reifen gerne in Empfang nehmen und bis zu meinem Eintreffen für mich aufbewahren würden. So wurden sie mit relativ großem Kostenaufwand nach Lahore, Kaschmir, Delhi und Katmandu aufgegeben.

Obwohl auf meiner gewählten Route wegen der angeblichen Gefahren ans Campieren nicht zu denken war, packte ich trotzdem einen Schlafsack und einen Goretex-Biwaksack ein für den Fall, daß ich mich je ohne ein Dach über dem Kopf in einer abgelegenen Gegend befinden sollte. Waschzeug, Sonnenbrille, Reisejournal und Schreibzeug, ein paar Plastikbeutel und meine winzige Kamera mit zehn Rollen Film vervollständigten meine Reiseausrüstung. Alles wurde in die Satteltaschen vorne und hinten am Fahrrad verpackt. Insgesamt wog es schrecklich viel, nämlich dreißig Kilogramm. Doch weil nichts dabei war, auf das ich glaubte verzichten zu können, konnte ich nur hoffen, daß es im Flughafen nicht gewogen würde, wovon ich auch tatsächlich verschont blieb.

2

Als ich den Flughafen von Karatschi verließ, brach der Tag so schnell an, wie wir es in Europa gar nicht kennen.

Die Straße ins Zentrum war holperig und staubig. Wo die Abflußgräben nicht bedeckt waren, gähnten große, tiefe Löcher. Ich war froh, daß ich gewartet hatte, bis es hell wurde, denn ein Sturz in einen dieser Krater hätte mindestens einen Nabenbruch zur Folge gehabt, und die Reise wäre zu Ende gewesen, bevor sie richtig begonnen hatte. Zu dieser frühen Stunde wimmelte es bereits von Menschen, und es herrschte viel Verkehr: nur wenige Autos, dafür viele Fahrradfahrer und haufenweise Busse, die ohne die geringste Vorwarnung mit wildem Gehupe an den Randstein ausscherten. Sofort drängelten und schoben sich massenhaft Männer hinein, während sich andere ringsum an den Seiten festklammerten. Die Busse waren von oben bis unten grell bemalt. Einige Männer trugen europäische Kleider, die meisten hatten jedoch schlabbrige Pyjamas an. Die Radfahrer waren ebenso ungeduldig und verwegen wie in London, daher konnte ich einigermaßen entspannt fahren, sobald ich mich einmal auf die eigenartige Fahrweise der Busse eingestellt hatte. Vorerst konzentrierte ich mich jedoch noch ganz auf die Straße und den Verkehr und versuchte nicht, gleich alles von meiner Umgebung wahrzunehmen.

Am Stadtrand von Karatschi hielt ich bei einem Rotlicht neben einem anderen Radfahrer an. Ich fragte ihn, ob er wisse, wo das Hotel lag, das mir empfohlen worden war. Er schien den Namen zu kennen und machte mir Zeichen, ihm zu folgen. Nachdem wir eine verwirrende Anzahl von Straßenecken umrundet hatten, hielt mein Führer bei einem jener imposanten Grandhotels an, wie man sie in jeder Großstadt findet. Es entsprach keineswegs meinen Vorstellungen und überstieg meine finanziellen Möglichkeiten bei weitem. Ich wartete, bis mein Begleiter nicht mehr zu sehen war, und machte mich wieder auf, etwas Bescheideneres zu suchen. Eine halbe Stunde lang versuchte ich, dem mörderischen Verkehr zu entgehen und gleichzeitig nach einem Hotel Ausschau zu halten, aber vergebens. Daß ich inzwischen ziemlich übermüdet war, weil mir die Vorfälle auf dem Flughafen und der fehlende Schlaf von gestern nacht ziemlich zugesetzt hatten, machte die Sache auch nicht leichter. Zudem war es schwierig, bei all dem Lärm und Wirrwarr einen klaren Kopf zu behalten, und es schien nirgendwo ein Café zu geben, wo ich bei einer Tasse Kaffee in aller Ruhe meinen Stadtführer konsultieren konnte.

Plötzlich fiel mir ein, daß im Reiseführer eine Herberge des Christlichen Vereins Junger Frauen (CVJF) in Karatschi erwähnt war. Diese Häuser sind in der Regel sehr empfehlenswert zum Übernachten, denn sie sind sauber, gemütlich und ziemlich preisgünstig. Nachdem man mich zahllose Male in die falsche Richtung gewiesen hatte, fand ich schließlich den richtigen Ort – in Pakistan geben die Leute offenbar nicht gern zu, daß sie nicht wissen, wo etwas liegt, und verlegen sich lieber auf Mutmaßungen. Die Herberge hatte ein Zimmer frei, doch als man es mir zeigte, verflog meine Begeisterung rasch, denn es starrte vor Schmutz, und in dem Bett hatte offensichtlich schon mindestens eine Person geschlafen, ohne daß die Laken gewechselt worden wären. Ich fühlte mich jedoch nicht in der Lage, lange weiterzusuchen, und mußte mich wohl oder übel damit abfinden. Ich hatte ja meinen Schlafsack dabei, brauchte also nicht in der schmutzigen Bettwäsche zu schlafen, und morgen, wenn ich ausgeruht war, wollte ich mich nach etwas Besserem umsehen.

Bevor ich mich in meinen Schlafsack verkriechen konnte,

mußte ich erst das Zimmer bezahlen, hatte jedoch bis jetzt noch keine pakistanische Währung gewechselt. Die junge Empfangsdame deutete auf eine nur etwa zweihundert Meter entfernte Bank. Ich schloß mein Fahrrad ab, ließ es in der Herberge stehen und ging zu Fuß hinüber. Die Bank hatte keine Wechselstube, doch man beauftragte einen Jungen, mir den Weg zu einer anderen zu zeigen. Der Bub schien über diesen Auftrag nicht sehr begeistert. Er lief im Eiltempo vor mir her, bis wir unser Ziel erreichten, wies ruckartig mit dem Kopf auf den Eingang und stolzierte wieder weg.

Es dauerte vierzig Minuten, um fünfzig Pfund in Rupien umzutauschen. Als ich wieder heraustrat, schlug ich dummerweise die falsche Richtung ein und hatte mich im Nu verirrt. Rund um mich waren nur Männer. Ich konnte keine einzige Frau entdecken. Die Männer starrten mich offen an und versuchten Blickkontakt aufzunehmen. Kein Wunder, daß ich mich dauernd verirre, dachte ich wütend. Bei all diesen Augen war es mir unmöglich, mich in Ruhe zu orientieren. Dazu kam, daß überall Bettler ihre Bettelschalen hochhielten und damit klapperten, damit man sie bemerkte. Und dann sah ich das elendeste Bündel Mensch, das man sich vorstellen kann, auf einer Decke sitzen: ein winziges, verhutzeltes, deformiertes kleines Wesen, das nur aus Haut und Knochen bestand und nicht älter als ein paar Monate schien. Es war splitternackt und saß unnatürlich ruhig da, neben sich eine Bettelschale. Von Entsetzen gepackt, wußte ich nicht mehr, was ich machen sollte – das Kind hochheben und in die Arme nehmen oder wegrennen. Nichts, was ich gelesen oder gesehen hatte, hatte mich auf diesen Greuel vorbereitet, und die Babybettler blieben für mich bei weitem die beunruhigendste Erinnerung an diese Reise. Ich ging weiter und fühlte mich dabei elend und wütend.

Als ich endlich zur CVJF-Herberge zurückkehrte, sah ich, daß eine andere Frau das Empfangspult übernommen hatte. Als ich mich eintragen wollte, hielt sie mich davon ab und fragte, ob ich wirklich an einem so schmutzigen Ort bleiben wolle. Ziemlich überrascht verneinte ich, meinte jedoch, ich sei zu müde, um etwas Besseres zu suchen. Sie lud mich ein, bei ihr zu wohnen, doch da sie ziemlich weit draußen in einer winzigen Wohnung lebe, sei ich in der Stadtkirche, wo es ein Gästehaus gebe, wohl besser aufgehoben, und wenn es mir recht sei, würde sie mich hinführen. Ihre Freundlichkeit rührte mich fast zu Tränen, und beim Gedanken an das Gästehaus sagte ich sofort zu. Schon nach kurzer Zeit bezog ich überglücklich ein großes, altmodisches Zimmer in einer Wohnung auf dem Kirchhof, einer Oase der Stille in dieser lärmenden, verwirrenden Stadt. Ich war nicht in einem Gästehaus gelandet, ein solches existierte gar nicht, sondern persönlicher Gast des englischen Pfarrers und seiner Frau. Robin und Jean Lankester, ein pensioniertes Ehepaar, hatten sich für zwei Jahre nach Karatschi verpflichtet und nahmen oft Leute bei sich auf. Sie lebten sehr einfach, und ich konnte mit ihnen zusammen essen und mich an den Kosten beteiligen. Mein Zimmer war karg, aber reinlich, mit eisernen Bettgestellen unter Moskitonetzen. Nach der Armut, die ich heute morgen erlebt hatte, hielt ich soviel Luxus für angemessen.

Abgesehen vom Mittagessen bei meiner Ankunft im Haus und vom Abendessen, für das mich Jean wachrüttelte, bekam ich nichts mehr von Karatschi mit, bis ich am nächsten Morgen um acht Uhr fürs Frühstück geweckt wurde. Nach dem langen Schlaf fühlte ich mich wieder völlig erholt. Ich brannte darauf, die letzten Reisevorbereitungen in Angriff zu nehmen. Immer, wenn ich in einer Großstadt bin, möchte ich möglichst schnell wieder weg.

Als erstes mußte ich diverse Empfehlungsschreiben überbringen, die mir die pakistanische Botschaft in London mitgegeben hatte. Sie waren an einige Minister und Beamte in Karatschi gerichtet, die mir angeblich in verschiedener Hinsicht behilflich sein konnten. Der Gesandte in der Londoner Botschaft, den ich auf meiner Erkundigungstour kennengelernt hatte, wollte zuerst versuchen, mir die ganze Reise auszureden, doch als er sah, daß alles nichts fruchtete, ließ er mir jede erdenkliche Hilfe zukommen. Wenn ich Indien nicht unversehrt erreichte, sollte es wenigstens nicht seine Schuld sein.

Am allerwichtigsten war, unterwegs eine Unterkunft zu finden. Die wenigen Hotels lagen in großem Abstand voneinander und waren für Frauen ohne Begleitung nicht immer geeignet. Die beste Lösung war eindeutig die, eine offizielle schriftliche Genehmigung zur Benutzung sogenannter Rasthäuser zu beantragen. Man hatte diese Rasthäuser gebaut, um Beamte auf Dienstreisen zu beherbergen, so zum Beispiel Steuerprüfer, Vermessungsingenieure oder Rattenfänger. Sofern sie nicht von jenen Beamten belegt waren, sollten sie eigentlich auch den Touristen zur Verfügung stehen. In der Praxis hielten die für die Rasthäuser verantwortlichen *chowkidars* jedoch sehr wenig von Fremden und ließen sie nur ungern ein Zimmer beziehen, aber wie ich hörte, wirkte ein offizielles Schreiben manchmal Wunder. Wie man zu so einem Schriftstück kam, war ein streng gehütetes Geheimnis, das nicht einmal meinem Gesandten auf der Botschaft bekannt war, doch er hoffte, daß eines seiner Empfehlungsschreiben Früchte tragen würde.

Ich mußte auch das Britische Konsulat aufsuchen, um eine Kopie meines Reisepasses zu hinterlassen und in groben Umrissen meine vorgesehene Reiseroute bekanntzugeben – ein höchst ratsames Vorgehen in Ländern, wo Menschen nur allzuleicht spurlos verschwinden.

Heute war jedoch Freitag, der Feiertag für Muslime, und alle Ministerien hatten geschlossen, daher konnte ich keine Briefe abgeben. Statt dessen ging ich zur Kirche. In Karatschi finden freitags und sonntags Gottesdienste in Urdu und Englisch statt, um den verschiedenen wöchentlichen Feiertagen Rechnung zu tragen. Nach dem englischen Gottesdienst stellten mich Jean und Robin beim Kaffee auf dem Kirchhof den Gemeindemitgliedern vor. Die meisten machten dieselben düsteren Vorhersagen, wie ich sie schon vor meiner Abreise in England gehört hatte. Man erzählte sich Geschichten von verrückten Lastwagenfahrern, die im Drogenrausch eine blutige Spur von Tod und Zerstörung hinter sich herzogen, von den letzten Überfällen der gefürchteten *dacoit* (Banditen) und natürlich von der allgegenwärtigen Bedrohung durch die Muslimmänner, ganz zu schweigen von Ruhr, Sandstürmen und dem fürchterlichen Essen.

Ob ich denn nicht den Zug nehmen könne, fragten sie.

Sie dachten offenbar, ich sei übergeschnappt. Der ebenfalls anwesende britische Vizekonsul erwies sich als hilfreicher, denn er arrangierte für mich am Sonntagmorgen eine Verabredung mit dem Konsul.

Da an diesem Tag nichts mehr zu tun war, wollte ich ein paar Sehenswürdigkeiten besichtigen. Gleich außerhalb des Kirchenareals war ein Standplatz für »Victorias«, vierrädrige, von Pferden gezogene Kutschen, welche mich in elegantere und gemächlichere Zeiten versetzten, sofern man von den armen Tieren absieht, die eindeutig bessere Tage gesehen haben. Einer der Kutscher rief mich in ganz passablem Englisch zu sich und fragte, ob ich eine Stadtrundfahrt machen möchte, wobei er einen bescheidenen Preis nannte. Auf Anraten meiner Gastgeberin bot ich einen kleineren Betrag. Der Fahrer war sofort einverstanden, woraus ich ersah, daß ich nicht tief genug geboten hatte, denn eigentlich hätte nun ein längeres Feilschen stattfinden müssen.

Die Victoria rollte dahin. Zuerst ging es durch Straßen, wo sich Männer und Jungen jeden Alters drängten und Cricket spielten. Einige der Jungen sprangen zu mir hoch und mußten vom Kutscher mit der Peitsche bedroht werden, damit sie sich wieder trollten. Männer spazierten Hand in Hand und machten es sich gemütlich. Nirgendwo war eine einzige Frau zu sehen. Gelegentlich tauchte ein kleines Mädchen auf und hastete zielstrebig weiter, um irgendeine Besorgung zu erledigen. Der Feiertag galt offenbar nur für Jungen und Männer. Die meisten Männer starrten mich unverhohlen an. Einige ließen spöttische Bemerkungen fallen, andere dagegen wirkten freundlicher, sagten »Hallo« und lächelten.

Abseits vom Stadtzentrum waren die Straßen voller Tiere. Kamele zogen große Karren oder standen wiederkäuend herum, mit jener eigenartigen Bewegung des Unterkiefers, die sie in meinen westlichen Augen aufregend exotisch erscheinen läßt. Mitleiderregende kleine Esel trotteten lammfromm unter ihrer riesigen Last. An den meisten Türen waren Ziegen und Hühner angebunden, letztere mit einer Schnur um ein Bein. In diesem ärmeren Stadtteil schienen in Hütten mit einem einzigen Raum oder in Mietskasernen mit Einzimmerwohnungen große, weitverzweigte Familien mit ihren Vierbeinern und ihrem Geflügel zusammenzuwohnen. Auf den flüchtigen Beobachter wirkten die Leute hier jedoch weder auffallend schlecht ernährt noch niedergeschlagen.

Am nördlichen Stadtrand befindet sich auf einer weiten Fläche Land eine große Freiluftwäscherei. Hunderte von *dhobi wallah* wuschen hier die Wäsche der Stadt, die an kilometerlangen Wäscheleinen zum Bleichen in der Sonne ausgebreitet war. Dahinter liegen Karatschis Slumsiedlungen, eine Lektion in Schmutz und menschlicher Degradierung. Hier fristen Leute ihr Dasein, die bloß eine Binsenmatte auf vier Stöcken als Behausung haben. Ein offener Abzugsgraben läuft quer durch das Lager. Er scheint ihre einzige Wasserquelle zu bilden und ist zugleich der Spielplatz für ihre Kinder. Der Ort stank gräßlich. Allein schon die Vorstellung, wie viele dieser besitzlosen Menschen es hier gibt, ist wahrhaft erschreckend – im Kontext der Luxushotels gesehen eine Schande, die mich ebenso zornig und ohnmächtig zurückließ wie die Babybettler.

Bedrückt kehrte ich zur Kirche zurück. Ich fragte mich, ob ich wohl für Asien genügend abgehärtet sei. Robin und Jean zeigten sich sehr mitfühlend. Sie hatten den größten Teil ihres Lebens unter den Ärmeren dieser Welt gelebt und sich mit dem Elend abgefunden.

»Sie werden sich bald wieder besser fühlen. Sie brauchen bloß ein paar Tage, um sich zu akklimatisieren«, meinte Jean, und sie hatte recht. Der Schock, mit wirklicher Armut und Leiden hautnah in Berührung zu kommen, stellte sich noch manches Mal auf meiner weiteren Reise ein, doch Entsetzen und Frustration ließen mich dabei nie mehr so verkrampft zurück wie in Karatschi.

Den Nachmittag verbrachte ich damit, die Basare zu erkunden. Auch hier waren keine Frauen zu sehen, nur Männer und Jungen, die kauften und verkauften. Männer kauerten auf dem Boden und flickten oder putzten Schuhe; Männer mit Schreibmaschinen schrieben Briefe für andere Männer; Männer saßen auf hohen Stühlen und ließen sich rasieren oder die Haare schneiden; Männer kochten auf Holzkohlepfannen allerlei mir unbekannte Speisen. Als einzige Frau fühlte ich mich ziemlich ausgesetzt, vor allem weil ich mit soviel unverhohlener Neugier betrachtet und, wie mir schien, des öfteren mit feindseligen Blicken bedacht wurde. Ich kam an vielen Kinos vorbei, vor denen es von Männern nur so wimmelte. Alle zeigten amerikanische Kitschfilme und stellten Sex oder Gewalt zur Schau – auch hier keine Spur von einer Frau, außer natürlich auf den Reklametafeln.

Ich fühlte mich mehr und mehr wie die einzige übriggebliebene Vertreterin meines Geschlechts in einer Welt aus Männern und beschloß, in einer Rikscha, einem lärmigen, aber wendigen dreirädrigen Motorroller mit Verdeck, zur Kirche zurückzukehren. Mein Fahrer fuhr im Blitztempo los, um schon nach wenigen Sekunden mit kreischenden Bremsen wieder anzuhalten und jemanden zu fragen, wie man zur Kirche komme. Er hielt mindestens ein dutzendmal an, um sich nach dem Weg zu erkundigen. Die nicht ganz ein Kilometer lange Fahrt dauerte fünfundvierzig Minuten, während deren er mit halsbrecherischer Geschwindigkeit im Kreis herumfuhr – in Karatschi läßt sich offenbar nichts ohne maximalen dramatischen Effekt bewerkstelligen.

Jean und Robin boten sich an, mir am nächsten Tag behilflich zu sein, und so machten wir uns voller Energie auf, um meine Empfehlungsschreiben bei den verschiedenen Ministern abzuliefern. Es war eine völlige Pleite. Hochnäsige Untergebene schnappten sich meine Briefe und forderten uns verächtlich auf, in ein paar Stunden zurückzukehren. Kamen wir wieder, so hieß es, der Minister sei viel zu beschäftigt und könne mich jetzt nicht sehen, ich solle es morgen nochmal versuchen. Nach ein paar solcher Vorfälle beschloß ich, keine Zeit mehr mit der Bürokratie zu vergeuden und am Montag abzureisen, komme, was da wolle.

Ein Besuch im Touristeninformationsbüro brachte mir die Zusicherung ein, daß in einem bestimmten Rasthaus die erste Nacht ein Zimmer auf mich wartete, und als auch für die zweite Nacht vorgesorgt war, wußte ich, daß ich auf den ersten zweihundertfünfzig Kilometern wenigstens ein Bett vorfinden würde.

Einen Brief jedoch wäre ich gern losgeworden. Er war an eine Dame gerichtet, die nach der Teilung Indiens bei der Gründung einer Frauenvereinigung in Pakistan eine ausschlaggebende Rolle gespielt hatte. Diese Organisation war ins Leben gerufen worden, um bei der Lösung der riesigen sozialen Probleme mitzuhelfen, mit denen sich Pakistan damals konfrontiert sah, und um die Stellung der Frauen in dem neugegründeten Staat zu festigen. Dem Gesandten in London war sehr viel daran gelegen, daß ich diese Dame kennenlernte, damit ich mir ein Bild davon machen konnte, wie die Muslimfrauen ihre Rolle in einer sich verändernden Welt sahen. Auf sein Betreiben hin hatte ich ihr etwa einen Monat zuvor geschrieben, aber keine Antwort erhalten. Darauf hatte er mir eigenhändig einen Empfehlungsbrief geschrieben und mir versichert, daß die »Begum« entzückt sein werde, mich zu empfangen. Ich hatte seit meiner Ankunft versucht, sie telefonisch zu erreichen und eine Verabredung zu treffen, aber noch keinen Erfolg gehabt, da sich das Telefonsystem von Karatschi bekanntermaßen oft sehr eigenwillig gebärdet.

Jean schlug vor, den Laden für Heimarbeit aufzusuchen, der von der Organisation der Begum geführt wurde. Die Frauen dort schienen alles über mich und meine Radtour zu wissen und waren einhellig der Meinung, ich müsse die Begum unbedingt kennenlernen. Sie wählten ihre Nummer, doch bevor ich etwas sagen konnte, war die Leitung tot. Darauf bestürmten sie mich, Punkt vier Uhr zu ihrem Haus hinüber zu radeln, da dies die günstigste Zeit für die Begum sei, um nach ihrem Nachmittagsschläfchen Besucher zu empfangen.

Mein »formeller« Safarianzug und der Hut von Harrods waren genau das Richtige. Ich fühlte mich schick, doch mir war ein bißchen warm, als ich um Viertel nach drei in die heiße Sonne hinaustrat, um die acht oder neun Kilometer zum Haus der Begum zu radeln. Pünktlich um vier Uhr (ich hatte viel Zeit einkalkuliert, falls ich mich verirren sollte) stand ich überhitzt und durstig vor den Pforten einer imposanten Residenz, die in dieser Stadt voll materieller Gegensätze eindeutig auf der Sonnenseite lag. Ein mit Gewehr bewaffneter Soldat stand am Eingang Wache. Er schien mich nicht erwartet zu haben, denn er schwang drohend seine Waffe gegen mich, als sei ich ein Eindringling, den es wegzuweisen galt. Noch nie zuvor hatte jemand eine Gewehrmündung auf mich gerichtet, und ich kann nicht behaupten, daß mir sehr wohl dabei war. Ich zog schnell mein Empfehlungsschreiben aus der Tasche und winkte ihm damit zu, bevor er auf dumme Gedanken kam. Ohne seine Augen von mir zu wenden, brüllte er etwas, worauf ein Diener aus dem Haus kam. Ich sagte ihm, wer ich war und daß ich gekommen sei, um die Begum zu besuchen. Er nahm meinen Brief entgegen und ging ohne ein Wort ins Haus zurück. Ich wurde bei dem Soldaten im Vorhof stehengelassen. Wir schwitzten beide in der heißen Sonne.

Ich mußte mindestens zehn Minuten warten. Inzwischen war der Soldat wohl zu dem Schluß gekommen, daß ich keine Bedrohung darstellte, denn er legte sein Gewehr weg und kauerte sich neben dem Fahrrad hin, um die verschiedenen Teile zu inspizieren. Er sah mich dabei fragend an und deutete auf Bestandteile, die ihn offensichtlich in Erstaunen setzten. Ich wünschte mir, ein paar Worte Urdu sprechen zu können, um seine Neugier zu befriedigen, doch wir kamen auch mit Gestik und Mimik recht gut zurecht. Dann tauchte der Diener wieder auf.

»Sie können jetzt gehen«, sagte er.

»Gehen?« fragte ich ihn ungläubig. »Aber ich bin doch extra hergekommen, um die Begum zu besuchen. Wir hatten eine Verabredung.« Im Geist lechzte ich sehnsüchtig nach einem Sitzplatz im Schatten und einem kühlen Drink. Der Diener verschwand und kehrte diesmal nach kürzerer Zeit zurück.

»Die Begum hat eine Besprechung und kann Sie jetzt nicht sehen«, meinte er.

Und damit hatte es sich auch schon. Keine Entschuldigung, kein Bedauern und kein kühler Drink. Ich war stinksauer und fühlte mich gedemütigt. Augenblicklich dachte ich ziemlich schlecht von Pakistan und von der mangelnden Höflichkeit seiner Bewohner und schwor mir, kein zweites Mal das Heim eines Pakistani aufzusuchen. Dieses Gelöbnis sollte ich jedoch im weiteren Verlauf meiner Reise noch unzählige Male brechen, und fortan wurde ich nie anders als mit ausgesuchter Höflichkeit und herzlicher Gastfreundschaft behandelt. Der Vorfall hatte übrigens noch ein Nachspiel, doch eine befriedigende Erklärung dafür fand sich nie.

Am Sonntagmorgen machte ich mich auf, den Konsul zu besuchen. Die Zeit war knapp. Als ich etwa eineinhalb Kilometer gefahren war, kündigte ein verdächtiges Holpern am Vorderrad an, daß ich einen Platten hatte. Panik! Es blieb keine Zeit, den Reifen zu flicken, und mein ganzes Reparaturwerkzeug steckte sowieso bei meinen übrigen Sachen bei den Pfarrleuten. Zum Glück lag ganz in der Nähe eine Autowerkstatt, wo jemand Englisch sprach. Ich erklärte ihm meine mißliche Lage, worauf der hilfreiche Mann im Handumdrehen eine Rikscha herzauberte und dem Fahrer auftrug, die »Memsahib« und das Fahrrad zur Kirche zurückzubringen und die »Memsahib« anschließend zum Konsulat zu fahren.

»Ich ihm sage, daß er Sie doppelt schnell bringt«, meinte er, als ich und das Rad, so gut es eben ging, in den spärlich vorhandenen Platz gequetscht wurden. Die Räder standen auf beiden Seiten der Rikscha wie verkehrt angebrachte Schaufelräder an einem Raddampfer heraus, und scharfe Kanten und Ecken des Fahrrads stachen mir ins Fleisch. Ich wagte nicht daran zu denken, was die öligen Teile meinem formellen Anzug alles anhaben konnten. Auftragsgemäß brachte mich der Rikschafahrer »doppelt schnell« zurück. Ich hielt die Augen geschlossen, während wir in selbstmörderischem Tempo durch den dichten Verkehr sausten.

Ich lud das Fahrrad bei der Kirche ab und packte meinen Stadtplan ein, weil ich mich an die mangelnden Ortskenntnisse von Rikschafahrern erinnerte. Mit meinen Navigationskünsten und der »doppelt schnellen« Fahrweise des Rikschafahrers schafften wir es auf die Minute pünktlich zum Konsulat. Der Konsul bedachte meine bevorstehende Radreise mit ebenso düsteren Vorahnungen wie alle anderen, doch er verlor keine Zeit mit Diskutieren – vielleicht hatte ihn der Vizekonsul bereits von der Nutzlosigkeit überzeugt. Statt dessen ließ er zwei Briefe für mich aufsetzen, einen auf Urdu, den anderen auf Englisch, worin alle Bezirkskommissare und stellvertretenden Bezirkskommissare ersucht wurden, mir beim Buchen eines Zimmers in den Rasthäusern entlang meiner Route Hilfe zu gewähren. Zum Schluß wurden beide mit eindrucksvollen Prägesiegeln versehen. Er gab mir auch eine Kurzlektion über nützliche Urdu-Wendungen wie beispielsweise: »Bitte dieses Fahrrad nicht berühren.« und »Wo kann ich hier ein wichtiges Telefongespräch führen?«

Ich ließ eine Kopie meines Reisepasses zurück, gab meine voraussichtliche Route an und versprach anzurufen, sobald ich Lahore erreicht hatte. Wenn sie nach vier Wochen noch kein Lebenszeichen von mir hatten, würde man damit beginnen, Nachforschungen anzustellen. Beim Abschied gab mir der Konsul noch den Rat, vor Einbruch der Nacht stets ein Dach über dem Kopf zu haben und dafür zu sorgen, daß ich bei den Frauen einquartiert wurde, wenn ich in einem Dorf eine Unterkunft suchen mußte.

Jetzt, da ich mit offiziellen Schreiben bewaffnet war, fühlte ich mich viel zuversichtlicher – obwohl mich der Konsul gewarnt hatte, daß das noch lange nichts garantiere – und fuhr mit der wartenden Rikscha in die Stadt zurück. Vor dem Mittagessen blieb gerade noch Zeit, mit Robin einen offiziellen Laden der Regierung aufzusuchen, wo Landkarten erhältlich waren. Ich kaufte eine Karte in einem vernünftigen Maßstab, auf welcher auch Rasthäuser eingezeichnet waren. Nach dem Essen nahm ich mich des platten Vorderreifens an. Wie sich zeigte, hatte der Schlauch gar kein Loch, sondern lediglich ein lose sitzendes Ventil, was sehr ärgerlich war, weil es sich vermutlich immer wieder lockern würde.

Ich wollte mir unbedingt Zeit nehmen, das Museum zu besuchen, welches einige der ältesten Artefakte der Welt aus der Indus-Zivilisation (Harappakultur) von Mohenjo-Daro beherbergt, doch zuerst mußte ich eine Verabredung mit dem Priester in der Wohnung unter mir einhalten. Dieser Priester war für alle Gottesdienste auf Urdu verantwortlich, die in der Kirche stattfanden. Jean und Robin war viel daran gelegen, daß ich ihn kennenlernte, denn er war offenbar nicht nur ein reizender und sehr interessanter Mensch, sondern auch ein vielgereister Einheimischer, dessen Ratschläge für mich sehr wertvoll sein konnten. Von ihm erhielt ich dann auch unter allen Bekannten in Karatschi den besten Rat, obwohl ich dies damals natürlich noch nicht wissen konnte: Für den Fall, daß ich heil in Hyderabad ankäme (eine Möglichkeit, die er nicht unbedingt für selbstverständlich hielt), müsse ich unbedingt den dortigen Bischof konsultieren, auf welchem Weg ich am besten nach Sukkur gelangen könnte, da die Dacoit vorwiegend in der Gegend zwischen Hyderabad und Sukkur ihr Unwesen trieben. Ich versprach, beim Bischof vorzusprechen, und eilte weg, um noch rechtzeitig ins Museum zu kommen. Die halbe Stunde, die mir blieb, bevor geschlossen wurde, lohnte die Hast bei weitem. Sie reichte gerade, um die kleinen Tonfiguren und die Schmuckstücke aus der Fundstätte von Mohenjo-Daro, einer der frühesten Städte der Alten Welt, zu besichtigen. In etwa einer Woche würde ich die Ruinenstadt mit eigenen Augen sehen.

Wir beendeten gerade das Abendessen, als ein glänzender Mercedes mit Chauffeur vor der Haustür vorfuhr. Mitten in der zerbröckelnden viktorianischen Umgebung des Kirchenareals wirkte er eindeutig fehl am Platz. Die Dame, die ihm entstieg, war eine Gesandte der ungastlichen Begum. Sie brachte mir zum Geschenk für meine Reise Toffees und Kekse mit und schien sehr darauf bedacht, »den schlechten Eindruck wieder wettzumachen«, den ich, wie sie befürchtete, tags zuvor erhalten haben mußte. Es folgten langwierige Erklärungen über verlorengegangene Briefe und verschiedene Leute, die ihre Verantwortung nicht wahrgenommen hätten. Ich kam nicht ganz dahinter, was sie meinte. Ihren Worten konnte ich aber entnehmen, daß für meinen Aufenthalt ein Hotelzimmer gebucht worden sei, wobei sie den Namen eines Hotels nannte, das berüchtigt dafür war, daß sich dessen Gäste häufig eine

Lebensmittelvergiftung zuzogen. Man hatte darauf gewartet, daß ich im Büro der Organisation zurückrief. Ich fragte, wie ich das hätte wissen sollen, worauf sie meinte, daß mir die Botschaft in London dies hätte mitteilen müssen. Alles klang ein wenig an den Haaren herbeigezogen, doch es wäre ungehobelt gewesen, ihr das zu sagen. Sie tat mir leid, weil sie die Fehler von jemand anderem ausbügeln mußte, daher wechselten wir das Thema, und so fand ich nie wirklich heraus, weshalb mich die Begum nicht empfangen hatte.

Diese Nacht schlief ich unruhig wie anscheinend immer, wenn ich am folgenden Tag früh aufbrechen will. Warnungen und Sorgen jagten in meinem Kopf durcheinander, so daß es eine Erleichterung war, als ich um sechs Uhr endlich aufstehen konnte. Ich wollte Karatschi hinter mir haben, bevor der Verkehr zu dicht und die Hitze zu drückend wurde.

3

Kaum saß ich auf dem Fahrrad, überflutete mich erneut ein erregendes Vorgefühl. Enttäuschungen und Sorgen fielen ab, und ich begann die Fahrt zu genießen, während ich über die flache Straße rollte. Ich folgte der längeren Route nach Hyderabad, die zuerst östlich bis nach Tatta verläuft, bevor sie nach Norden abdreht, weil ich hoffte, daß sich der Hauptverkehr auf die neu erbaute Fernstraße konzentrieren würde, die direkt nach Hyderabad führt.

Meine Hoffnung war falsch. Nach der ersten verkehrsfreien Stunde regierten wieder die Lastwagen – gigantische Dinger, die über und über bunt bemalt waren. Kein Fingerbreit war ohne Verzierungen. Auf der Hecktür prangten riesige bildliche Szenen im Schokoladenschachtelstil: Löwen, die durch den Dschungel spähten, knackige, albern lächelnde Maiden, ein lächelnder General Zia, heraldische Wappentiere und so fort. Miniaturkuhglocken oder Metallformen baumelten reihenweise an den Enden langer Ketten, die fast bis zum Boden hinunterreichten, rund um die Fahrkabine und ums Heck. Ich hörte sie also schon von weitem kommen, und falls ich sie nicht gehört hätte, besaßen sie auch sehr laute Hupen, die sie schon aus großer Distanz laut aufheulen ließen und die weiterheulten, wenn sie schon längst vorbei waren. Alles war sehr laut und auch nicht ungefährlich, denn inmitten eines solchen Getöses dient die Hupe nicht länger als Warnsignal. Eine zusätzliche Gefahrenquelle waren die dicken Wolken widerlich schwarzer Abgase.

Wenn ich überholt wurde, lehnte sich immer jemand auf der Mitfahrerseite zum Fenster hinaus oder hielt die Tür offen und bedachte mich mit einem anzüglichen Grinsen. Wenn er etwas Englisch sprach, rief er »Hey, Baby«, »Hallo,

Baby« oder irgendeinen ähnlichen Blödsinn. Wer kein Englisch konnte, wackelte mit den Augenbrauen auf und ab oder streckte mir die Zunge heraus. Die kleinen Jungen dagegen, die auf dem Dach der Führerkabine mitfuhren, musterten mich mit Abscheu. Sie gestikulierten wütend und bedeuteten mir, das Gesicht zu bedecken, wie es die Frauen bei ihnen tun. Ich war stets versucht, diese anmaßenden Knirpse barsch zurechtzuweisen, denn ich konnte mir gut vorstellen, wie sie sich zu Hause vor ihren Müttern und Schwestern als die Herren aufspielten. Aus Angst vor den Folgen wagte ich jedoch nicht, die Grobheiten der Männer zurückzugeben.

Zwischen zwei Lastwagen versuchte ich etwas von meiner Umgebung wahrzunehmen. Die Straße führte schnurgerade durch eine flache, ausgedörrte Landschaft. Mit Ausnahme von etwas Buschwerk gab es nur sehr wenig Vegetation. Alles war von Staub und Sand bedeckt. Sobald ich die Außenviertel von Karatschi mit ihren Industriekomplexen und riesigen petrochemischen Fabriken hinter mir hatte, wohnte der Szene jedoch auch eine gewisse Schönheit inne. Der Himmel schien viel weiter als üblich und war von einem beispiellosen Blau. Gelegentlich waren Reihen von Kamelen zu sehen, die sich wie Silhouetten langsam über den Sand bewegten. Habichte hingen reglos in der stillen Luft.

Es war schwierig, sich inmitten einer so kargen Landschaft vorzustellen, daß ich ja eigentlich durch das Delta des Indusstroms radelte. Viele der Wasserläufe waren jetzt ausgetrocknet, doch vor langer Zeit waren hier die ersten Muslime auf ihren Eroberungszügen hochgesegelt und hatten dem Subkontinent mit dem Koran und dem Schwert in der Hand den Islam beschert.

In jenen Tagen mußte dies eine grüne, fruchtbare und dicht besiedelte Gegend gewesen sein. Selbst heute war sie nicht völlig unbewohnt, denn wo immer ich auch anhielt, um mir irgend etwas anzuschauen – unverzüglich tauchten ein, zwei Gestalten auf. Ich merkte, daß es unter diesen Umständen sehr schwierig sein würde, einem natürlichen Bedürfnis nachzugeben. Überall am Weg hatte ich kauernde Figuren bemerkt, die den Rücken zur Straße gewandt hatten und steinern in die Wüste starrten. Dank ihrer weiten Gewänder ließ sich das Problem einigermaßen schicklich lösen. Ich glaubte aber nicht, daß mir dies ebenfalls gelingen würde, um so weniger, als ich für die vielen Leute ständig im Mittelpunkt des Interesses stand. Die Vorstellung, einen Versuch zu wagen und mich im Nu von neugierigen Einheimischen umringt zu sehen, reichte bereits aus, um jedes allfällige Begehren im Keim zu ersticken.

Ich hatte etwa fünfundsechzig Kilometer zurückgelegt. Meine Gedanken kreisten immer öfter um Essen und Trinken – eine häufige Vorliebe von Radfahrern –, als ich plötzlich gewahr wurde, daß ein Motorradfahrer neben mir entlangfuhr und mich eingehend musterte.

»Sie sind englisch, ja?« fragte er.

»Ja, ich bin aus England«, erwiderte ich vorsichtig.

»Ich mag englisches Frau«, meinte er begeistert. Ich sagte nichts, doch beim Weiterfahren klingelten alle Alarmglocken Sturm.

»Englisches Frau sehr sexy«, beteuerte er.

»Nein«, sagte ich, »englische Frauen sind nicht sexy.«

»Sie nicht sexy?« wollte er ungläubig wissen. »Nicht sexy?«

»Nein«, gab ich noch entschlossener zurück. »Nein, ich bin nicht sexy.«

»Ich, ich bin sehr sexy Mann. Also bitte, ich sage auf Wiedersehen und danke.« Mit diesen stolzen Worten jagte er den Motor seines 90-Kubikzentimeter-Motorrads hoch und brauste davon.

Daran läßt sich leicht ersehen, daß ich genau wie in der Stadt mit meinem unverschleierten und nicht abgewandten Gesicht auch hier auf der Landstraße nichts anderes als ein aufreizendes Sexobjekt war, eine ruchlose Versuchung – eine Frau, die man anschauen konnte! Meine siebenundvierzig Jahre boten mir überhaupt keinen Schutz. Es bleibt noch hinzuzufügen, daß mit Ausnahme meiner Hände und meines Gesichts jeder Zentimeter von mir von lose sitzenden, zweckdienlichen Kleidern verhüllt wurde.

Der hoffnungsfrohe sexy Motorradfahrer war sichtlich entschlossen, einen zweiten Versuch zu wagen, und wartete etwas weiter vorne auf mich.

»Sie sind mein Gast. Das ist abgemacht!« sagte er. »Wir essen in Maliki. Ich gehe jetzt. Ich komme dort zwei Uhr. Ich vorbereite. Sie kommen dort halb drei Uhr. Ich Sie treffe.«

In Maliki lag eine berühmte Nekropole mit weiten Flächen prächtiger Gräber aus den Jahrhunderten, als das berühmte Tatta die Hauptstadt des Reichs von Sind gewesen war. Ich hatte geplant, einige Zeit dort zu verbringen. Zum Glück zählen Gräber nicht unbedingt zu meinen Lieblingsattraktionen. Ich legte mich in die Pedale, erreichte Maliki bereits um Viertel nach zwei und fuhr gleich weiter, ohne etwas von der Nekropole oder von meinem amourösen Verfolger zu sehen. Drei Kilometer weiter hielt ich in Tatta an. Ich hatte einen Bärenhunger, weil ich die ganzen hundert Kilometer nur ein kleines Frühstück und ein paar Toffees der Begum im Magen gehabt hatte, aber ich sah nirgendwo einen Ort zum Essen. Es gab zwar ein paar Teehäuser, doch der Konsul hatte mich gewarnt, daß dies kein Platz für Frauen sei. Selbst auf Männer schienen sie nicht sehr einladend zu wirken, denn sie waren schmutzig und wimmelten von Fliegen. Mir blieb nichts anderes übrig, als mich an den Verkaufsständen der Basare zu verpflegen, was wegen der Gesundheitsrisiken nicht sehr empfehlenswert ist. Schließlich fand ich einen Stand, wo ein kleiner Junge in brutzelndem Fett irgendwelche gelb-grünen Bällchen briet. Ich zeigte mit dem Finger darauf und reichte ihm im Interesse der Hygiene einen Plastikbehälter hinüber. Der Junge ignorierte ihn, schaufelte mit seinen schmuddeligen Händen ein paar bereits frittierte und abgekühlte Bällchen zusammen und wickelte sie in ein Stück Zeitungspapier. Dann reichte er mir das fettige Paket herüber, schnappte sich den Einrupienschein (etwa zehn Pfennig) und verstaute ihn in einem Zigarrenkistchen, worauf er mit schwungvoller Gebärde den Deckel zuklappte. Mein Gefolge lachte anerkennend, also mußte er mich wohl selbst bei einem so geringen Preis beschwindelt haben.

Das »Gefolge« bedarf einer Erklärung. Es begleitete mich die ganze Zeit über, in Pakistan wie in Indien. Wo immer ich anhielt, ob in der Wüste, auf dem Land oder in der Stadt, regelmäßig tauchten Neugierige auf, die mich auf Schritt und Tritt begleiteten. Der einzige Unterschied lag darin, daß sie in der Stadt noch zahlreicher und hemmungsloser waren als auf dem Land oder in der Wüste. Die Gruppe setzte sich stets aus verschiedenaltrigen Jungen von etwa sechs Jahren an aufwärts zusammen, dazu kamen ein, zwei Jugendliche und obendrein gelegentlich ein Erwachsener, um das Bild abzurunden. Der harte Kern war etwa vierzehnjährig. Diese männlichen Wesen versammelten sich jeweils in dem Augenblick um mich, in dem ich vom Fahrrad stieg, und folgten mir, wohin ich auch ging. Sie glotzten und zeigten auf mich, schwatzten und kicherten aufgeregt und machten sich einen Spaß daraus, mein Fahrrad zu knuffen und zu puffen, was mich jeweils ziemlich in Rage brachte. Im großen und ganzen waren sie zwar recht harmlos, doch sie zermürbten mich unweigerlich so lange, bis ich es aufgab, mir etwas anzuschauen, und weiterfuhr. Diesmal versuchte ich, sie zu ignorieren, während ich die gelb-grünen Bällchen aß, die sich als Spinat in einem Weizengrießteig erwiesen und ganz lecker schmeckten. Dann war meine Geduld auf einen Schlag erschöpft. Ich fuhr die glotzende und gestikulierende Bande an und schrie, daß sie sich gefälligst verpissen sollten. Es hatte natürlich nicht die geringste Wirkung, und sie genossen es sichtlich, daß ich in

Wut geriet. So fuhr ich weiter, immer noch hungrig und ohne etwas von der alten Pracht von Tatta gesehen zu haben, und wälzte düstere Gedanken über die männlichen Pakistani.

Der Ort, wo ich die Nacht verbringen sollte, war ein Rasthaus an einem See, etwa fünfundzwanzig Kilometer von Tatta entfernt. Ich fand es ziemlich leicht, denn es war auf englisch ausgeschildert – der erste Wegweiser, den ich heute gesehen hatte, der nicht in der Urdu-Schrift geschrieben war. Ich probierte meine Urdu-Wendungen an dem Chowkidar aus. Er führte mich zu einem Zimmer, das ziemlich akzeptabel war, auch wenn der Wasserhahn nicht funktionierte. Das war ärgerlich, denn was ich außer einer Toilette am meisten benötigte, war eine schöne warme Dusche, um all den Straßenstaub abzuspülen. Wie man mir geraten hatte, gab ich dem Chowkidar zehn Rupien als ein kleines »Zückerchen«. Nach ein paar weiteren Versuchen, uns mit meinem Urdu und seinem ebenso dürftigen Englisch zu verständigen, brachte er mir Tee und etwas zu essen, Chapattis und scharf gewürzte Fleischklößchen mit Curry. Obwohl ich hungrig war, konnte ich nur wenig von dem Fleisch essen. Nach der Mahlzeit wollte ich in mein Zimmer gehen, um mich auszuruhen und in mein Reisetagebuch zu schreiben, doch unerklärlicherweise versperrte mir der Chowkidar den Weg. Er versuchte mir etwas anscheinend sehr Wichtiges mitzuteilen, doch ich fand nicht heraus, worum es ging. Er lief weg und kehrte nach wenigen Minuten mit einem Freund zurück, der eine Spur besser Englisch sprach. Beide sprachen nun gleichzeitig in heftigem Tonfall auf mich ein, doch ich verstand sie immer noch nicht. Sie zeigten ständig in die Ferne und sagten: »Mr. Abro, Mr. Abro.« Offensichtlich sollte ich mich auf die Suche nach diesem Mr. Abro machen, für den ich ein Empfehlungsschreiben vom pakistanischen Tourismusministerium hatte. Er war der Verantwortliche für das Rasthaus – vielleicht war der Chowkidar plötzlich zu dem

Schluß gekommen, daß ich die Sache zuerst mit ihm klären müsse. Ich sah keine Notwendigkeit dafür, da alles bereits in Karatschi arrangiert worden war und man mir versichert hatte, daß alles in bester Ordnung sei.

Als der Chowkidar merkte, daß ich nicht gewillt war, mich auf die Suche nach besagtem Mr. Abro zu machen, winkte er mir zu, ihm durch den Garten hinunter zu einem halb unterirdischen Schuppen zu folgen, der als Lagerraum dienen mochte. Er machte Anstalten, ein uraltes, durchhängendes Schnurbett abzustauben, und schien damit anzudeuten, daß ich die Nacht dort verbringen sollte. Ich wurde von Minute zu Minute verwirrter, schüttelte den Kopf und trat wieder ins Freie. Dies war gewiß nicht der Ort, den ich je zum Übernachten ins Auge fassen würde, sofern ich nicht in der schlimmsten Notlage steckte.

Der Chowkidar schaute immer besorgter drein. Er diskutierte längere Zeit mit seinem Freund, während ich beklommen wartete. Schließlich überredete mich dieser, ihn zu begleiten. Wir schlugen eine Abkürzung über einen Wüstenpfad ein, die zur Straße führte. Es sah so aus, als ob es bald dunkel werden würde, was in jenen Gegenden sehr rasch geschieht. Ich war nervös. Was hat dieser Mann im Sinn? fragte ich mich. Ich sagte ihm mit fester Stimme, daß vielen Leuten bekannt sei, daß ich die Nacht hier verbringen wollte, weil ich ihn wissen lassen wollte, daß es mir nicht an Freunden mangelte, die sich nach mir erkundigen würden, falls ich verlorengehen sollte, doch er schien nicht groß Notiz davon zu nehmen. Wir erreichten die Hauptstraße gleich neben einer kleinen Moschee. Ein alter, ganz in strahlendes Weiß gekleideter Mann starrte mich über die Brüstung sehr gestreng und mißbilligend an. Er war der lokale Mullah. Gleich darauf brach er in einen Singsang aus und rief die Gläubigen zum Gebet. Als die Gläubigen kamen (natürlich ausschließlich Männer), musterten sie mich ebenfalls unfreundlich. Vielleicht erzeugte ich die falschen Schwingungen für ihre Gebete.

Wir standen noch immer am Straßenrand. Ich wußte weder, worauf wir eigentlich warteten, noch ob es mir gelegen kommen würde. Ich sagte meinem Begleiter, daß ich versprochen hatte, mich nach Einbruch der Dunkelheit nicht mehr draußen aufzuhalten – und es war schon fast dunkel. Ich glaube, er verstand die Gesten, mit denen ich meine Worte zu begleiten lernte, besser als die Worte selbst. Er winkte mich zum Rasthaus zurück, und ich war wieder dort, als es Nacht wurde.

Eine halbe Stunde später kehrte der Mann in einem Jeep zurück. Er hatte jemanden mitgebracht, der gut Englisch sprach, und endlich verstand ich, was die ganze Aufregung zu bedeuten hatte. Wie ich hörte, gab es zwei Rasthäuser. Dieses hier, bei weitem das hübschere von beiden, war für hochrangige Militärs bestimmt. Der Chowkidar hatte zwar meine zehn Rupien entgegengenommen, doch dann kriegte er es mit der Angst zu tun, daß ein Offizier auftauchen und Schwierigkeiten machen könnte, weil ich hier war. So fuhren das Fahrrad und ich im Jeep zum richtigen Rasthaus hinüber, wo man mich in ein großes Doppelzimmer mit Waschraum wies. Überall blätterte die Farbe von den Wänden, und selbst der Beton war schon in Auflösung begriffen, obwohl das Haus erst vor sechs Monaten gebaut worden war.

Ich beschloß, nicht zu duschen, denn der Fußboden des Waschraums war mit großen, braunen Kakerlaken bedeckt. Weitere krabbelten aus breiten Ritzen in den Wänden. Statt dessen schloß ich die Tür zum Waschraum und besprühte sie rundherum mit einem Spray gegen Katzen- und Hundeflöhe, das ich bei mir hatte. Hoffentlich blieben die Biester brav dort drinnen und machten sich in der Nacht nicht über mich her. Der Lärm des schadhaften Toilettenspülkastens, der die ganze Zeit plätscherte, hielt mich lange Zeit wach, bis ich all meinen Mut zusammennahm. Ich stellte mich den Kakerlaken und ging hinein, um den Schwimmerhahn zu blockieren. Zu jenem Zeitpunkt waren die Käfer überall auf allen vier Wänden und an der Decke verteilt. Seltsamerweise (oder vielleicht doch wegen des Flohsprays) kamen sie nicht ins Schlafzimmer, und als ich etwa um sieben Uhr bei Tagesanbruch erwachte, waren sie alle verschwunden, und ich konnte mich endlich in Ruhe waschen.

Nach einem Frühstück aus Chapattis und Spiegeleiern, die im Fett schwammen, aber sehr willkommen waren, machte ich mich bei starkem Gegenwind nach Hyderabad auf. Meine Handrücken und meine Stirn waren ziemlich arg verbrannt. Die Sonne tags zuvor mußte viel stärker gewesen sein, als ich angenommen hatte. Ich zog mir den Hut tief über die Augen, um mein Gesicht zu schützen, und bedeckte meine Hände mit den elastischen Kniebinden.

Das Land, durch das ich jetzt fuhr, war beinahe völlige Wüste. Hier und dort zeigte sich ein Streifen Kulturland, daneben lagen primitive, ummauerte Dörfer mit ockerfarbenen, lehmverputzten Häusern. Wo richtige Wüste herrschte, befanden sich erbärmliche kleine Lager, wo die Menschen annähernd in derselben Armut lebten wie in den Slumsiedlungen am Stadtrand von Karatschi. Vielleicht waren dies Nomaden, denn es gab kein sichtbares Anzeichen, womit man hier sein Leben fristen konnte.

Die Sonne war spürbar heißer als gestern, und der Gegenwind ließ das Fahren ungemütlich werden. Das größte Problem war der Durst, der von der Unmenge von Staub, den ich schluckte, noch schlimmer wurde. Schon nach zwei Stunden hatte ich den Inhalt beider Wasserflaschen ausgetrunken. Ich konnte kaum warten, bis ich Kotri erreichte, wo ich, wie ich hoffte, die Nacht im Rasthaus an der Talsperre verbringen würde. Ein Kirchgemeindemitglied in Karatschi hatte mir eine Empfehlung an einen seiner Freunde mitgegeben, einen Ingenieur, der dort am Wasserkraftwerk mitarbeitete. Als ich mich um die Mittagszeit Kotri näherte, begannen mich Männer in Rikschas zu belästigen. Manchmal steckten bis zu sechs Personen in diesen

Rikschas, die bloß für zwei Passagiere konstruiert sind. Sie überholten mich, ließen sich wieder zurückfallen und überholten erneut, während sich die Insassen grinsend und grölend hinauslehnten. Eine Rikschaladung war besonders hartnäckig, bis sie mich fast zur Weißglut brachte. Als ich das Stadtzentrum von Kotri erreichte, stellte sich mir ein Jugendlicher mit ausgestreckten Armen in den Weg und wich nicht von der Stelle, so daß ich gezwungen war anzuhalten. Ich erkannte in ihm einen der unverschämtesten Grinser wieder. Bevor ich einen Bogen um ihn schlagen konnte, streckte er mir höflich die Hand hin und sagte:

»Madame, ich habe auf Sie gewartet und habe Sie kommen sehen, drum habe ich nach Sie geschaut, und jetzt bin ich da und warte auf Sie.«

Weil ich mir dachte, daß er vielleicht in der Zeitung etwas über meine Reise gelesen hatte, willigte ich ein, ihn in ein Café zu begleiten, um etwas Kaltes zu trinken. Er erwies sich als ein angenehmer, aber ziemlich herrischer junger Mann. In Wirklichkeit hatte er nichts über mich aus der Presse erfahren, sondern mich angehalten, weil er alle Westler anhielt, um sein Englisch zu üben. Nach zwei Mineralwassern, die er unbedingt bezahlen wollte – ich hätte gern noch ein drittes bestellt, wenn er mich meine Zeche selbst hätte zahlen lassen –, brach ich auf, um das Rasthaus am Stauwehr zu suchen. Mein neuer junger Freund meinte, er werde mitkommen, und das gleiche meinten etwa zwanzig weitere Jugendliche und Jungen, die natürlich niemand eingeladen hatte. Mein Hofstaat hatte keine Ahnung, wo das Rasthaus lag. Ich glaube auch nicht, daß sie je etwas von einem Rasthaus gehört hatten, doch alle hatten ganz entschiedene Ansichten, in welche Richtung wir gehen sollten. Nach vielen falschen Fährten führten sie mich schließlich zu einem Nonnenkloster. Bevor ich das Grundstück betrat – in der Annahme, es sei das richtige Rasthaus –, brachte ich meinen herrischen jungen Freund dazu, dafür zu sorgen, daß das Gefolge draußen blieb, doch bis ich beim Hauseingang stand und merkte, daß dies ein Nonnenkloster war, war mir die ganze Bande schon wieder dicht auf den Fersen. Eine Schwester erschien und schimpfte mich aus (auf portugiesisch, wie ich vermute), weil ich die Jungen hergebracht hatte. Ich scheuchte sie weg. Dann beschloß ich, mich im Moment nicht weiter um das Rasthaus zu kümmern und mich statt dessen auf die Suche nach dem Bischof von Hyderabad zu machen, um seinen Rat einzuholen, so wie ich es versprochen hatte.

Hyderabad liegt Kotri gleich gegenüber auf der anderen Seite des Indus. Als ich mit Mühe im dichtesten Verkehr über eine provisorische Brücke radelte, bekam ich den großen Strom erstmals zu Gesicht. Bis Sukkur, vierhundert Kilometer weiter nördlich, würde ich ihn nicht mehr sehen. Ich fand das Haus des Bischofs, indem ich zuerst zu einer Kirche ging und von dort von einem freundlichen Küster eskortiert wurde, der mich mit seinem Fahrrad durch ein Labyrinth von Basaren und engen Gäßchen führte. Als ich ankam, war es drei Uhr, und der Bischof hielt gerade sein Mittagsschläfchen. Seine Tochter, eine etwa achtzehnjährige junge Frau, hieß mich mit viel Wärme gastlich willkommen, als ob es für sie etwas ganz Alltägliches wäre, eine fremde Radfahrerin mittleren Alters zu empfangen. Trotz meiner Proteste kochte sie mir ein Mittagessen. Es war die erste richtige Mahlzeit, seit ich Karatschi verlassen hatte, und schmeckte köstlich. Nach dem Essen wurde ich in ein Zimmer geführt, wo ich mich waschen und ausruhen konnte, bis der Bischof erwachte.

Der Bischof war ein etwa fünfundfünfzigjähriger Pakistani, der zuvor zwanzig Jahre lang Pfarrer in Hyderabad gewesen war. Nach britischen Maßstäben gemessen, lebte er in seinem bescheidenen Haus mit dem kleinen Garten sehr einfach. Als er erwachte und ich mich vorgestellt hatte, bestand er darauf, daß ich die Nacht in seinem Haus verbrachte. Beim Abendessen besprachen wir meine Reisepläne. Er war der Ansicht, daß die von mir anvisierte

Route über die Nebenstraßen am Westufer des Indus viel zu gefährlich sei. Wie man wußte, lagen die meisten Verstecke der Dacoit auf dieser Flußseite. Er riet mir, statt dessen auf der Hauptverkehrsverbindung nach Osten zu fahren. Was meine Unterkunft betraf, so riet er mir eindringlich, jede Nacht bei einer christlichen Familie zu verbringen. Er würde den ersten Halt arrangieren und Anweisungen geben, daß ich jeweils mit einem Empfehlungsbrief zu Christen in der nächsten Stadt weitergeschickt werden sollte. Der Bischof war ein Mann, der Vertrauen erweckte, und ich stimmte seinen Vorschlägen bereitwillig zu. Diese Nacht ging ich mit dem Gefühl zu Bett, daß ich mich versehentlich auf einem Gefechtsfeld verirrt hatte und nun hinter den feindlichen Linien von einem »sicheren Haus« zum anderen weitergereicht wurde und mich dabei in Feindvermeidungstechniken übte. Ich fragte mich, wann ich wohl je Zeit finden würde, mich intensiv den Sehenswürdigkeiten zu widmen, nachdem ich bereits zweihundert Kilometer zurückgelegt hatte, ohne etwas anderes als die Straße vor mir zu sehen und das, was auf beiden Seiten in Sichtweite lag.

Am folgenden Morgen fuhr ich weiter, nachdem ich versprochen hatte, sehr vorsichtig zu sein und zu schreiben, sobald ich sicher in Lahore angekommen war. Die Familie versammelte sich an der Haustür, um mir nachzuwinken. Ich war so voll Gedanken an all die feierlichen Warnungen vom vorigen Abend, daß ich die Abzweigung zum Highway verpaßte und mich unentwirrbar im Labyrinth der Basarsträßchen verirrte. Dort wurde ich von einem kleinen Muslimjungen auf einem großen, rostigen alten Fahrrad gerettet, der kein Wort Englisch sprach, mich aber trotzdem geschickt durch das Menschengewimmel zur Fernstraße lotste. Er schien keine Belohnung für seine Hilfe zu erwarten. Ich schenkte ihm eine Handvoll Toffees von der Begum, worüber er sich riesig freute.

4

Was immer ich mir unter Pakistans Hauptverkehrsverbindung vorgestellt hatte – es war alles ganz anders. In beide Richtungen führte je eine Fahrspur voller Krater und Schlaglöcher. Darauf zog, in Wolken schädlicher Abgase gehüllt, ein kontinuierlicher Strom gellend hupender Lastwagen und Busse vorüber, die in ihrem farbenfrohen und reich verzierten Zustand so aussahen, als hätten sie sich von einem riesigen Jahrmarktsgelände hierher verirrt. Doch noch weit zahlreicher war der Lasttierverkehr: Kamelkarren, Ochsenkarren, Eselkarren, Pferdefuhrwerke, Packkamele, Packesel, Schafherden und Herden von Ziegen, alle mit herrlich leuchtendem wollenem Schmuck verziert und über und über mit klingelnden Glöckchen behängt. Zu beiden Seiten säumten sandige Streifen die Straße. Sie dienten den Tieren und Radfahrern zum Vorwärtskommen, doch niemand benutzte sie, wenn er nicht dazu gezwungen war, denn trotz der Löcher kam man auf der geteerten Fahrbahn viel leichter voran. Gelegentlich verursachten zwei Lastwagen oder Busse, die Seite an Seite verkeilt in ein Wettrennen auf Leben und Tod verwickelt waren und die ganze Straßenbreite einnahmen, eine allgemeine Flucht auf die sandigen Randstreifen hinaus. Dies waren gefährliche Augenblicke für mich, denn wenn ich zu unvermittelt in den weichen Sand eintauchte, konnte ich nur allzuleicht kopfüber über den Lenker kippen.

Als der Verkehr vorübergehend nachließ und ich die Aussicht auf weite, grüne Felder genoß, über welche im Tiefflug schillernd grüne Papageien flatterten, griffen mich zwei Hunde an. Sie erschienen plötzlich wie aus dem Nichts – große Hunde, die schnell aufholten, einer auf jeder Seite und lautlos wie immer, wenn sie es ernst meinen. Es muß etwas an Radfahrern geben, was selbst den anständigsten Hund in einen potentiellen Mörder verwandelt. Manche Leute behaupten, es sei das Hochfrequenzgeräusch der Speichen. Was immer auch der Grund sein mag – ich habe gelernt, beim Radfahren Hunde sehr zu fürchten, und hatte mich für diese Reise extra mit einem Hundeabwehrspray bewaffnet, wie ihn die Postboten in Kalifornien auf ihren Runden mit sich führen. Er fügt einem Hund keinen bleibenden Schaden zu, legt ihn aber garantiert zehn Minuten lang lahm, wenn er aus einer Entfernung von nicht mehr als drei Metern zwischen die Augen getroffen wird. Dieser Spray hatte mir ein ungeheures Selbstvertrauen eingeflößt, als ich die Dose zu Hause leicht erreichbar am Fahrrad angebracht hatte, doch jetzt, wo die Zeit gekommen war, ihn zu gebrauchen, merkte ich, daß es längst nicht dasselbe war, den Strahl aus dem Stand, mit beiden Füßen fest auf der Erde, auf ein Ziel zu richten oder ihn im Sattel zu versprühen, während jedes Gran Energie und Konzentration darauf ausgerichtet war, einen Vorsprung gegenüber den Viechern herauszuholen. Und wenn es mir tatsächlich gelingen sollte, den einen zu treffen, würde die dazu notwendige Geschwindigkeitsreduktion es dem anderen mit Sicherheit erlauben, zum Sprung anzusetzen, dachte ich verzweifelt. Der Spray blieb daher, wo er war, während ich mit berstenden Lungen und protestierenden Wadenmuskeln weiterraste. Die Angst muß mir an jenem Tag Flügel verliehen haben, denn obwohl ich im Grunde keine schnelle Radfahrerin bin, habe ich ganz gewiß einen Rekord im Einkilometerspurt aufgestellt. Zur Belohnung sah ich, wie die Hunde schließlich aufgaben und sich wegstahlen.

Die hundert Kilometer zu der kleinen Stadt, wo der Bischof eine Unterkunftsmöglichkeit für mich arrangiert hatte, waren nach dem Vorfall mit den Hunden ein ziemlich hartes Stück Arbeit. Der Wind blies von vorn, und die Sonne war sehr heiß. So war ich nicht traurig, als ich endlich mein Tagesziel erreichte und herausfand, wo die Hebamme des Ortes wohnte, die diese Nacht meine Gastgeberin sein sollte. Ihr Haus lag in der Stadtmitte an einer noch nicht fertiggestellten Straße. Man betrat es durch eine enge Pforte in einer hohen Mauer. Drinnen befand ich mich in einem kleinen, gepflasterten Hof, der an allen Seiten von hohen Mauern umringt, nach oben jedoch offen war. Am einen Ende lag ein kleines zweistöckiges Haus, dessen Obergeschoß man über eine Außentreppe erreichte. An der Mauer rechts lag eine niedrige rechteckige Küche. Sie war mit drei Butangasbrennern auf Höhe des Fußbodens, zwei Gestellen für die einfachen, grifflosen Kochtöpfe und einem Vorratsschrank mit Fliegengitter ausgerüstet. Gleich hinter der Eingangstür lagen zwei winzige Räume. Der eine war die Toilette, ein simples Loch im Kachelboden mit einem Eimer Wasser zum Spülen. Tief unten, bequem in Reichweite der linken Hand, befand sich ein Kaltwasserhahn, um sich den Hintern zu säubern, da Klopapier auf dem Subkontinent praktisch unbekannt ist. Der andere Raum war ein einfacher Waschraum mit einem Abfluß mitten im Fußboden und einem Eimer, aus dem mit einem Krug Wasser geschöpft und über den Körper gegossen wird – eine ökonomische und effektive Methode, ein Bad zu nehmen. Die Wohnräume im Erdgeschoß bestanden aus drei ineinander übergehenden Zimmern. Sie waren fast ganz mit *charpoys* vollgestellt, den mit Schnur bespannten Betten, die tagsüber als Sofa und nachts als Bett dienen und deren Bettzeug an einem separaten Ort verstaut wird.

Für pakistanische Verhältnisse war die Familie klein. Sie bestand bloß aus fünf Leuten: meiner verwitweten Gastgeberin, ihrer bejahrten Mutter, ihrem Sohn und dessen Ehefrau, die bald ihr erstes Kind erwartete, sowie einer Tochter, die soeben die High-School abgeschlossen hatte. Nur die jungen Leute sprachen etwas Englisch, doch alle taten ihr Bestes, damit ich mich willkommen fühlte. Man wärmte Wasser für mein Bad aus dem Eimer, bereitete Tee zu und kochte ein Ei. Das Ei war wichtig, denn es gilt als Symbol der Achtung und der Freundschaft, obwohl ich dies damals noch nicht wußte. Meine Kleider wurden in eine moderne Waschmaschine gesteckt, ein Teil der Mitgift der jungen Frau. Sie war sehr stolz darauf und froh über die Gelegenheit, sie gebührend herausstellen zu können. Während wir Tee tranken, schauten andauernd Nachbarinnen herein, meistens Muslimfrauen, die, wie man mir sagte, gekommen waren, um die »mutige englische Memsahib« zu sehen, welche ganz allein mit dem Fahrrad reiste. Sie hatten offenbar den Zeitungsartikel gelesen, den der Journalist auf dem Flughafen von Karatschi über meine Tour geschrieben hatte, und freuten sich, daß ich ihre Stadt besuchte. Die jungen Leute hatten ein Exemplar der Zeitung aufgehoben. Sie schnitten den Artikel aus und wickelten ihn als Andenken für mich in Zellophan.

Als alle Besucher endlich wieder weg waren, kochten die beiden jungen Frauen ein einfaches Abendessen aus Reis, Gemüse und *dal,* einer Art dicken Linsensuppe. Sie kauerten bei ihren Brennern auf dem Fußboden, wobei der Po von einem ganz niedrigen Schemel gestützt wurde. Einen Eßtisch gab es nicht. Wir aßen alle in verschiedenen Ecken und verwendeten Stückchen von Chapattis, um das Essen aufzunehmen. Weil ich nicht sehr geschickt darin war, erhielt ich einen Löffel.

Den Rest des Abends verbrachten wir damit, über das Leben in Pakistan zu sprechen. Paul, der Sohn, versuchte mir zu erklären, wie frustrierend das Leben hier sein kann, besonders für Christen in einer Kleinstadt. Bei den Frauen stellt sich unweigerlich das beängstigende Gefühl ein, eingekerkert zu sein, denn sie können nicht einmal zum Einkaufen allein auf die Straße gehen, ohne befürchten zu müssen, belästigt zu werden. Als einziges männliches Haushaltsmitglied mußte Paul sie stets begleiten, wo immer sie auch hingingen, was natürlich eine recht große Last für ihn bedeutete, unter der zwangsläufig auch seine Arbeit litt. Meine Gastgeberin verließ das Haus vor allem dann, wenn ihre Hebammendienste benötigt wurden, wobei jedoch immer irgendein Transportmittel und eine Eskorte geschickt wurden, um sie abzuholen. Paul wollte nach der Schule weiterstudieren, meinte jedoch, daß Christen stets zuunterst auf der Liste für freie Universitätsplätze rangieren würden. Auf meine Frage, woher die Behörden denn wüßten, daß jemand Christ sei, erhielt ich zur Antwort, daß dies schon am Namen ersichtlich sei. Die meisten Bekehrungen zum Christentum erfolgten im vergangenen Jahrhundert unter Hindus aus der Kaste der Unberührbaren. Zusammen mit ihrem neuen Glauben nahmen die Konvertiten auch neue Nachnamen an – meist jene der Missionare, die sie bekehrten. Ein Christ wird daher stets sogleich erkannt, selbst auf einem Formular. Paul befürchtete, daß seine Schwester keinen Platz an der medizinischen Fakultät erhielt, obwohl ihre Abschlußnoten an der High-School sehr gut waren. Überall, wo ich hinging, bekam ich ähnliche Geschichten zu hören. Ich konnte natürlich nicht nachprüfen, ob sie der Wahrheit entsprachen oder aus einem Gefühl der Unsicherheit heraus entstanden, das bei Angehörigen einer Minderheit häufig anzutreffen ist. Was mir jedoch ins Auge stach, war der höhere Grad an Freiheit, der christlichen Frauen im Vergleich zu Muslimfrauen zu Hause zugestanden wurde. Ich war auch sehr beeindruckt von der Art, wie sie ihrem Glauben die Treue hielten und ihn ausübten, denn oft wohnten sie bis zu achtzig Kilometer von der nächsten Kirche entfernt, sahen nur selten Mitchristen und erhielten bisweilen nur einmal jährlich Besuch von einem Priester.

Als wir auf meine Reise zu sprechen kamen, bestätigten sie mir, was der Bischof über die Aktivitäten der Dacoit in jenen Gegenden berichtet hatte. Sie meinten, daß die Banditen so selten geschnappt würden, weil viele von ihnen Verwandte bei der Polizei hätten. Die Überfälle erfolgen zudem meist in der Nacht, und weil die Polizei bis zum folgenden Morgen keine Untersuchungen anstellt, sind die

Banditen bis dahin längst über alle Berge. Meine Gastgeber meinten aber, daß ich kaum ein lohnendes Ziel abgeben würde, vor allem dann nicht, wenn ich nur tagsüber reiste, denn den Dacoit sei zur Zeit wenig daran gelegen, vermehrt Aufsehen zu erregen, indem sie eine Europäerin verschwinden ließen.

Ich durfte wählen, wo ich schlafen wollte. Die Pakistani sind ein geselliges Volk. Die Oma, meine Gastgeberin und ihre Tochter schliefen zusammen im hintersten Zimmer hinter fest verschlossener Tür, um die Nachtluft und die Moskitos abzuhalten. Sie luden mich freundlich ein, mich zu ihnen zu gesellen. Als Alternative, der ich eifrig zustimmte, blieb das vordere Zimmer. Es hatte bloß ein Metallgitter, um Eindringlinge fernzuhalten, und war sonst offen für die Sterne und die laue Nachtluft.

Der Morgen dämmerte frisch und kühl. Ich war früh auf den Beinen, nach einer Nacht auf einem bequemen Charpoy, die nur von Moskitos und den Rufen der Mullahs zum Frühgebet gestört worden war. Diese Rufe werden leider nicht etwa durch romantische Figuren auf hohen Minaretten weitergegeben, sondern von schlecht eingestellten Lautsprechern, die einen erbarmungslos wachpeitschen, während es noch dunkel ist. Ziel ist es, keine einzige Wohngegend verschont zu lassen. Der entsprechende Lärmpegel aus verzerrten, sich überlappenden Tönen ist bei weitem das schrecklichste Geräusch, das ich je in meinem Leben gehört habe, und keineswegs erbaulich für eine religiöse Gesinnung.

Es waren nur siebzig Kilometer bis zur nächsten »konspirativen Wohnung«. Nach knapp der Hälfte war mein Hinterreifen platt. Kaum hatte ich dies zur Kenntnis genommen, als auch schon der Fahrer eines Eselkarrens heranfuhr und mir mit Handbewegungen bedeutete, mein Rad auf seinen Karren zu laden. Vermutlich wollte er mich bis zu einem Ort mitnehmen, wo ich es flicken lassen konnte. Ich schüttelte den Kopf und führte eine kleine Pantomime auf, um ihm zu zeigen, daß ich dies selbst erledigen würde. Darauf winkte er mir, ihm zu folgen, und führte mich zu einem Kanal, der etwas abseits parallel zur Straße verlief. Zusammen zerrten wir das Fahrrad die sandige Böschung bis oben auf den Damm hinauf. Es war eine ideale Stelle, um eine Panne zu beheben: Gleich daneben lag Wasser, über mir waren schattige Bäume, und ich war ausreichend vor neugierigen Lastwagenfahrern geschützt. Ich hoffte, daß der Besitzer des Eselkarrens weggehen und mich in Ruhe lassen würde, was er auch tat, doch erst, nachdem er mich um eine Zigarette gebeten hatte. Da ich keine besaß, bot ich ihm statt dessen eine Rupie an, worüber er höchst entzückt schien.

Als ich das Loch geflickt hatte, verbrachte ich eine angenehme halbe Stunde damit, in meinem Reisetagebuch weiterzuschreiben. Hübsche, schillernd grüne Papageien mit enorm langen Schwanzfedern flogen zwischen den Bäumen über mir hin und her, und bis zum Horizont erstreckten sich gepflegte Felder. Vor fünfzig Jahren hatte dieser Landesteil fast gänzlich aus Wüste bestanden, bevor die Briten bei Sukkur quer über den Indus eine Talsperre bauten und das größte Bewässerungsprojekt der Welt in die Wege leiteten. Seitdem hat Pakistan das System ausgedehnt und weiterentwickelt und allmählich immer mehr Ackerland der Wüste abgetrotzt.

Am anderen Ufer des Kanals verlief eine gut unterhaltene Straße für den Lokalverkehr. Auf ihr rollte eine Prozession von Ochsenkarren, die genauso aussahen wie jene auf den Tonwaren, die ich im Museum der Fundstätte von Mohenjo-Daro in Karatschi gesehen hatte. Diese Karren hatten große, solide Holzräder und wirkten ungeheuer schwerfällig. Sie wurden von zwei prächtigen Brahminochsen mit weit ausladenden Hörnern und großen, schwingenden Wammen gezogen. Einer der Karren hielt gleich gegenüber an. Der Fahrer stieg aus, verneigte sich höflich zu einem Salam, darauf kauerte er sich nieder und starrte herüber. Er fixierte mich völlig reglos zehn Minuten lang, worauf ich ziemlich entnervt das Fahrrad zurück zur Straße schob.

Ich war noch nicht weit gefahren, als mir jemand auf englisch von einem Café am Wegrand zurief:

»Kommen Sie doch herein, und ruhen Sie sich etwas aus.«

Neugierig geworden, fuhr ich in den Hof und wurde von drei Brüdern begrüßt, den Besitzern des Cafés. Der eine, der mir zugerufen hatte, hatte einige Jahre in England im Hotelgewerbe gearbeitet und schätzte sich glücklich, eine Reisende aus England in seinem »Hotel« willkommen zu heißen. Man führte mich mit großem Zeremoniell zu einem Charpoy. Der Mann, der dort saß, wurde herrisch weggescheucht. Darauf brachte man mir eine Mahlzeit aus Kartoffeln, Erbsen und Chapattis, und ich erhielt sogar einen Löffel. Während des Essens überhäufte mich der englisch sprechende Bruder mit Fragen über mich und meine Reise. Ich zog meinen Zeitungsausschnitt auf Urdu heraus, den er seinen Brüdern und den männlichen Dorf-bewohnern, die sich inzwischen in Scharen versammelt hatten, laut vorlas. Die beiden anderen Brüder saßen neben mir auf dem Charpoy und nötigten mich zu noch mehr Erbsen und Kartoffeln, während sich der dritte immer neue Fragen ausdachte, die er mir stellen konnte, um die Ant-worten an seine Zuhörerschaft weiterzugeben.

Als ich keinen Bissen mehr herunterbrachte, führte man mich durchs Café und demonstrierte mir, wie man Chapat-tis macht. Der Junge, der sie herstellte, war sehr stolz dar-auf, ein so großes Publikum zu haben, denn natürlich nah-men alle männlichen Dorfbewohner an der Besichtigungs-tour teil. Er zauberte zwei feine Chapattis hin, die mir formell überreicht wurden, damit ich sie später essen konnte. Ich genoß es jedesmal, wenn ich zuschauen konnte, wie man Chapattis macht. Man nimmt ein kleines Stück des bereits fertig gekneteten Teigs, rollt es schnell zu einer

Kugel und schlägt es hurtig zwischen den Händen hin und her, bis es eine runde dünne Scheibe wird. Darauf klatscht man es auf die Innenseite eines vorgeheizten zylinderförmigen Lehmofens oder erhitzt es zu Hause auf einem eisernen runden Backblech. Das Ergebnis schmeckt köstlich, wenn man es heiß ißt, wird aber ziemlich lederig, sobald es kalt geworden ist. Die ganze Prozedur sieht kinderleicht aus, ist jedoch gar nicht so einfach, wie ich herausfand, als man mich aufforderte, selbst einen Versuch zu wagen.

Am Ende der Besichtigungstour wurde ich gefragt, ob ich mich gerne im Schatten ausruhen möchte. Ich verneinte mit der Begründung, daß ich weiter müsse, denn ich konnte mir etwas Erholsameres vorstellen, als von der unverrückbaren Kulisse der Männer aus dem Dorf begutachtet zu werden. Zudem konnten sie trotz meiner häufig wiederholten Urdu-Wendung, das Fahrrad nicht zu berühren, der Versuchung nicht widerstehen, daran herumzufummeln. Die Schaumstoffpolsterung des Lenkers hatte bereits Löcher, weil man an ihr gekratzt hatte, um nachzusehen, was sich darunter verstecke. Die Brüder weigerten sich, Geld für die Mahlzeit entgegenzunehmen. Gerührt von soviel Freundlichkeit, fuhr ich weiter.

Der letzte Teil der Fahrt war nicht sehr angenehm. Es wurde immer heißer, und das unablässige Gehupe der Lastwagen machte mir Kopfschmerzen. Immer wieder versuchten aufdringliche Radfahrer, neben mir herzufahren, um mir mit einem anzüglichen Grinsen blöde Fragen zu stellen, zum Beispiel, ob ich Bier oder Whisky in meinen Wasserflaschen mitführte. Ich sauste einem nach dem andern davon, doch einer von ihnen ließ sich nicht so leicht abschütteln. Er spielte das übliche Spielchen, überholte mich, ließ sich zurückfallen und preschte dann erneut an mir vorbei, bis mir der Geduldsfaden riß und ich ihn wütend anfuhr. Natürlich nützte es rein gar nichts, und er machte unverdrossen weiter, bis ich die Stadt erreichte, wo ich die Nacht verbringen wollte.

Ein Krankenpfleger war mein Gastgeber. Er wohnte mit seiner Großfamilie in einem ganz ähnlich konstruierten Haus wie die Hebamme, nur war es viel größer und um drei Höfe gebaut. Ich zählte achtundzwanzig Haushaltsmitglieder, von einem wenige Wochen alten Säugling bis zu einer bejahrten Urgroßmutter. Mittelpunkt des Haushalts war die Mutter meines Gastgebers. In diesem Teil der Welt hat eine Schwiegermutter die eigentliche Machtstellung inne – oft die einzige Macht, die eine Frau jemals ausüben kann, was insbesondere für Muslimfrauen gilt. Wenn ein Sohn heiratet, bringt er seine Frau ins Elternhaus mit heim, wo sie seiner Mutter (und in einem Muslimhaushalt auch seinen Brüdern) unterstellt ist. Bei arrangierten Ehen ist das Naturell der Schwiegermutter für die Braut deshalb von größter Wichtigkeit, denn wenn sie nicht nett ist, kann sie dem armen Mädchen das Leben zur Hölle machen. Das Hauptziel einer Ehefrau ist es, Söhne zu haben, so daß auch sie eines Tages Schwiegermutter sein wird. Es bestand denn auch kein Zweifel, wer diesen Haushalt regierte: Ein Schwarm junger Frauen und Teenagermädchen wurde tagein, tagaus mit Waschen, Kochen und Putzen beschäftigt gehalten, während die Mutter meines Gastgebers würdevoll dasaß und wie ein General alles beaufsichtigte. Von allen Haushaltsmitgliedern wurde das kleine Baby, das erste Kind meines Gastgebers, am meisten vergöttert. Der Name des Jungen bedeutete »Mond«. Er hatte Ringe an seinen Fingern, Armbänder um die Handgelenke und Knöchel, und seine Augen waren mit Kajal nachgezogen. Er durfte keine Sekunde lang weinen, und schon beim kleinsten Wimmern nahm ihn die Großmama auf und spielte mit ihm.

Nachdem man mir gezeigt hatte, wo ich mich waschen konnte, wurden mir meine Kleider weggenommen, um gereinigt zu werden. Die Großmama ordnete an, man solle mir einen *schalwar* und einen *kamise* zum Anziehen geben, die typische pakistanische Bekleidung, die aus bauschigen

Hosen und einem langen, eng anliegenden Jackenoberteil besteht. Dazu wird ein langer Schal getragen, der so drapiert wird, daß er die Busenlinie verhüllt, und dessen Enden man über die Schultern wirft. In der Praxis rutscht der Schal jedoch ständig hinunter, wenn man sich nach vorn lehnt, was man dauernd tun muß, weil die Tische, auch die Eßtische, stets niedriger als die Sitzplätze sind. Ununterbrochen ist man damit beschäftigt, die Enden der Schals über die Schultern zurückzuwerfen. Nötigenfalls kann der Schal auch über dem Kopf und vor dem Gesicht getragen werden, so etwa dann, wenn Männer anwesend sind. Ich kann nicht sagen, daß ich diese sackartige und mich zugleich einengende Kleidung mit Genuß trug, doch die Nachbarn, die im Laufe des Abends hereinschauten, um mich zu besichtigen, waren entzückt, mich in ihr Nationalkostüm gekleidet zu finden.

Ich bekam ganz für mich allein ein großes Schlafzimmer zugewiesen, in dem ein Doppelbett mit europäischen Sprungfedern anstelle der üblichen Schnüre stand. Ich hoffte, daß nicht zu viele Leute deswegen ausquartiert werden mußten. Es war eine unruhige Nacht, voll vom Lärm weinender Kleinkinder, heulender Mullahs und summender Stechmücken.

Am Morgen kam ich erst sehr spät weg, da ich meine Kleider nicht finden konnte, weil heute der Sabbat der Muslime war und die Familie ausschlief. Als ich die Kleider schließlich aufspürte, waren sie noch naß. Ich fragte, ob ich sie trockenbügeln könne, doch mein Gastgeber wollte nichts davon wissen.

»Das ist ihre Aufgabe«, sagte er und meinte damit die jungen Mädchen.

Ich durfte auch nicht weggehen, bevor man mir das Frühstück serviert hatte. Ein Junge war ausgeschickt worden, um einen Laib Brot zu kaufen, der wie bei uns in Europa in Scheiben vorgeschnitten war. Der ganze Laib wurde gebraten und mir zusammen mit zwei Spiegeleiern und einem großen Zinnkrug mit »Mixed Tea« vorgesetzt. Da man mir beim Abendessen so viel mehr aufgenötigt hatte, als ich normalerweise zu mir nehme, konnte ich keinen Bissen mehr hinunterbringen. Zum Glück wurde mir separat im Schlafzimmer aufgedeckt, so daß ich heimlich einen Teil wegstecken konnte, um ihn später loszuwerden. Als ich gepackt hatte und zur Weiterfahrt bereit war, stellte sich die ganze Familie in einer Reihe auf, um mir die Hand zu schütteln und mir nachzuwinken. Ein Nachbarjunge wurde beauftragt, mich auf seinem Rad durch die Stadt zu eskortieren.

5

Ich war nicht vor zehn Uhr weggekommen. Die Sonne stand schon hoch, und es war sehr heiß. Während sich der Tag dahinschleppte, wurde es immer drückender. Obwohl für die Muslime Sabbat war, nahm der Verkehr nicht im geringsten ab. Zudem waren vielerorts Straßenarbeiten in Gang, was alles noch schlimmer machte und zu langen Umwegen über Pisten führte, wo riesige Mengen Staub aufgewirbelt wurden und ich nur mit Mühe atmen konnte.

Mein nächstes Ziel war eine abgelegene Farm. Sie war etwa achtzig Kilometer entfernt und nicht leicht zu finden. Meine Instruktionen lauteten, Kurs auf ein bestimmtes Dorf zu halten, zu einer Bushaltestelle rund einen Kilometer dahinter weiterzufahren und mich dort nach dem Weg zu erkundigen. Nach meinen bisherigen Erfahrungen hatte ich am meisten Erfolg, wenn ich dem ersten nett aussehenden Mann, den ich traf, die Adresse auf meinem Brief zeigte, sobald ich die betreffende Stadt oder das Dorf erreicht hatte. Falls dies fehlschlug, waren Tankstellen stets geeignete Orte, wo man Hilfe finden konnte, denn dort war immer jemand, der Englisch sprach. Der einzige Haken an den Tankstellen war die Gastfreundlichkeit, denn man ließ mich nie weiterfahren, bevor ich nicht eine Tasse Tee angenommen hatte. Mit den obligaten Gesprächen konnte dies eine beträchtliche Zeit dauern, so daß ich besser einen Bogen um Tankstellen machte, wenn ich in Eile war.

Heute hatte ich es allein deshalb eilig, weil ich diesen Reiseabschnitt endlich hinter mich bringen wollte. Es machte keinen Spaß, ständig durch Staub und Rauchschwaden zu fahren und die ganze Zeit auf den Strassenbelag zu achten, um die unzähligen Schlaglöcher und weitere Gefahrenquellen zu vermeiden. Außerdem wurde ich von zwei rüpelhaften Radfahrern belästigt, die mich einholten und kichernd und glotzend neben mir herfuhren. Nach etwa einer halben Stunde hatte ich die Nase voll und versuchte, sie zu verscheuchen. Es hatte nicht den geringsten Effekt. Schließlich schrie ich sie an und drohte ihnen mit der Polizei. Ich glaube nicht, daß mein Geschrei viel Eindruck machte, doch die Drohung mit der Polizei schien zu wirken, und sie trollten sich widerwillig davon.

All diese ungewollten Aufmerksamkeiten bewirkten, daß ich mich allmählich wie ein Tanzbär oder ein dressiertes Äffchen fühlte. Es war schwierig, die Grobheiten und die natürliche Freundlichkeit der Leute unter einen Hut zu bringen. Sie schienen nichts Böses im Schilde zu führen, und abgesehen von einigen Zwischenfällen, die sich später ereigneten, hatte ich nie den Eindruck, daß hinter ihrem Verhalten irgendeine Böswilligkeit steckte. Es schien ihnen bloß an Vorstellungskraft zu mangeln, sich in die Gefühle anderer Menschen hineinzuversetzen und ihre Privatsphäre zu respektieren. Wegen all der Erschwernisse, Hitze, Staub und Belästigungen war ich jedenfalls ziemlich mitgenommen, als ich den Ort erreichte, wo ich mich nach der Farm von »Bardur, dem Christenmann« erkundigen sollte.

Ich hatte das Dorf und die Bushaltestelle mit ihrem kleinen Straßencafé dahinter gefunden und begann meinen Brief herumzuzeigen und zu fragen, wo ich Bardur finden konnte, doch es klappte nicht richtig. Es gab eine Menge ziemlich ruppiger Männer dort, die weder mein Englisch noch mein Urdu zu verstehen schienen. Sie drängten sich um mich, rempelten mich an und knufften mich, bis ich es nicht mehr aushielt und mir einen Weg aus dem Gewühl bahnte. Mit Tränen der Wut und der Enttäuschung in den Augen blieb ich zitternd etwas weiter weg stehen. Es war mir egal, ob ich das Haus fand oder nicht – ich wollte bloß eins: von Männern in Ruhe gelassen werden. Der Gerechtigkeit halber muß gesagt werden, daß ihnen anscheinend bewußt geworden war, daß sie mich aus der Fassung gebracht hatten, und es ihnen leid tat, denn sie machten keine Anstalten, mir zu folgen. Ich riß mich zusammen und beschloß, nach Sukkur weiterzufahren, als ein Mann auf einem Motorrad neben mir anhielt, ein Mann von ganz anderer Art, mit einem sanften, freundlichen Aussehen. Er nannte den Namen meines anvisierten Gastgebers und winkte mir höflich zu, ihm zu folgen, woraus ich schloß, daß die anderen Männer jemanden gefunden hatten, der das Haus kannte, nach welchem ich Ausschau hielt, und er mich hinführen wollte. Wir gingen eine lange Strecke über unbefahrbare Sandwege, überquerten Abzugsgräben, Bewässerungskanäle und Felder, bis meine überreizte Phantasie sich zu fragen begann, ob ich hier eigentlich noch sicher sei. Bevor ich mir ernsthaft Sorgen machen konnte, hielten wir an. Ich sah keine Spur von einem Haus. Mein Führer begann zu rufen – ein langer, musikalischer Ruf, der am Schluß im Ton anstieg. Es kam keine Antwort, doch nach kurzem Warten erschien ein Mann und eilte auf uns zu. »Bardur, Christenmann«, sagte mein Führer. Es waren seine ersten Worte, seit wir von der Straße abgebogen waren.

Die beiden Männer sprachen miteinander, und ich überreichte Bardur den Brief, den mein Gastgeber von gestern nacht geschrieben hatte. Bardur drehte ihn ein paarmal herum, ohne ihn zu öffnen. Ich merkte, daß er nicht lesen konnte. Einen Augenblick später reichte er ihn meinem Begleiter, der ihn aufmachte und vorlas. Darauf gab er Bardur den Brief zurück, verneigte sich grüßend vor uns beiden und ging den Weg zurück, den er gekommen war. Bardur wandte sich zu mir und schüttelte mir die Hand, dann hob er das Fahrrad auf und schob es durchs Feld, und ich ging hinterher.

Bald erreichten wir die Stelle, wo Bardur wohnte. Die folgenden sechzehn Stunden fühlte ich mich Hunderte von Jahren zurückversetzt. Abgesehen von meinem Fahrrad gab es hier nichts aus dem zwanzigsten Jahrhundert. Wir traten durch eine enge Öffnung in einer Lehmziegelmauer, die mit Kuhdung verputzt und in einem stumpfen Ocker gestrichen war. Drinnen war ein scharfer Wachhund nahe bei der Mauerlücke angekettet. Bardur stellte sich zwischen mich und den wütend knurrenden Hund. Ich befand mich in einem großen Geviert voller Tiere. In der Mitte waren zehn Ochsen und zehn Büffelkühe rund um einen Futtertrog festgebunden. In einer Ecke standen zwei Kamele, in einer anderen mehrere Ziegen. Überall liefen Hunde und Hühner herum. Längs der einen Mauer gab es offene Unterstände mit Strohdächern für die Tiere. Von diesem Geviert ging ein kleineres, eingefriedetes Areal mit einem gestampften Lehmboden ab. Rund um drei Seiten verliefen dort Bogengänge zu den Wohnquartieren der Familie. Im Hof sah ich zwei aus Lehm gebaute Kochstellen, eine Pumpe sowie zwei riesengroße Tonkrüge, die zum Aufbewahren von Getreide dienten.

Es war eine erstaunliche Anzahl Leute anwesend. Sie schienen mir gegenüber dieselbe Schüchternheit zu verspüren wie ich zu ihnen. Keiner schien genau zu wissen, was man mit mir anfangen sollte. Dann kam eine Frau herüber, berührte das kleine Kreuz aus Leder, das ich trug, und sagte: »Schwester«. Ich wußte nicht, ob sie mich als Mitchristin begrüßte oder ob sie der Ansicht war, ich sei so etwas wie eine herumreisende Missionarin. Es war auch völlig gleich, denn damit war der Bann gebrochen. Bald begannen alle zu lächeln, emsig wurden Stühle aufgestellt, Tee wurde zubereitet und das Willkommensei gekocht – diesmal mit Chili. Die kleineren Kinder, von denen es etwa ein Dutzend gab, standen noch immer mit weit aufgesperrten Augen ehrfürchtig herum. Ich verteilte die restlichen Toffees der Begum unter ihnen, und bald hatten auch sie ihre Schüchternheit überwunden, und die Kleineren krabbelten mir zutraulich auf den Schoß, um nachzuschauen, ob ich nicht noch mehr davon hatte.

Die Familie schien aus vier kräftigen Männern, ihren

Ehefrauen und ihren Kindern zu bestehen – alles in allem etwa zwei Dutzend Leute. In welchen verwandtschaftlichen Beziehungen sie zueinander standen, ließ sich nicht näher bestimmen. Niemand sprach ein Wort Englisch (mit Ausnahme des einen Worts »Schwester«), die gesamte Verständigung mußte daher mimisch erfolgen. Weil jeder von uns die Versuche der anderen äußerst vergnüglich fand, mußten wir die meiste Zeit lachen.

Bald widmeten sich die Leute wieder ihren Arbeiten, die durch meine Ankunft unterbrochen worden waren, und ich beschäftigte mich mit meiner Fotokamera, um Aufnahmen von den jahrhundertealten Tätigkeiten zu machen. Ein hübsches Teenagermädchen spann auf einem großen, groben Spinnrad Wolle, ein anderes schälte Reis und warf ihn aus einem flachen Weidenkorb in die Höhe, damit der Wind die Hülsen wegblasen konnte. Eine der Frauen schrubbte henkellose Kochtöpfe mit Asche aus einer der Feuerstellen. Zwei Frauen wuschen die laut protestierenden Kleinkinder unter der Pumpe. Auch die Männer zeigten sich sporadisch und rauchten eine große Wasserpfeife. Wenn einer eine Arbeit erledigt hatte, hob er die Pfeife auf, paffte ein paar Minuten lang vor sich hin und reichte sie weiter, worauf er wegging, um etwas anderes zu erledigen. Sie fanden mein Interesse an ihren Verrichtungen sehr lustig und wiesen mich immer wieder auf verschiedene Dinge zum Fotografieren hin. Nach einer Weile mußte ich dringend aufs Klo. Zu meiner Bestürzung entdeckte ich, daß gar keins vorhanden war. Die Kinder gingen zum Pinkeln in den äußeren Hof, und für ein ernsthafteres Geschäft wurden sie nach draußen in Gottes weite Natur begleitet, was auf dem Subkontinent meistens die einzige Form der sanitären Einrichtungen darstellt. Ich hatte nichts dagegen, Gottes weite Natur zu benutzen, solange eine gewisse Privatsphäre gewahrt blieb. Bisher hatte die notwendige Abgeschiedenheit stets gefehlt, deshalb hatte ich es mir zur Gewohnheit gemacht, zwischen dem Verlassen des einen

Hauses und der Ankunft beim nächsten völlig darauf zu verzichten. Dies fiel mir auch nicht besonders schwer, denn in der heißen, trockenen Luft verlor ich durchs Schwitzen sehr viel Flüssigkeit. Bis jetzt hatte ich auch stets eine Toilette vorgefunden, wenn ich ankam. Ich versuchte mehrmals, auf die Felder zu entwischen, doch jedesmal kamen mir eine oder zwei der Frauen nach und führten mich höflich, aber bestimmt wieder in den inneren Hof zurück. Frauen gingen auch hier offensichtlich nicht allein ins Freie. Langsam begann ich zu verzweifeln. Ich sah keinen Weg, etwas so Anstößiges mimisch darzustellen, und meine nützlichen Urdu-Wendungen schlossen ein solches Bedürfnis nicht mit ein. Zu meiner großen Erleichterung beschlossen die Frauen, alle zusammen auf die Felder zu gehen, um Gemüse zu pflücken, und sie nahmen mich mit. Dies war meine Chance! Ich versuchte, mich unbemerkt hinter ein paar große Zuckerrohrpflanzen zu schleichen, aber schon nach ein paar Metern erhaschte mich eine der Frauen und nahm mich bei der Hand. Doch jetzt kam mir die Dringlichkeit zu Hilfe: Ich machte meine Hand frei, stürzte mit fliegender Hast ins Zuckerrohr und rief ihr dabei über die Schulter zu, sie solle warten. Aus der lauten Unterhaltung und dem Gelächter hinter mir konnte ich schließen, daß sie begriffen hatten, was mich bedrückte. Als ich wieder auftauchte, stand die Frau noch immer da und wartete, um mich zu den anderen zurückzuführen.

Kaum waren wir im Geviert zurück, begannen die Vorbereitungen für das Abendessen. Einer der größeren Jungen fing ein mageres kleines Huhn ein und brachte es zu der Stelle herüber, wo ich saß. Er fuhr ihm in einer unmißverständlichen Geste mit dem Finger über den Hals. Einen Moment lang glaubte ich, er wolle mich necken, dann merkte ich, daß er mir damit bedeutete, es solle mir zu Ehren getötet werden. Ich war sehr gerührt, denn die Leute hier waren arm, nach unseren Begriffen sogar mausearm. Angesichts ihrer kärglichen Mittel bedeutete meine Anwesenheit, so kurz sie auch ausfiel, eine zusätzliche Belastung. Ich konnte ihre Gastfreundschaft auf keine Weise vergelten – jeder Versuch wäre eine grobe Beleidigung gewesen. Doch sie gaben mir nie das Gefühl, daß mein Besuch für sie etwas anderes als eine Ehre und ein Vergnügen war.

Sobald die Dämmerung hereinbrach, schleppten die Jungen geschäftig Haufen dünner Äste als Feuerholz herein. Die Männer verschlossen die Lücke in der Mauer der äußeren Einfriedung mit einem Dickicht scharfdorniger Sträucher. Die Tiere wurden in ihre offenen Unterstände geführt und dort mit dicken Ketten festgebunden. Bis alle diese Verrichtungen zu Ende waren, war es bereits ganz dunkel geworden. Die Jungen hatten im inneren Geviert ein großes Feuer angezündet, das wohl eher dazu gedacht war, das trübe Licht der Paraffin-Sturmlaternen zu unterstützen, als Wärme zu spenden. Das Essen war jetzt fertig, und alle saßen grüppchenweise auf dem Erdboden herum und aßen. Ich wurde separat an einem kleinen Tisch bedient. Die Mahlzeit bestand hauptsächlich aus Reis, Chapattis und ganz wenig Gemüse, dessen Identität wegen des vielen Chilipulvers fast nicht mehr feststellbar war. Von dem kleinen Huhn war bei so vielen Essern fast nichts zu merken.

Nach dem Essen wurden Vorbereitungen für einen Gottesdienst getroffen. Als erstes kam Bardur mit einem Buch heraus, das er mir herüberbrachte. Er deutete mehrmals auf mein Kreuz und danach auf das Buch, vermutlich um mir zu zeigen, daß es eine Bibel sei. Dann trug man meinen Tisch und meinen Stuhl in einen der Räume, und ich mußte mich hinsetzen, während die übrigen mir gegenüber in Reihen mit untergeschlagenen Beinen auf dem Fußboden saßen. Ein paar bange Sekunden fragte ich mich besorgt, was man von mir in dieser erhöhten Position wohl erwartete. Meine Sorgen waren unbegründet, denn ich brauchte nur zuzusehen, was mich keine Mühe kostete, weil es mich derart fesselte. Der ganze Gottesdienst wurde gesungen, melodisch und mit großer Inbrunst. Die musikalische Begleitung lieferten ein enghalsiger, breitbauchiger Tonkrug, der eine tiefe, dröhnende Trommel abgab, und lange, flache Metallzangen, auf denen ein höher klingender Komplementärrhythmus gespielt wurde. Während des Gottesdienstes machten die Hunde plötzlich einen ohrenbetäubenden Lärm, und ganz in der Nähe erklangen Kamelglocken. Alle verstummten, während die Männer hinausgingen, um nachzusehen. Mir kam wieder in den Sinn, daß dies das Territorium der Dacoit war und die Leute wachsam sein mußten. Die Störung erwies sich als falscher Alarm, und der Gottesdienst ging weiter.

Nachher wurden die Kinder zu Bett gebracht. Die Väter saßen bei ihnen auf den Charpoys und unterhielten sich ruhig, bis die Kinder eins nach dem anderen einschliefen. Darauf verzogen sich die Erwachsenen in verschiedene Zimmer. Ich wurde in einen kleinen Raum geführt, wo vier Charpoys Kopfende an Fußende an den Wänden standen. In dreien von ihnen schliefen mehrere Kinder. Die älteren Jungen wurden herausgefischt und weggeschickt, um anderswo zu schlafen, vielleicht bei den Männern. Die Frauen kletterten zu den verbleibenden Kindern hinein, so daß ich einen Charpoy für mich allein hatte. Die einzelne Sturmlaterne blieb die ganze Nacht brennen. Ich nickte ein, während ich mich noch fragte, wie ich in einem Raum mit so vielen Menschen schlafen konnte. Ich schlief gut und wurde nur ein- oder zweimal in der Nacht gestört, als irgend jemand einer Katze etwas nachwarf, die trotz der Decke, mit der man die Türöffnung verhängt hatte, hereingeschlüpft war und die Regale über meinem Kopf erforschte. Dies war meine erste Nacht in Pakistan ohne die Lautsprecher der Mullahs.

Bei Tagesanbruch waren alle auf und verrichteten ihre morgendlichen Pflichten: Die Büffelkühe wurden gemolken, der Hof gekehrt, der Dung aufgelesen und zu flachen Kuchen geformt, die als Brennstoff dienten, Teig für Chapattis geknetet und die Milch gebuttert.

Als es Zeit wurde, Abschied zu nehmen, war auf beiden Seiten ein Zögern – sie wollten mich nicht gehen lassen, und ich wäre gern geblieben, um mehr über ihr Leben zu erfahren, doch dazu hätte ich ihre Sprache sprechen müssen. Alle Frauen kamen auf das Feld hinaus, um mich wegfahren zu sehen. Jede von ihnen umarmte mich lange, dann begleitete mich Bardur auf dem Sandweg zur Fernstraße, die mich ins zwanzigste Jahrhundert zurückbrachte.

Während ich so dahinfuhr, den Kopf voller Gedanken über die Farm und ihre Bewohner, merkte ich zuerst gar nichts von all den emsigen Aktivitäten der Polizei rund um mich. Dann nahm ich endlich die langen Kolonnen von Lastwagen und Kamelkarren wahr, die am Straßenrand aufgereiht waren, während ihre Ladung, zur Hauptsache Zuckerrohrstapel, von Polizisten durchsucht wurde. Anfangs war ich mir nicht einmal sicher, ob es wirklich Polizisten waren, die die Inspektion durchführten, denn sowohl die Polizei als auch das Militär trägt Khakiuniform. Ich fragte mich insgeheim, wonach sie wohl suchten. Einer der Polizisten fiel mir besonders auf. Er trug einen unangenehm aussehenden Stock und fuhr immer wieder in einem kleinen Lieferwagen voller Zivilisten an mir vorbei. Dann wechselte er mit seinem bedrohlichen Stock auf den Rücksitz eines kleinen Motorrads, wobei er im Vorbeifahren jedesmal salutierte und mir zulächelte. Ich begann mich zu wundern. Hatte ich eine Eskorte erhalten? Und wenn ja, wer hatte sie wohl angeordnet? Stunde um Stunde begleitete mich dieser Polizist. Er fuhr voraus, wartete, bis ich ihn passierte und überholte mich wieder, und wenn ich aus irgendeinem Grund anhielt, kam er auch schon zurück und hielt ein wenig abseits ebenfalls an, ohne sich mir je wirklich zu nähern. Die ganze Prozedur nervte mich ein bißchen, war aber auch zweckdienlich, denn nun durfte mich keiner der Rad- oder Motorradfahrer, die mich üblicherweise neckten, behelligen. Sobald jemand Interesse an mir zu zeigen begann, wurde er von meiner Eskorte weggewinkt. Am Mittag hielt ich bei einem Straßencafé an, um etwas zwischen die Zähne zu kriegen. Der Polizist folgte mir hinein und scheuchte alle Männer rund um mich weg, so daß ich in aller Ruhe essen konnte.

Im Laufe des Nachmittags erfolgte eine Wachablösung. Ich merkte erst etwas davon, als ein junger Polizist auf einem Motorrad herandröhnte und mir zurief: »Gute Tag, gute Tag, ich bin neue Wächter.« Ich hoffte, endlich herauszufinden, wer bestimmt hatte, mich mit einer Polizeieskorte zu versehen, und fragte den jungen Mann, doch damit war sein Englisch überfordert, deshalb versuchte ich es allgemeiner:

»Warum Wächter?«

»Für persönliche Sicherheit«, erwiderte er. »Pakistan sehr schlechte Land.«

Ich konnte nichts Näheres in Erfahrung bringen, obwohl er den ganzen Weg bis zu den Außenvierteln von Sukkur neben mir herfuhr und seine Englischkenntnisse auffrischte. Hier verschwand er, und ich wurde von zwei intelligenten Jungen auf einem nagelneuen Fahrrad aufgegabelt, das teilweise noch mit Packpapier des Herstellerwerks umwickelt war. Sie begleiteten mich und stellten viele Fragen, die aus dem Mund eines englischen Jungen unhöflich geklungen hätten, wie etwa: »Warum du kommen nach Sukkur?« – »Wie alt bist du?« – »Von welche Kaste?« – »Hast du Mann?«

Ein solches Kreuzverhör erscheint sogar in Pakistan recht rüde, doch ich bin überzeugt, daß es nicht so gemeint war. Alle sind hier schrecklich neugierig, besonders was Westler betrifft. Zudem bin ich mir gar nicht so sicher, daß viele von ihnen überhaupt auf den Gedanken kommen, es sei möglich, sich auch einer Frau gegenüber unhöflich zu verhalten. Meine beiden jungen Muslime waren jedoch wirklich sehr süß. Obwohl mich ihre Fragen irritierten, blieben sie freundlich und führten mich zu dem Ort, zu dem ich zu gehen wünschte. Eine letzte Frage konnten sie sich allerdings nicht verkneifen. Als ich ihnen sagte, daß ich die St. Saviour's Church suchte, führten sie mich zuerst zu einer Moschee und meinten:

»Dies sehr feine Moschee. Warum du wollen gehen Saviour's Church?«

6

Wenn ich geglaubt hatte, Karatschi sei ein schwieriges Pflaster für eine alleinstehende Frau, dann nur deshalb, weil ich noch nie zuvor in Sukkur gewesen war. Für ein unbegleitetes weibliches Wesen ist Sukkur absoluter »Sperrbezirk«, und die Stadt war einer der Tiefpunkte auf meiner Reise. Dabei hatte sich alles so gut angelassen. Durch die freundliche Vermittlung des Bischofs hatte man mir eine Wohnung in einem prächtigen, verfallenen Herrenhaus aus den Tagen der britischen Herrschaft vermietet. Es war oben auf der einzigen Erhebung der Stadt erbaut worden, um den kleinsten Windhauch aufzufangen, der in dieser brütenden Hitze wehen mochte – ein angenehmer Ort zum Wohnen. Von seinem Flachdach konnte man den Indus sehen, dessen kolossale Breite von dem großen Stauwehr überspannt wurde, das die Briten gebaut hatten, um das Wasser für Bewässerungszwecke abzuleiten. Nahe der Villa, wo einst Rasen und Gärten gelegen hatten, waren ärmliche kleine Häuser aus dem Boden geschossen, so daß es nicht nur möglich, sondern ziemlich unvermeidbar war, intime Einblicke ins häusliche Leben der Muslime zu erhalten. Die Hausarbeiten fanden größtenteils in den offenen Höfen statt. Die jungen Frauen schienen den ganzen Tag in Bewegung gehalten und von häufigen Schlägen ihrer Männer und Schwiegermütter angespornt zu werden. In jedem der winzigen Häuser lebte eine so erstaunlich große Anzahl Menschen, daß jede Form von Privatsphäre ausgeschlossen war.

Genau diese Privatsphäre genoß ich jetzt in vollen Zügen. Obwohl ich erst eine Woche gereist war, hatte mich das ständige Bemühen, mich mit Sprachschwierigkeiten herumzuschlagen, abends höflich Konversation zu machen und tagsüber zu versuchen, meine männlichen Verfolger abzuschütteln, völlig ausgelaugt. Schon nach wenigen Stunden fühlte ich mich wieder wie ein neuer Mensch. Ich hatte warmes Wasser zur Verfügung, soviel ich wollte, und erstmals seit langer Zeit schwelgte ich wieder im Gefühl, frei von Staub und Sand zu sein. Ich wusch Fahrrad, Kleider und Satteltaschen und klopfte den Staub aus allem, was nicht gewaschen werden konnte. Meine wenigen Besitztümer auszupacken und auf einem Regal aufzustellen war allein schon ein Riesenvergnügen und erschien mir als Gipfel eines kultivierten Luxuslebens.

An jenem Abend war ich bei einem Ehepaar in der Wohnung nebenan zum Essen eingeladen. Sie waren Ärzte und zugleich Missionare aus Australien und absolvierten einen Intensivsprachkurs, bevor sie in abgelegenen Dörfern ihre Arbeit aufnehmen wollten. Wie alle Missionare, die ich in Pakistan traf, kleideten sie sich in landesüblicher Tracht und versuchten so wenig wie möglich aufzufallen. Die Frau verließ die Wohnung kaum je allein, ihr Mann erledigte alle notwendigen Einkäufe. Sie empfanden ihr Dasein als hart und einengend und schienen in ständiger Angst zu leben, daß man sie plötzlich aus dem Land weisen könnte.

Am folgenden Morgen brach ich sehr früh auf und bestieg ein ausschließlich für Frauen reserviertes Erste-Klasse-Eisenbahnabteil. Die hundertdreißig Kilometer lange Reise führte zu der uralten Stadt Mohenjo-Daro, die erst in diesem Jahrhundert entdeckt wurde und zeitlich zu den allerfrühesten Zivilisationen gerechnet wird. Es war ein höchst interessanter Eisenbahnwagen, der schon bessere Tage gesehen hatte. Zum Sitzen dienten der Länge nach an den Seiten und in der Mitte angeordnete Sitzbänke. Die Polsterung aus Roßhaar mußte einst leidlich bequem gewesen sein, doch jetzt hatte sie eigenwillige Konturen mit Höckern und Dellen angenommen. Wo diese Dellen nicht voll von Sand waren, hatte sich Wasser in ihnen gesammelt. Da es in letzter Zeit nicht geregnet hatte, blieb als einzige

Erklärung, daß diese Pfützen von einem völlig unzulänglichen Versuch herrührten, den Waggon zu reinigen.

Ich hatte ihn ganz für mich allein, denn keine andere Frau erschien. Jedesmal wenn ein Mann einzutreten versuchte, wies ich ihn (wie mich der hilfreiche Schaffner geheißen hatte) entschieden zurecht, daß dieser Wagen ausschließlich für Frauen bestimmt sei, worauf sich der arme Kerl sichtlich verlegen zurückzog, als hätte man ihn bei einer anstößigen Handlung ertappt. Keins der Fenster schien mit seinem Rahmen eine nähere Verbindung zu haben; viele waren schon gar nicht mehr vorhanden, und zwischen den Planken der Holzverkleidung klafften große Lücken, so daß beim Losfahren des Zugs immer mehr Sand in den Wagen eindrang, alles bedeckte und große Verwehungen auf dem Boden hinterließ – es hätte einen tollen Spielplatz für kleine Kinder abgegeben. Der einzige Lichtblick auf dieser Reise war der Schaffner, der jedesmal an einer der gähnenden Fensteröffnungen erschien, wenn der Zug bei einem Bahnhof anhielt, was etwa alle zehn Minuten der Fall war, um mich zu fragen, ob alles in Ordnung sei und ob ich irgend etwas wünsche, eine Tasse Tee vielleicht. Einmal bedachte er mich mit einer Birne, die, wie er stolz verkündete, auf jenem Bahnsteig gewachsen sei. Jeder noch so winzige Bahnhof hatte mindestens zwei oder drei Teestände, wo auch vielerlei von Fliegen umschwirrte Süßigkeiten verkauft wurden. Ich konnte mir keinen Reim darauf machen, weshalb es so viele Bahnhöfe gab, denn die Gegend hier ist zur Hauptsache Wüste und sehr spärlich besiedelt. Nach etwa zwei Stunden waren die hundert Kilometer bis Larkana hinter uns – angesichts der vielen Halte und des Zustands des Zugs gar kein schlechtes Tempo.

Für das nächste Teilstück mußte ich in Larkana einen Bus nehmen. Es war eine schreckliche Fahrt. Ich war auf allerkleinstem Raum zwischen neugierigen Männern eingepfercht, die mir dauernd auf die Füße traten und mich unaufhörlich auf hinterhältige Weise pufften und knufften. Ich zählte mehr als siebzig Passagiere, obwohl nur Platz für dreißig vorgesehen war. Die Hitze und der Geruch im Innern des Busses waren atemberaubend, und ich war noch nie so erleichtert, daß eine Fahrt zu Ende ging. Die letzten wenigen Kilometer legte ich in einem zweirädrigen, von Pferden gezogenen *gharry* zurück – nicht weniger zusammengequetscht, aber zumindest an der frischen Luft.

Endlich erreichte ich Mohenjo-Daro. Imponierend, gewiß, schon angesichts des Ausmaßes dessen, was freigelegt worden war, wobei noch mindestens ebensoviel darauf wartete, ausgegraben zu werden. Eindrucksvoll sind auch die mir von meinem Führer mitgeteilten Fakten über Bankhäuser, Kanalisation, Maße und Gewichte und weitere moderne Annehmlichkeiten, über welche diese Stadt vor so vielen tausend Jahren schon verfügte. Was jedoch tatsächlich zu sehen ist, beschränkt sich auf ein paar Reihen unansehnlicher, staubiger Ziegel: Meilen um Meilen säuberlich gebauter niedriger Mauern, welche Vierecke aus Sand umschließen. Noch mehr Sand erstreckte sich die achthundert Meter zum Indus hinunter. Ich konnte beim besten Willen in meiner Vorstellung kein Bild heraufbeschwören, wie diese einst wohlhabende Stadt und ihre Bewohner wohl ausgesehen haben. Mit dem Gefühl, daß ich mehr über Mohenjo-Daro erfahren hatte, als ich mir im Museum von Karatschi die Kunstgegenstände und Ornamente angeschaut hatte, schlug ich den Rückweg nach Sukkur ein.

Als ich am Nachmittag im Basar einkaufen ging, fuhr ein junger Mann auf seinem Fahrrad zu mir heran und schlug mich mit der Hand hart ins Gesicht. Ich trug meinen Hut und hatte den Blick gesenkt, war daher nicht vorgewarnt. Er wollte mich offensichtlich nicht ausrauben, sondern nur dafür bestrafen, daß ich mich als Frau allein draußen aufhielt. Dem kurzen Blick nach, den ich von ihm erhaschte, schien er noch ein Junge zu sein. Es waren viele Männer anwesend, doch kein einziger reagierte oder schien Kenntnis davon zu nehmen. Ich eilte völlig fassungslos in meine

73

Wohnung zurück. Wie feige und sinnlos war doch dieser Angriff. Als ich den Missionaren davon erzählte, meinte eine junge schottische Frau, daß sie auf ganz ähnliche Weise angegriffen worden sei, doch ihr Angreifer sei gleich danach mit dem Fahrrad in einen Obstkarren gekracht und sie habe ihn mit ihrer Einkaufstasche traktiert. Wenn es derselbe junge Mann war, hatte er seine Fahrkünste inzwischen verbessert.

Nach diesem Zwischenfall fiel es mir ziemlich schwer, die Wohnung zu verlassen, doch die Notwendigkeit, etwas Geld von der Bank zu holen, zwang mich am folgenden Nachmittag wieder ins Freie. Ich nahm mein Schweizer Taschenmesser mit und steckte es geöffnet in die Tasche. Ich glaubte zwar nicht, daß es im Fall eines entschlossenen Angriffs viel genützt hätte (ich hätte sowieso nicht gewußt, wie es als Waffe zu gebrauchen war), doch allein schon die Tatsache, daß ich es bei mir hatte, gab mir Selbstvertrauen. Ich hatte die unbestimmte Vorstellung, daß es einen möglichen Angreifer abschrecken würde, wenn ich bedrohlich damit herumfuchtelte, und es klappte auch. Auf dem Weg zur Bank machten Gruppen von Jugendlichen mehrmals drohende Gebärden gegen mich, doch als ich das Messer aus der Tasche zog und es einfach nur in der Hand hielt, wichen sie zurück. Es war jedoch kein angenehmes Gefühl, die ganze Zeit so aggressiv gestimmt und auf der Hut sein zu müssen.

Die Bank tat wenig, um meine wachsende Antipathie gegen die Männer von Sukkur zu zerstreuen. Ich mußte warten, während man versuchte, ein Telefongespräch mit der Zentrale in Karatschi anzumelden, denn hier hatte man die Kopie meines Zahlungsauftrags verloren und konnte mir ohne diese kein Geld aushändigen. Die Angestellten schienen es als Riesengaudi anzusehen, daß eine Frau in der Bank war. Sie schnappten sich immer wieder meinen Reisepaß und andere Papiere vom Schreibtisch des Filialleiters und riefen einander zwischen Lachsalven laut Einzelheiten über mich zu. Schließlich war ich so gereizt, daß ich scharf protestierte: Sie könnten mit ihren eigenen Frauen umgehen, wie sie wollten, doch ich sei keine Muslimfrau, und als Bankkundin hätte ich ein Anrecht auf etwas Höflichkeit. Ich ließ sie auch wissen, was für einen Eindruck ich von ihrer Stadt gewonnen hatte und wie sehr mir daran gelegen war, von hier wegzukommen. Und wenn sie den Zahlungsauftrag nicht finden könnten, so sei das völlig egal, ich hätte noch Reiseschecks bei mir und könne diese überall einlösen. Mein Wutausbruch wirkte sofort. Alle waren jetzt respektvoll bis zur Unterwürfigkeit. »Bitte nehmen Sie Platz, Memsahib. « – »Eine Tasse Tee? Nein? Etwas Kaltes zu trinken vielleicht?« Die Luft war dick vom Bestreben, mir zu Gefallen zu sein. Bis ich endlich gehen konnte, waren wir die besten Freunde geworden. Es ist jedoch traurig, daß eine Frau nicht einmal in einer Bank mit der üblichen Höflichkeit behandelt wird, ohne sich zuerst zur Wehr setzen zu müssen.

Während ich mich abmühte, die knapp zweihundert Kilometer zurückzulegen, die mich vom nächsten »sicheren Haus« trennten, hörte ich plötzlich einen Riesenknall, als ob ein Lastwagenreifen platzte. Es dauerte einige Augenblicke, bis ich merkte, daß der Lärm vom Hinterrad meines Fahrrads herrührte und der Reifen sich von der Felge gelöst hatte. Als es passierte, befand ich mich in der Nähe einer der vielen Zwischenstationen, die entlang der Fernstraße für die Bedürfnisse der Buspassagiere sorgen. In Pakistan reisen die Leute sehr oft mit dem Bus, und da diese Busse an Bequemlichkeit viel zu wünschen übriglassen, wie ich inzwischen selbst entdeckt hatte, waren häufige Zwischenhalte nötig. Blecherne Ungetüme, die mit dem Reichtum ihrer Verzierungen untereinander wetteiferten – je farbenprächtiger, desto besser die Kundschaft –, parkten in großer Zahl auf dem zerfurchten, von Abfall übersäten Gelände, das die Straße säumte. Dazwischen lungerten ganze Banden kleiner Jungen herum, die eine Vielzahl von Früchten und Süßigkeiten feilhielten und ihre Waren anpriesen, so laut sie nur konnten. Hinter den Bussen befanden sich Autoreparaturwerkstätten, Cafés, Läden und Verkaufsstände. Da es nirgendwo Toiletten gab (ich wenigstens konnte nie welche entdecken), benutzten die Passagiere irgendeine geeignete Mauer oder kauerten sich einfach zwischen dem Schutt hin. Überall waren Fliegen, und die Hitze erzeugte einen schimmernden Luftspiegelungseffekt über der Szene.

Ich sah mich nach etwas Schatten um, wo ich mein Fahrrad reparieren konnte. Auf der anderen Straßenseite lag eine Autogarage, deren Besitzer mich freundlich einlud, einen kleinen Lagerraum auf dem Vorplatz zu benutzen. Bis ich das Fahrrad hineingerollt und es auf den Sattel gestellt hatte, war auch schon eine große Menge von Jungen und Männern versammelt, um mir zuzuschauen. Aus ihrer hingerissenen Aufmerksamkeit zu schließen, zog ich eher eine Unterhaltungsshow ab, als daß ich einen prosaischen Reifenwechsel vornahm. Sie waren jedoch ein angenehmes Publikum, ganz anders als die Rüpel, denen ich in Sukkur begegnet war. Wenn sich einer der Jungen zu weit vorwagte, zerrten ihn die anderen zurück, so daß mir genügend Platz zum Arbeiten blieb. Als ich Schlauch und Reifen gewechselt hatte, schenkte ich die beiden kaputten Teile den kleinen Jungen; der Schlauch hatte ein riesiges Loch, das sich unmöglich flicken ließ, und aus dem Reifen waren am Felgenrand etwa fünfzehn Zentimeter Draht glatt herausgerissen, was meine Reparaturmöglichkeiten bei weitem überstieg. Vermutlich war die Reifenpanne dem Antipannen-Plastikband zuzuschreiben, das ich erstmals benutzte (später erfuhr ich, daß andere Radfahrer, die dieses Band verwendet hatten, ebenfalls dramatische »Platzer« erlebt hatten), daher schenkte ich es ebenfalls den kleinen Jungen. Sie entdeckten, daß es ein ziemlich gutes Springseil abgab, was mich etwas tröstete. Der Verlust des

Schlauchs bereitete mir kein Kopfzerbrechen, denn ich besaß noch einen weiteren Ersatzschlauch, doch der kaputte Reifen wog schwer. Es waren noch zwölfhundert Kilometer bis nach Lahore, wohin ich den ersten meiner Reifen versandt hatte. Bei diesen rauhen Straßen waren die Reifen rasch abgegriffen.

Sobald das Fahrrad wieder zusammengesetzt und das Werkzeug verpackt war, brachte mir jemand in einer Schüssel Wasser zum Händewaschen. Danach wurde ich zu einem Glas Tee ins nebenan liegende Café befördert. Alle schienen wie versessen darauf, dieses und jenes für mich zu tun. »Sie müssen nur sagen, Memsahib. Es ist gut, daß Sie sind da.« Ich verstand den Grund für ihre Liebenswürdigkeit ebensowenig, wie ich die Feindseligkeiten in Sukkur verstanden hatte, und nahm sie einfach dankbar an. Während ich Tee trank und Fragen über meine Reise beantwortete, wurde mir der kaputte Reifen zurückgebracht. Der Draht war wieder an Ort und Stelle geheftet und mit einem Flicken aus Leinwand verstärkt. Ich war verblüfft über soviel Fürsorge und Freundlichkeit, und alle waren entzückt von meiner offenkundigen Freude. Der alte Mann, der die Reparatur ausgeführt hatte, wurde hergeholt, um mir die Hand zu schütteln, doch er weigerte sich, für seine Arbeit irgendeine Bezahlung anzunehmen. Als ich wegfuhr, waren meine Vorstellungen über die Männer Pakistans wieder einmal völlig über den Haufen geworfen.

Bevor der Tag zu Ende ging, benötigte ich ein weiteres Mal Hilfe, denn meine Straßenkarte war ungenau, und die Abzweigung zu der Stadt, die ich anpeilte, war nicht dort, wo sie hätte sein müssen. Ich war sehr müde, denn ich war über hundertsechzig Kilometer bei Temperaturen um zweiunddreißig Grad gefahren, und es blieb nur noch eine Stunde Tageslicht. Ich schaute mich nach jemandem um, den ich nach dem Weg fragen konnte, doch hier gab es weder eine Tankstelle noch ein Dorf, denn ich befand mich auf einem ziemlich einsamen Straßenstück. Langsam machte ich mir Sorgen, ob ich vor Einbruch der Dunkelheit eine Unterkunft finden würde. Alle die Warnungen, mich im Dunkeln draußen aufzuhalten, hatten mich extrem nervös gemacht. Dann sah ich vor mir einen Traktor aus den Feldern auf die Straße einbiegen. Ich sauste los, um ihn zu überholen, damit ich mir ein Urteil von den Männern darin bilden konnte. Es waren ihrer zwei. Sie machten einen anständigen Eindruck, denn wenigstens buhten und grinsten sie nicht. Ich beschloß, das Risiko einzugehen, und rief ihnen über den Lärm des Motors etwas zu. Der Fahrer hielt den Traktor an und kletterte herunter. Zum Glück hatte ich jemanden gefunden, der Englisch sprach. Als ich ihm die Adresse auf meinem Empfehlungsbrief zeigte, meinte er, das Haus liege in der Stadt, wo er wohne; er werde mich hinführen, ich müsse ihm nur hinterherfahren. Er war ein äußerst liebenswürdiger Mann. Es sei seine Pflicht, meinte er, mich in Sicherheit zu bringen, weil ich mich um Hilfe an ihn gewandt hätte. Diese Einstellung war mir ziemlich neu, doch es war schön, daß sich jemand so besorgt um meine Sicherheit und mein Wohlergehen zeigte. Nach jeder Meile hielt er an, um sich zu vergewissern, daß ich ihm nachfolgte, und um mich zu fragen, ob ich mich nicht anders besonnen hätte und auf dem Anhänger mitfahren wolle. Auch als wir das Krankenhaus erreichten, wo ich mich nach der Adresse meiner Gastgeberin erkundigen sollte – einer Krankenschwester namens Zarina, einer Verwandten der ersten Familie, bei der ich übernachtet hatte –, sah er seine Pflicht noch immer nicht als erfüllt an, sondern bestand darauf, mich bis vors Haus zu begleiten. Erst als Schwester Zarina den Brief gelesen und mich hereingebeten hatte, verabschiedete er sich. Ich war tief beeindruckt.

Schwester Zarinas Haus war winzig und bestand nur aus zwei klitzekleinen Zimmern, einer kleinen Küche, Waschraum und Toilette. Sie selbst, ihr Mann und zwei kleine Söhne schliefen im einen Zimmer, zwei weitere Krankenschwestern aus dem Krankenhaus teilten sich das andere.

Es gab gerade noch Platz, einen zusätzlichen Charpoy zwischen die Betten der beiden Schwestern hineinzuquetschen, auf dem ich schlafen konnte. In einem so überfüllten Haushalt war zu erwarten, daß alle erleichtert aufatmen würden, wenn sie hörten, daß ich lediglich eine Nacht bleiben wollte, doch weit gefehlt. Kaum war das Ei zum Willkommen serviert, als auch schon Pläne geschmiedet wurden, wie man mir die Stadt zeigen könnte und zu wem ich auf Besuch mitgenommen werden sollte. Es wurde ein Besuchsplan aufgestellt, der mindestens eine Woche in Anspruch genommen hätte. Ich versuchte ihnen verständlich zu machen, daß meine Zeit begrenzt sei und daß noch ein sehr weiter Weg vor mir lag, denn es widerstrebte mir, wegen der zusätzlichen Bürde, die mein Aufenthalt verursachte, bei Leuten mit so kärglichen Mitteln mehr als eine Nacht zu verweilen. Doch sie lächelten bloß und meinten: »Sie müssen unbedingt bleiben, Ilyas wird darauf bestehen.« Ilyas erschien, als wir das Abendessen einnahmen. Er war der Bruder von Zarina, ein Matrose der Handelsmarine auf Heimurlaub. Ich weiß nicht, ob es seinen vergleichsweise höheren Verdienstmöglichkeiten oder dem Umstand zuzuschreiben war, daß er der einzige Bruder von sechs Schwestern war, doch irgendwie war er stets in der Lage, seinen Willen durchzusetzen. Ehe ich mich versah, hatte ich eingewilligt, mir am folgenden Tag die Sehenswürdigkeiten der Stadt von ihm zeigen zu lassen, und sein bestimmtes Wesen ließ mich vermuten, daß es selbst danach schwierig werden könnte, meine Reise fortzusetzen.

Eine Fabrik von Lever Brothers, die Seife und Speiseöl herstellt, wäre wohl kaum je irgendwo auf meinem Besuchsprogramm gestanden, schon gar nicht im exotischen Osten, doch genau dies hatte Ilyas arrangiert. Also tat ich mein Bestes, ein reges Interesse zu bekunden, während wir durch die scheinbar endlosen Hallen und Galerien schritten. Das Interessanteste war der Fuhrpark von Kamelkarren, den ich zufällig zu Gesicht bekam, doch niemand bot mir eine Fahrt in einem der Karren an, was ich zweifelsohne genossen hätte. Von der Fabrik ging es auf direktem Weg zum Krankenhaus, einem grauslichen, unhygienischen Ort, wo Patienten und Besucher überall ohne Hemmungen auf den Fußboden spuckten – kein Wunder, daß die Tuberkulose dort so verbreitet ist. Nach einer gnädigerweise kurzen Führung fuhren wir zum Mittagessen und für Fotoaufnahmen nach Hause zurück. Für letztere wurde ich ins Brautkostüm meiner Gastgeberin gekleidet – Schalwar und Kamise aus einem hübschen, durchsichtigen Gewebe in Rot und Silber. Ich mußte das Gürtelband der Hosen um die Oberschenkel binden, denn ich bin sehr viel größer als Zarina. Fast ohne Verschnaufpause ging es weiter, um Freunde und Bekannte zu besuchen. Auf der Suche nach einem von ihnen fuhren wir auf dem Motorrad aus der Stadt hinaus zu einer Farm, wo die Zuckerrohrernte in vollem Gang war. Zwei Ochsen mit verbundenen Augen trotteten unaufhörlich im Kreis herum und trieben eine Presse an. Große, flache Metallschüsseln wurden mit dem entstehenden Sirup gefüllt, dieser wurde dann langsam gekocht, bis er sich in Rohzucker verwandelte. Die Besuchstournee ging auch nach Einbruch der Nacht weiter. Als wir zu Zarinas Haus zurückkehrten, war mein Kopf von all den vielen verschiedenen Eindrücken zum Bersten voll, und ich war derart erschöpft, daß mir die Kraft fehlte, etwas einzuwenden, als Ilyas begann, das Programm für morgen zu entwerfen.

Als ich am folgenden Tag erwachte, fragte ich mich, ob und wann ich wohl je wieder von hier wegkommen würde. Ich kam mir undankbar vor, doch ich sehnte mich nicht nur danach, meine Reise fortzusetzen, sondern hatte auch den Wunsch, wieder allein und auf mich selbst gestellt zu sein. Seit meiner Ankunft vor etwa vierzig Stunden hatte ich kaum eine Minute für mich selbst gehabt – in diesem überfüllten Quartier und dank der ständigen Dienstbereitschaft von Ilyas war dies ein Ding der Unmöglichkeit. Gleich nach dem Frühstück würde ein weiterer chaotischer Tag mit Blitzbesuchen beginnen, ohne daß ich etwas dagegen unternehmen konnte. Doch irgend etwas Unerklärliches kam dazwischen. Als wir um neun Uhr aufbrechen sollten, schaute Ilyas kurz herein, um uns mitzuteilen, daß sich eine Verspätung ergeben hatte und wir später losfahren würden. Gut. So hatte ich wenigstens etwas Zeit, um Briefe zu schreiben und mein Reisejournal nachzutragen. Ich schrieb einen Brief, dann noch einen und noch einen. Hin und wieder erschien Ilyas, um weitere Verzögerungen anzukündigen. Die kleinen Jungen purzelten mir immer wieder über die Füße, wenn sie in dem winzigen Hof zu spielen versuchten. Meine beiden Schlafgefährtinnen, die den Tag frei hatten, mußten sich jedesmal an mir vorbeiquetschen, sobald sie in ein anderes Zimmer gehen wollten. Um halb zwölf kam Ilyas und kündigte einen weiteren Aufschub an. Ich hielt es nicht mehr aus. Ich mußte auf und davon. Ich rief ihnen zu, daß ich bloß schnell zur Post fahren und nicht lange wegbleiben würde, schnappte mir mein Fahrrad, das glücklicherweise noch immer voll bepackt war, weil es weder Zeit noch Platz zum Auspacken gegeben hatte, und riß aus. Ich war einer Eingebung des Augenblicks gefolgt und wußte, daß ich eigentlich umdrehen und mich geziemlich verabschieden sollte. Statt dessen radelte ich, so schnell ich nur konnte, weg aus Angst, Ilyas würde sich auf sein Motorrad setzen und mich suchen. Die Situation war mir völlig über den Kopf gewachsen, was mich traurig stimmte. Später schrieb ich und entschuldigte mich für meinen überstürzten Abschied. Ich schickte den kleinen Jungen ein paar gute Spielsachen zum Bauen, die nicht allzuviel Platz einnahmen, doch ich hatte immer noch ein schlechtes Gewissen.

Vielleicht hatte ich dafür, daß ich mich so eilig männlichem Schutz entzogen hatte, eine Strafe verdient. Als ich bei einem kleinen Rastplatz an der Straße anhielt, um mir ein paar Dinge zum Mittagessen zu kaufen, wurde ich von sämtlichen Schülern einer großen Jungenschule angepöbelt. Sie jagten mir ordentlich Angst ein und waren völlig ungehemmt. Ich floh mit meinen Leckerbissen, so schnell ich konnte. Als ich sah, wie sich einige von ihnen anschickten, mir auf ihren Fahrrädern nachzujagen, bog ich, nachdem ich eine gewisse Distanz zurückgelegt hatte, von der Straße ab, schob das Rad durch Strauchwerk und Dornen und ließ mich außer Sichtweite hinter einem Erdwall fallen.

Bald bemerkte ich, daß ich mich zu einer gemischten Herde aus Schafen und Ziegen gesellt hatte, die dort grasten. Sie nahmen keine Notiz von mir, denn ihre ganze Aufmerksamkeit war auf die schwierige Aufgabe gerichtet, in dieser unwirtlichen Gegend genug zu essen zu bekommen. Die Ziegen schienen sich ausschließlich an den dornigen Bäumen gütlich zu tun; sie standen auf den Hinterbeinen und rissen Blätter und Zweige herunter, so hoch sie nur reichen konnten. Die Schafe mußten sich mit dem begnügen, was sie auf dem Erdboden vorfanden, was herzlich wenig war. Sie verschlangen mit großem Genuß eine Bananenschale, die ich ihnen anbot.

Nach einiger Zeit erschien ein Hirtenjunge nach dem anderen und kauerte sich vor mich auf die Erde. Es waren ihrer sechs in verschiedenem Alter, von zwei rehäugigen Jungen um die Zehn oder Zwölf bis zu ein paar hübschen Zwanzigjährigen. Sie waren nur mit zerschlissenen bauschigen Hosen bekleidet, gaben aber trotzdem eine anmutige und gutaussehende Schar ab. Ich war jedoch nicht in der Stimmung, ihre Anmut oder ihre körperlichen Reize zu würdigen, denn wie so oft in Pakistan war ich auf der Hut. Ich fühlte mich bedrängt und hatte Angst. Sie begannen mich auf Pandschabi anzusprechen, doch ich konnte nur den Kopf schütteln und »Angrezi« (Englisch) sagen. Darauf versuchten sie es mit Urdu, was ebensowenig fruchtete. Einer der kleineren Jungen begann zu kichern, doch ein älterer Hirte sah ihn mißbilligend an, worauf er flugs verstummte. Ich setzte meine Mittagsmahlzeit fort und bot Apfelsinenscheiben in der Runde an. Nur die Jüngeren griffen zu, die Älteren blieben einfach sitzen und guckten mich wortlos an. Sie veränderten ihre Stellung erst, als die hitzköpfigen Schüler, die gesehen haben mußten, wie ich von der Straße abgebogen war, im Sturmangriff durch die Büsche preschten. Die Hirten sprangen auf, den Stock in der Hand, und jetzt war es an den Schülern, Reißaus zu nehmen. Einer der Schäfer packte meinen Essensbehälter aus Plastik und machte ziehende Handbewegungen in der Luft, um mir anzubieten, ein Tier für mich zu melken. Ich schüttelte den Kopf, doch er ging weg und brachte den Topf randvoll mit Milch zurück – ob Schaf- oder Ziegenmilch, fand ich nicht heraus. Trotz meiner Furcht, mir irgendeine gräßliche Krankheit zuzuziehen, konnte ich so nette Menschen nicht beleidigen und den Trunk verschmähen.

Als ich zur Straße zurückkehrte, um meine Reise fortzusetzen, warteten ein paar Schüler mit ihren Fahrrädern auf mich. Nur etwa ein halbes Dutzend war übriggeblieben, und eine so geringe Zahl flößte mir keine Angst mehr ein, vor allem, weil sie zu zweit auf einem Fahrrad saßen, so daß ich ihnen nötigenfalls leicht entkommen konnte. Wir fuhren alle zusammen ein paar Kilometer weiter und machten auf einfache Art Konversation. Sie interessierten sich wie die meisten jüngeren Leute in Pakistan für alles, was aus dem Westen kam. Mein Fahrrad faszinierte sie besonders, da Gangschaltungen und andere moderne Raffinessen hier fast nie zu sehen sind. Wohin ich auch ging – überall versuchten die Männer herauszuknobeln, wozu die Gänge da waren. Einige meinten, sie seien Teil eines Motors und die beiden am Rahmen befestigten Wasserflaschen würden als Treibstofftanks dienen. Andere hingegen, deren Interesse am Westen sich eher auf jene leiblichen Genüsse beschränkte, die ihnen versagt blieben, waren überzeugt, daß diese Flaschen verbotene Köstlichkeiten wie Whisky oder Bier enthielten.

Nachdem meine Schüler ihre Räder gewendet hatten und wieder ihrem Dorf zufuhren (inzwischen hatte ich sie so lieb gewonnen, daß ich hoffte, sie würden keine Schwierigkeiten bekommen, weil sie zu spät zum Unterricht erschienen), fand ich seit Tagen erstmals Gelegenheit, ein wenig auf meine Umgebung zu achten. Ich war jetzt in Pundschab und durchquerte eine völlig neuartige Landschaft mit seichten Teichen, so weit das Auge reichte, die durch schmale Bänder Land verbunden waren, auf welchen Palmen wuchsen. Langbeinige Watvögel stelzten mit gesenkten Köpfen auf Futtersuche langsam durchs Wasser. Reihen von Ochsen und Wasserbüffeln wanderten ebenso gemächlich über die Landstreifen. Die rosa und blauen Farbtöne des Himmels, die sich im stillen Wasser widerspiegelten, erweckten den Eindruck, als befände ich mich im Innern einer riesigen, zarten Seifenblase.

Da ich die Kette der »sicheren Häuser« durch meinen überstürzten Aufbruch zerrissen hatte, mußte ich mich jetzt entscheiden, wo ich versuchen sollte, für diese Nacht eine Unterkunft zu finden. In einer so abgelegenen Gegend gibt es keine Hotels, doch die Straßenkarte offenbarte mir, daß vor mir in einer kleinen Stadt ein Rasthaus lag. Ich hatte den Brief des Konsuls, der die Bezirkskommissare und ihre Assistenten aufforderte, mir beim Buchen eines Zimmers in den Rasthäusern behilflich zu sein, bis jetzt noch nicht gebraucht, doch heute abend schien der ideale Zeitpunkt gekommen, ihn auszuprobieren. Als ich die Stadt erreichte, zog ich bei der Tankstelle Erkundigungen ein und wurde von einer Fahrradeskorte zum Haus des stellvertretenden Bezirkskommissars geführt. Der Kommissar war weg, doch seine Frau, die gut Englisch sprach, las meinen Brief und versicherte mir, daß im Rasthaus genügend Platz sei und ihr Ehemann mich hinführen werde, sobald er nach Hause zurückkehre. Inzwischen müsse ich auf eine Tasse Tee und einen Schwatz hereinkommen, da sie nicht oft Gelegenheit habe, sich mit einer Engländerin zu unterhalten. Der Tee trug viel dazu bei, mir wieder auf die Beine zu helfen. Es gab Bananen, mit Mohrrüben garnierten Reispudding, Reisstengel, englische Biskuits und reichlich Tee. Erstmals seit zwei Wochen fühlte ich mich wieder herrlich satt. Dann wurde ich zu einer Besichtigungstour durch Haus und Grundstück geführt. Ich erfuhr, daß ihr Mann dieses Amt erst seit kurzem innehatte. Es mußte ein recht großer Schritt nach vorn für ihn gewesen sein, denn seine strahlende Frau konnte ihr Glück noch immer kaum fassen.

Das Haus, ein typischer Bungalow aus der britischen Kolonialzeit, war großzügig und verwinkelt gebaut. Es hatte hohe Zimmerdecken, damit es in der schrecklichen Sommerhitze so kühl wie möglich blieb, und um es in Ordnung zu halten, war ein Heer von Dienstboten vonnöten. Doch selbst im arbeitsintensiven Pakistan kann man sich Heerscharen von Bediensteten heute nicht mehr leisten, und das Haus sah aus, als ob auch eine Generalüberholung zu seiner Rettung zu spät kommen würde. Es stand auf einem weitläufigen Grundstück, auf dem hier und dort noch Spuren einstiger Pracht zu erkennen waren – in der sorgfältigen Landschaftsgestaltung, den beinahe unkenntlichen Tennisplätzen und den völlig überwachsenen Blumenbeeten. Der Stalltrakt beherbergte nur eine Familie Ziegen und eine Wasserbüffelkuh, die Milch und Butter für den Haushalt lieferten. Es sei herrlich, daß sie einen so großen Garten hätten, meinte meine Gastgeberin, denn für die Tiere sei er ideal zum Grasen.

Der Kommissar kehrte zurück, als seine Frau und ich immer noch durch den Garten schlenderten und die Abendkühle genossen. Er wollte mich nicht ins Rasthaus gehen lassen. Ich müsse bei ihnen übernachten, meinte er, wobei er gleich hinzufügte, daß er sehr überrascht sei, jemanden aus dem Westen zu finden, der es wert war, in sein Haus eingeladen zu werden. Ich fragte ihn ziemlich bestürzt, wie das gemeint sei, worauf er erwiderte, daß sie recht viele Leute aus dem Westen sähen, die auf der Durchreise seien, meist junge Leute, die sich alle absolut schlecht benahmen. Wie ich hörte, hieß dies, daß sie in aller Öffentlichkeit Händchen hielten, was für Muslime ein Greuel ist, da sie nur mit dem gleichen Geschlecht Händchen halten und außerdem jeglichen Körperkontakt mit Frauen in der Öffentlichkeit zutiefst schockierend finden. Ich machte keinen Versuch, ihm zu sagen, daß das ständige öffentliche Händchenhalten und Streicheln unter Muslimmännern uns Westler ebenfalls ziemlich seltsam anmutet, denn ich sah gleich, daß er ein Mann von festen Prinzipien war, der sich wohl kaum mit Kritik an den Sitten seines Landes auseinandersetzen wollte. Zum Glück wurde er nach dem Essen weggerufen, was dem Rest der Familie Gelegenheit bot, auch einmal zu Wort zu kommen. Die Frau und ihre ältere Tochter, ein achtzehnjähriges Mädchen, das noch die High-School besuchte, waren beide sehr an Politik interessiert und wollten wissen, wie man es in England aufgenommen hatte, als Bhutto gehängt wurde. Wie viele Pakistani sprachen sie über Bhutto, als würde er noch unter den Lebenden weilen, obwohl sie genau wußten, daß er tot war. Beide Frauen meinten, sie seien »leidenschaftlich« für Bhutto und die Demokratie. Der Hausherr müsse als Mann der Regierung Anhänger von General Zia sein, doch sie selbst seien nicht von der Regierung angestellt und könnten sympathisch finden, wen sie wollten. Ich fragte, ob die Tochter nach der High-School die Universität besuchen werde. Diese Entscheidung, so sagte man mir, sei ihrem künftigen Ehemann vorbehalten. Sie würden sehr bald einen Mann für sie finden, der dann für sie die Verantwortung tragen und abwägen würde, ob es wünschenswert sei oder nicht, daß sie zur Universität ginge. Ich wandte ein, daß dies kaum etwas mit Demokratie zu tun habe. Nein, meinte die Mutter, das vielleicht nicht, doch bei ihnen sei es nun einmal so Sitte. Das Lächeln der Tochter schien anzudeuten, daß sie mit dieser Ansicht von ganzem Herzen übereinstimmte.

Als der Kommissar zurückkehrte, wurden Vorbereitungen zum Schlafengehen getroffen. Ich sollte das Zimmer der Tochter erhalten, während sie sich zu den beiden jüngeren Kindern im Elternschlafzimmer gesellte, das gleichzeitig als Wohnzimmer diente. Ich machte Einwendungen, erhielt jedoch zur Antwort, daß die Familienmitglieder in Pakistan am liebsten alle zusammen schliefen und der zwölfjährige Sohn sowieso stets das Bett mit seiner Mutter teile, weil er ohne sie unruhig sei. »Wir haben nie Sex vor den Kindern«, sagte der Kommissar. Da mir nie in den Sinn gekommen wäre, daß irgend jemand so etwas tun könnte, wußte ich nicht, was für eine Reaktion von mir erwartet wurde. »Nie«, wiederholte er. »Das wäre widerlich.« Vielleicht dachte er, daß wir Händchen haltenden Engländer solches taten. Ich versicherte ihm, daß auch die Engländer lieber nicht vor ihren Kindern Sex miteinander haben und daß Kinder in England normalerweise ein eigenes Zimmer bewohnen, doch dies fand er grausam und sehr schlecht fürs Familienleben. Ich fragte mich bloß, wie unter diesen Umständen überhaupt Kinder gezeugt werden.

Ich war mir nicht sicher, wessen Gast ich in der folgenden Nacht eigentlich war, denn sechs Familien in einem sehr armen Viertel einer Stadt, die berühmt für ihre Schulen und Colleges war, kümmerten sich um mich. Ich wollte eigentlich im Gästehaus eines Nonnenklosters übernachten und freute mich schon auf den Frieden und die Abgeschiedenheit, die dies verhieß, doch als ich ankam, war gerade Gottesdienst in der angrenzenden Kirche. Während ich wartete, bis er zu Ende war und die Schwestern herauskamen, verwickelten mich mehrere junge Christen, die nicht am Gottesdienst teilgenommen hatten, in ein Gespräch, und in der gewohnten gastfreundlichen Art schleppten sie mich weg, damit ich ihre Freunde und Verwandten kennenlernte. Als ich einmal dort war, konnte ich unmöglich wieder weggehen, ohne sie zu beleidigen. Mir lag sowieso nicht viel daran, denn es waren reizende Leute, die mir eine Menge über Pakistan erzählen konnten, besonders über die Schulen und den Unterricht. Sie waren alle Lehrer, auch die Frauen, was hierzulande unüblich ist. Die meisten waren Mitte Zwanzig und hatten zwei oder drei Kinder, und jedes Paar hatte eine Mutter oder irgendeine ältere weibliche Verwandte, die nach den Kindern schaute, während sie unterrichteten. Obwohl beide Elternteile arbeiteten, war ihr Lebensstandard sehr niedrig und ihr Zuhause ärmer als alle, in denen ich bisher gewohnt hatte.

Ihre winzigen Wohnstätten gingen alle auf ein enges Gäßchen hinaus, durch welches ein übelriechender offener Abzugsgraben lief. Nur eins der zwanzig Häuser in der Gasse hatte eine Toilette. Wenn man sie aufsuchen wollte, mußte man sich an einer Wasserbüffelkuh und ihrem Kalb vorbeiquetschen, deren winziger Unterstand knietief mit Dung bedeckt war. Ein anderes Haus verfügte über einen Waschraum. Ich fand nicht heraus, ob alle zwanzig Häuser diese Bequemlichkeiten teilten. Die Mauern bestanden durchweg aus ungebrannten Ziegelsteinen, die rasch abbröckelten, so daß alles von einer dicken Staubschicht bedeckt war. Es waren Mietshäuser, was die allgemeine Vernachlässigung und den Zerfall erklärlich machte. Lehrer konnten nur selten darauf hoffen, eine Stelle in der Nähe ihres Elternhauses zu erhalten. Weil es in Pakistan so wenige Schulen gibt, müssen sie Arbeit annehmen, wo sie welche finden, und sich mit einem Hungerlohn zufriedengeben. Sie erzählten, daß der Bildungsstand in Pakistan sehr tief sei und viel zuviel auf rein mechanische Weise gelernt werde. Die besten Schulen wurden von Missionaren geführt, doch es waren nur wenige übriggeblieben, denn die meisten Schulen waren verstaatlicht worden. Nachdem die Regierung gemerkt hatte, daß dies schlecht funktioniert, versuchte sie, den Missionsgesellschaften die Schulen wieder zurückzugeben, doch deren verlotterter Zustand hält viele davon ab, dieses Geschenk anzunehmen. Die meisten Missionsschulen erheben ein ziemlich hohes Schulgeld und werden infolgedessen eher von Muslimkindern als von Christen besucht. Einige meiner neuen Freunde unterrichteten in Missionsschulen, doch die meisten waren an öffentlichen Schulen angestellt.

Im Laufe des Abends muß ich etwa sechzig Leute kennengelernt haben. Die meisten waren Lehrer, und alle brannten darauf, Ansichten über das Leben in unseren beiden Heimatländern auszutauschen. Wir sprachen bis weit in die Nacht hinein. Als ich mich am nächsten Morgen verabschiedete, war mir von unserer gegenseitigen Verbundenheit ganz warm ums Herz, aber ich war sehr müde, und überall klebte der heimtückische Staub. Staub lag auch überall auf der Straße. Er lag dick auf den Büschen und Bäumen am Rand und wirbelte jedesmal, wenn ein Fahrzeug vorbeifuhr, in erstickenden Wolken hoch. Ich sehnte mich danach, das gute Hotel in Multan zu erreichen, von dem ich gehört hatte. Die anderen Attraktionen von Multan – berühmte Schreine von Sufi-Heiligen und schöne Moscheen – verblaßten im Vergleich zu den Vorstellungen von Komfort, gutem Essen, Privatsphäre und Unmengen von warmem Wasser. Der Gedanke an diese Wonnen machte das übliche Spießrutenlaufen einigermaßen erträglich. Die vorbeifahrenden Lastwagenfahrer grinsten und riefen mir »Hey, Baby, Baby, Baby« zu, und die Motorradfahrer ließen idiotische Bemerkungen fallen – einer fragte mich sogar, wie groß mein Brustumfang sei.

Verglichen mit dem, was mir bevorstand, würde ich bald nostalgisch auf Hitze und Staub als beinahe ideale Fahrbedingungen zurückblicken, denn am Nachmittag türmten sich innerhalb einer halben Stunde riesige Wolkenberge am Himmel auf. Plötzlich hob ein heftiger Windstoß das Fahrrad mit mir darauf in die Höhe und setzte uns auf der anderen Straßenseite wieder ab. Zum Glück kam mir in diesem Moment gerade kein Lastwagen entgegen. Dann öffneten sich die Himmelsschleusen, und es regnete und regnete in solchen Strömen, daß ich fast nichts mehr sehen konnte. Ich hatte von glaubwürdiger Seite gehört, daß ich auf alles mögliche gefaßt sein müsse, nur nicht auf Regen. Mein Informant sagte mir, daß es außerhalb der Monsunperiode nie regnete, und diese war erst in vier Monaten fällig. Überdies regnete es in der Gegend rund um Multan häufig nicht einmal zur Monsunzeit. Ein Sufi-Heiliger aus dem sechzehnten Jahrhundert, der dort langsam verbrannt worden war, hatte die Stadt verflucht und sie zu ewiger sengender Hitze und Dürre verdammt. Es hatte den Anschein, daß der Fluch seine Wirksamkeit verlor. Der eigentliche Grund für dieses Naturereignis ist wohl, daß die extensive Bewässerung und die daraus resultierende Vegetationszunahme das klimatische Muster verändern.

Was immer der Grund war – es regnete völlig hemmungslos und unmäßig, was es schwierig und sogar gefährlich machte, die verbleibenden dreißig Kilometer bis Multan zurückzulegen. In dieser ehemaligen Trockenzone kann das Regenwasser nicht versickern, der Regen bleibt liegen, wo er hinfällt, und das Wasser wurde immer tiefer, bis die Straße nicht mehr sichtbar war. Der Verkehr verlangsamte sich auf mein normales Fahrradtempo, doch auch so verursachte er noch Flutwellen. Ich hatte schreckliche Angst, daß ein Rad brechen könnte, wenn ich in ein Loch plumpste, das ich nicht sehen konnte, und fuhr noch langsamer.

Ich weiß heute noch nicht, wie ich Multan erreichte, ohne

Schaden zu nehmen. Die Stadt war in einem noch schlimmeren Zustand, denn hier stand das Wasser über dreißig Zentimeter hoch, manchenorts sogar höher. Männer mit bis über die Knie aufgerollten Hosen hielten große, schwarze Regenschirme über dem Kopf und stapften barfuß durch die trübe Brühe, in welcher tote Ratten und ähnlich unappetitliche Schrecknisse herumwirbelten. Wenigstens wurde ich nicht wie überall sonst von neugierigen Menschenmengen belagert. Niemand bemerkte mich in meiner tropfnassen Anonymität. Ich suchte das Hotel, fuhr herum und fragte mich, ob man mich in meinem jetzigen Zustand überhaupt einließ. Ich wählte meine Route so, daß ich stets den Straßen mit dem niedrigsten Pegelstand folgte, doch meine Pedale verschwanden immer wieder unter der Wasseroberfläche. Nachdem ich eine Stunde ergebnislos herumgeirrt war, sah ich in einem ummauerten Garten die Spitze eines Kirchturms. Daneben lag ein Haus. Ich ging und klopfte an die Tür in der Hoffnung, jemanden zu finden, der mir den Weg weisen konnte. Wie sich zeigte, war es das Haus des Bischofs von Multan. Der Diener, der die Türe öffnete, reagierte einigermaßen erschrocken, als er mich sah, doch nachdem sich der Bischof und seine Frau vergewissert hatten, daß hinter meinem inzwischen verwegenen Äußeren ein völlig normaler Mensch verborgen war, baten sie mich herein und bestanden darauf, daß ich bei ihnen blieb. Bald schwelgte ich in herrlich warmem, sauberem Wasser. Danach war ich sogar zu müde, um etwas zu essen, und fiel völlig erschöpft in den Schlaf, bis ich frühmorgens von den Gebetsrufen der Mullahs geweckt wurde.

Ich verspürte nicht die geringste Lust, Multan zu erkunden, denn wo die Stadt nicht knietief unter Wasser stand, war sie bis zu den Knöcheln von stinkendem Schlamm bedeckt. Ich radelte in meinen klammfeuchten Schuhen weiter und hoffte, daß sich das Wetter möglichst schnell wieder normalisieren würde. Die unheilvollen Wolken von gestern waren noch immer da, und zum ersten Mal seit meiner Abreise von England fröstelte mich. Jedes Dorf und jede Stadt, die ich durchquerte, war überschwemmt. Entweder standen die Straßen noch unter Wasser, oder sie waren voll von einem schwarzen, tückischen Schlamm, der an den Rädern klebte und den Zwischenraum zwischen Reifen und Schutzblech verstopfte, bis das Fahrrad knirschend zum Stehen kam und ich absteigen und das ekelige Zeug entfernen mußte.

Auf Rat des Bischofs von Multan verbrachte ich die Nacht in einem Nonnenkloster in Dorf 133, dem vermutlich einzigen christlichen Dorf in Pakistan. (Die Briten numerierten alle Dörfer, um die Verwaltung zu erleichtern, und dieses System hat sich bis heute erhalten.) In der Nacht träumte ich, daß jemand Eimer um Eimer Wasser direkt vor meinem Zellenfenster ausleerte, und als ich erwachte, merkte ich, daß es gar kein Traum gewesen war, sondern tatsächlich sintflutartige Regengüsse mit fürchterlicher Gewalt herunterprasselten. Als ich erneut erwachte, herrschte strahlender Sonnenschein. Die Wolken waren alle verschwunden, und die Luft roch frisch und kühl.

Die Straße war bereits wieder trocken, als ich endlich losfuhr, und ich rollte in flottem Tempo dahin, zum ersten Mal mit Rückenwind. Es dauerte nicht lange, bis mich ein anderer Radfahrer einholte. Aus den großen Metallbehältern auf beiden Seiten seines Hinterrads konnte ich schließen, daß er ein Milchverkäufer war. Er mußte all seine Milch bereits verkauft haben, denn es fiel ihm nicht schwer, mein Tempo mitzuhalten. Überraschenderweise war er weder auf die übliche Anmache noch auf das langweilige Spielchen aus, mich zu überholen und wieder zurückzufallen, sondern lediglich auf ein friedliches Wettrennen. Ich ging mit Vergnügen darauf ein, und so sausten wir zusammen los, immer schneller und schneller. Wir genossen die stürmische Fahrt, ohne daß einer den anderen wirklich abhängen wollte. Nachdem wir ein paar Meilen um die Wette gefahren und beide etwas außer Atem geraten waren, machte er mir ein Zeichen, daß er mich zu einer Tasse Tee einladen wollte. Ich lehnte zuerst ab – es gilt sowieso nicht als höflich, schon das erste Mal zuzusagen –, doch nachdem er die Geste ein paarmal wiederholt hatte, nickte ich zustimmend. Beim nächsten Straßencafé in einer kleinen, abgelegenen Ortschaft hielten wir an. Als wir unsere Räder abgestellt hatten, tat er etwas sehr Merkwürdiges: Er ergriff meine Hand und geleitete mich feierlich zu einem Sitzplatz. Einen Moment lang war ich bestürzt, denn wie schon erwähnt, ist es für Muslimmänner undenkbar und absolut tabu, in der Öffentlichkeit eine Frau an der Hand zu halten oder sie überhaupt zu berühren. Entweder wurde ich also irrtümlicherweise als Mann angesehen (eine Möglichkeit, die mir äußerst unwahrscheinlich vorkam), oder ich wurde ehrenhalber als Mann behandelt, wie es die Saudis mit Mrs. Thatcher tun mußten, als sie ihrem Land einen Besuch abstattete. Ich entschied mich für die zweite Möglichkeit und fühlte mich ungemein geehrt. Man brachte mir eine Tasse Tee und ein ziemlich englisch aussehendes klebriges Stück Kuchen. Mein Gefährte hatte für sich selbst nichts bestellt, da er vermutlich zu arm war, um sich ebenfalls eine Tasse Tee leisten zu können. Das ging natürlich zu weit. Wenn ich denn schon ehrenhalber ein Mann sein sollte, konnte ich ebensogut meine neue Macht ausüben und uns beiden Tee bestellen. Als er uns gebracht wurde, trank er seine Tasse aus, wollte mich jedoch nicht dafür bezahlen lassen. Der Besitzer des Cafés erlöste uns schließlich aus dem Dilemma und lud uns beide ein, nachdem er allen Männern im Café laut meinen Zeitungsausschnitt in Urdu vorgelesen hatte, während ich still dasaß und versuchte, ein bescheidenes Gesicht aufzusetzen.

Mein Begleiter bog bald darauf von der Straße ab. Ich fuhr durch überschwemmte und schmutzige Dörfer weiter nach Sahiwal. Man hatte mir geraten, dort im Krankenhaus der Amerikanischen Mission ein Quartier zu suchen. Ein

Verkehrspolizist, der mir den Weg wies, lud mich ein, die Nacht in seinem Haus zu verbringen. Im nachhinein wünschte ich, daß ich sein Angebot angenommen hätte, denn die Ärztinnen in der Mission hießen mich alles andere als herzlich willkommen. Wie ich erfuhr, wurden sie von der »Fundamental Baptist Church of the American Deep South« unterstützt und neigten dazu, jeden mit gewissem Argwohn zu betrachten, der nicht eine glühende evangelische Überzeugung an den Tag legte. Beim Abendessen beugte sich eine von ihnen über den Tisch und fragte mich: »Wann ist denn der Herr in dein Leben getreten?« Da dies ohne Überleitung mitten in einer völlig gewöhnlichen Unterhaltung erfolgte, war ich um eine Antwort verlegen, weil mir eine solche Auffassung fremd ist und ich es als ungebührlich empfinde, meine Ansichten anderen Leuten aufzudrängen. Ich murmelte etwas Unverbindliches – ich sei eine Christin, deren Kirche eine etwas andere Linie verfolge – und hoffte, daß wir das Thema wechseln würden, doch ich hatte nicht mit der Inbrunst einer wahren Evangelistin gerechnet. Diese Frau war der Überzeugung, daß keiner, der nicht »wiedergeboren« war, auf irgendeine Weise Christ sein konnte, und sie versuchte mir die nächste halbe Stunde zu beweisen, wie sehr ich mich mit meiner Auffassung irrte. Ich mußte immer wieder daran denken, was für eine Kräfteverschwendung das war, wo es doch rundherum so viele Muslime gab, die sie bekehren konnte. Bevor ich mich verabschiedete, überreichte sie mir eine kleine Broschüre mit dem Titel »Fünf spirituelle Wahrheiten«, die sich eher wie eine Lebensversicherung las und mit einfachen Eisenbahnfahrplänen illustriert war, um zu erklären, wie leicht und naheliegend dieser »Weg zur Erlösung« war. Neben einem Kanal, wo ich zu Mittag aß, blätterte ich ein wenig darin herum, bis die Druckwelle eines vorbeifahrenden Zugs das Traktätchen ins Wasser wehte.

Meine letzte Nacht vor Lahore verbrachte ich im Heim eines Landpfarrers, eines reizenden Mannes, der nicht die geringste Anstrengung unternahm, mich zu irgend etwas zu bekehren. Wie er mir im Lauf des Abends erzählte, mußte er all seine Energie darauf verwenden, seine kleine Gemeinde vor religiöser Verfolgung zu schützen. Diese Verfolgung erschien auf den ersten Blick ziemlich trivial, doch in Wirklichkeit beeinträchtigte sie das tägliche Leben der Leute stark. Christlichen Männern war es beispielsweise nicht erlaubt, in den Cafés Tee zu trinken, was eine empfindliche Einschränkung war, denn das gesellige Leben der Männer fand zur Hauptsache rund um die Cafés statt. Eßwaren durften nicht von Christen verkauft oder zubereitet werden, und in einigen Fällen weigerten sich Muslime auch, sie an Christen zu verkaufen. Der wichtigste Trumpf des Dekans in seinem Feldzug gegen solche Vorurteile war die Erziehung. Die beste Schule im Bezirk wurde von seiner Frau geleitet und hatte ebenso viele Muslimkinder wie Christen. Damit ihre Kinder eine gute Bildung erhielten, mußten Muslimeltern ihnen gestatten, mit den Christenkindern zu verkehren, und so begannen sich eingefleischte Einstellungen langsam, aber spürbar zu verändern. Mit dem lokalen Mullah oder besser gesagt mit dessen Lautsprechersystem stand er jedoch noch immer auf Kriegsfuß, und bevor ich in jener Nacht zu Bett ging, wurde ich darauf vorbereitet, was am Morgen passieren würde. Es war trotzdem ein Schock, kurz nach fünf Uhr von den verzerrten Tönen zweier Lautsprecher geweckt zu werden, deren einer Muslimgebete rezitierte, während der andere das christliche Wort zum Tag auslegte, das aus dem Buch Daniel stammte. Da beide in Urdu gesprochen wurden, konnte ich nicht unterscheiden, was nun was war.

8

Lahore war für mich eine Stadt der reinen Freude, die einzig durch das für diese Jahreszeit untypische schlechte Wetter getrübt wurde.

Doch selbst der Regen vermochte mein Hochgefühl darüber, daß ich die ersten tausend Meilen meiner Reise ohne ein ernstliches Mißgeschick zurückgelegt hatte, nicht zu dämpfen, um so mehr, als so viele Leute diesen Streckenabschnitt als den gefährlichsten angesehen hatten. Die ersten drei Tage machte ich mir fast Sorgen, weil ich einen so unersättlichen Appetit entwickelte. Selbst nach vier üppigen Mahlzeiten am Tag war ich immer noch hungrig. Sobald ich eine Mahlzeit beendet hatte, ertappte ich mich auch schon dabei, wie ich mich auf die nächste freute. Zwischen Duschen und Essen erforschte ich die Stadt. Ich fand es höchst vergnüglich, wieder herumschlendern zu können, ohne daß mich alle anstarrten. Lahore ist eine sehr kosmopolitische Stadt, wo man an den Anblick von Europäern gewöhnt ist. Am meisten interessierten mich die Lebensmittelbasare mit ihren wundervollen Gemüseauslagen, alles blitzblank poliert und zu großen, farbigen Pyramiden aufgeschichtet. Fast alle herkömmlichen englischen Gemüsesorten waren hier erhältlich und um einiges größer als bei uns. Dazu gab es vielerlei Gemüsesorten, die ich nicht kannte, aber liebend gern ausprobiert hätte. Ebenso einladend und sogar noch farbenprächtiger waren die Obststände. Ich konnte unmöglich vorbeigehen, ohne etwas von dem zu kosten, was neu für mich war; zum Beispiel Guaven, Papayas, Mangos und mindestens fünf verschiedene Sorten Bananen. Am allermeisten jedoch liebte ich die Läden, die getrocknete Früchte und Nüsse verkauften – wie Aladins Höhle gefüllt mit offenen Säcken und

Körben, die eine Vielfalt verschiedenster Nüsse enthielten, mit oder ohne Schale, getrocknet, geraspelt, gemahlen oder gepreßt. Feigen waren auf Schnüre aufgefädelt und wurden per Meter verkauft. Ich erstand in diesen Läden so vieles für meine bevorstehende Reise, daß ich gar nicht alles mitschleppen konnte.

Zur Besichtigung der eigentlichen Sehenswürdigkeiten wurde ich aufgefordert, mich einem energischen älteren amerikanischen Ehepaar anzuschließen, das wie ich im Gästehaus der Stadtkirche logierte. Sie mieteten beim Touristeninformationsbüro einen Kleinbus mit einem Fahrer und einem Stadtführer, und eines Morgens machten wir uns auf, die architektonischen Perlen der Mogulstadt zu besichtigen. Fahrer und Stadtführer erwiesen sich als ein und dieselbe Person. Er sprach kein Wort Englisch, und seine Vorstellung von einer Führung bestand darin, uns an jeder Stelle, die auf dem Besuchsplan aufgelistet war, mit Eintrittskarten abzusetzen und sich dann schnell in den Wagen oder ins nächste Teehaus zu verkriechen, um abzuwarten, bis wir wieder zum Vorschein kamen. Als erstes hielten wir bei den berühmten Gärten von Schalimar. Der Zauber dieses Ortes dürfte wohl vor allem in den Tausenden kleiner Springbrunnen liegen, doch weil keiner von ihnen richtig funktionierte und alles, was es an Wasser gab, als steter, kalter Regen vom Himmel fiel, konnten wir uns nicht wirklich für die Schönheit der Anlage erwärmen. Das Rote Fort, der einstige Hauptpalast der Mogulherrscher, war um einiges besser, da wir hier zumindest die meiste Zeit im Trockenen waren. Alle Potentaten hatten über die Jahrhunderte ihrer Herrschaft neue Gebäude angebaut, so daß das Ganze jetzt wie zwölf aneinandergefügte Hampton Courts aussah und es eine Woche gedauert hätte, durch alle die Räume und Innenhöfe zu spazieren. Eineinhalb Stunden vermittelten uns kaum mehr als eine vage Vorstellung von dieser zerbröckelnden Herrlichkeit. Als nächstes stand die Badschai-Moschee auf unserem Sausewindprogramm. Sie liegt gleich daneben, so daß sich der glückliche Fahrer weiterhin ausruhen konnte – doch nicht sehr lange, denn schon wenn man den Vorhof einer Moschee betritt, muß man zuerst die Schuhe ausziehen, und da dieser Hof nicht nur der größte in der Welt des Islams ist (etwa so groß wie der Markusplatz in Venedig), sondern auch sehr naß war, verspürten wir keine große Lust zur längeren Besichtigung. Es standen noch mehrere andere Besuche auf dem Programm, doch nachdem wir uns bei der Moschee so feige gezeigt hatten, beschlossen wir alle, daß es für diesen Tag reiche, und kehrten in den relativen Komfort des Gästehauses zurück.

Wir waren nur wenige Gäste, was nicht weiter überraschte, denn wie so viele Institutionen aus der britischen Kolonialzeit hatte das Gästehaus schlimme Tage erlebt. Es war gegen Ende des letzten Jahrhunderts als Diözesanhaus für die Geistlichen gebaut worden, die zu Besuch kamen, um an Konferenzen teilzunehmen oder sich die Zähne reparieren zu lassen. Deshalb mußte es sehr geräumig sein, und infolgedessen stellte sein Unterhalt die verarmte Kirche unserer Tage vor schier unlösbare Probleme. Mir persönlich gefielen die dunklen Schlafzimmer mit ihren eisernen Bettstellen und den durchhängenden Bettfedern sehr. Sie waren nach den von den Viktorianern so heiß geliebten Tugenden benannt – Gelassenheit, Demut, Nächstenliebe, Seelenstärke usw. Hier gab es wenigstens Platz, um sich zu bewegen, und ein Pult zum Schreiben. Die Waschräume waren ziemlich verkommen, obwohl schon eine gründliche Reinigung viel dazu beigetragen hätte, sie etwas erträglicher zu machen. Das Warmwasserangebot war für die meisten von uns eine ziemlich deprimierende Angelegenheit. Die einzige Zapfstelle lag auf der Außenveranda, die sich rund um den ersten Stock zog, was theoretisch kein Problem war, wenn Diener warmes Wasser bringen würden, soviel man nur wollte; in der Praxis bedeutete es jedoch, entweder ganz darauf zu verzichten oder mit dem kostbaren Naß fünfzig Meter und mehr ins Zimmer zurück zu balancieren, während es einem über die Füße spritzte. Die meisten Gäste waren jedoch durchaus bereit, sich mit all diesen kleinen Unannehmlichkeiten abzufinden, sogar mit dem Essen, denn der Ort hatte einen ganz eigenen Reiz.

Die herunterfallenden Zimmerdecken jedoch waren mehr, als sich beim besten Willen ertragen ließ – selbst jene im Zimmer, das passenderweise »Seelenstärke« hieß. Die gesammelte Tünche und der Gips von hundert Jahren fielen in großen Flocken ab. Wenn man ein frisch gekehrtes und gereinigtes Zimmer verließ und nur eine Stunde später zurückkehrte, war der Boden bereits wieder mit einer dikken Lage Schutt bedeckt. Zuweilen hatten die herabfallenden Stücke ein ziemliches Gewicht und konnten einem schlimme Verletzungen beibringen. Die Nächte waren schrecklich, denn man schlief stets mit der Frage ein, ob wohl ein Erstickungszustand oder eine schwere Gehirnerschütterung ein Wiedererwachen vereiteln würden. Das amerikanische Ehepaar floh ins »Hilton« – »Zum Henker mit den Kosten, das Leben ist wichtiger.« Ich dagegen schmiedete Pläne für die Weiterreise. Ich hatte Kontakt mit daheim aufgenommen und mich vergewissert, daß mein Mann ohne mich zurechtkam und unsere verstreuten Kinder alle gesund und munter waren. Der britische Konsul in Karatschi war über meine sichere Ankunft informiert, und alle meine Dankesbriefe an meine netten Gastgeber von unterwegs waren abgeschickt. Die Abreise hatte jedoch einen ganz großen Haken: Das ungünstige Wetter machte keinerlei Anstalten, sich zu verbessern. Hier regnete es unaufhörlich, doch weiter im Norden fiel sogar Schnee, und die Straße nach Kaschmir war blockiert. Ich würde mindestens eine Woche warten müssen. Statt in Lahore mit seinen einstürzenden Decken herumzuhängen, wollte ich lieber eine Busfahrt zur Nordwestgrenze unternehmen.

Mit einem geborgten Rucksack und einem Bündel Empfehlungsbriefen bewaffnet, ließ ich mein Fahrrad abgesperrt in einer Garage zurück und bestieg den »Flying

Coach« nach Rawalpindi. Der Reisebus war unglaublich luxuriös. Auf einen Sitzplatz kam nur eine einzige Person, und auf halber Strecke gab es sogar ein eigenes Café mit Toiletten, Tischen und Stühlen – Annehmlichkeiten, die außerhalb der Städte sonst nicht zu existieren schienen. Ich teilte einen Tisch mit einem Mann aus Peschawar, seiner Nichte und ihrem Baby. Der Mann lebte jetzt in Belgien und leitete ein Geschäft, das Teppiche aus Pakistan und Afghanistan verkaufte. Er machte daheim Urlaub und versammelte alle seine verstreuten Familienmitglieder, etwa fünfzig an der Zahl, für eine Wiedersehensfeier. Er lud mich ein, mich ihnen anzuschließen, sobald ich in Peschawar ankam, wobei er durchblicken ließ, daß ich sehen sollte, wie Muslime wirklich lebten.

An irgendeiner Stelle überquerte die Straße den Salt Ridge, einen merkwürdigen schmalen Berggürtel, der diagonal über die nördlichen Ebenen verläuft. Es ist eine kahle, verwitterte Landschaft mit tief eingeschnittenen Wasserläufen und Klippen. Viele Lastwagen und Busse waren auf dieser Strecke vom Weg abgekommen, und ihre verbogenen Überbleibsel lagen am Fuß jäher Abgründe. Glücklicherweise hatten wir einen einigermaßen guten Fahrer, der es nicht besonders eilig zu haben schien, obwohl er einen »Fliegenden Bus« steuerte.

Da wir Rawalpindi erst spät am Nachmittag erreichten, blieb keine Zeit mehr, um nach Taxilla, meinem ersten geplanten Ziel weiterzufahren. Statt dessen nahm ich eins der Empfehlungsschreiben in Anspruch und übernachtete bei einem Vikar und seiner Frau. Ich war sehr froh darum, denn obwohl ich von meinem Gastgeber nicht viel zu sehen bekam, weil er mit Arbeiten für die Kirchgemeinde beschäftigt war, verbrachte ich einen sehr angenehmen Abend mit seiner Frau und ihrer Schwägerin. Die Schwägerin sollte in Kürze verheiratet werden und hatte alle Hände voll zu tun, um die Aussteuer zusammenzubringen. Sie breiteten sämtliche Kleider auf dem Bett aus, damit ich sie begutachten konnte. Es waren dreißig Kostüme, größtenteils die traditionellen mit Schalwar und Kamise, aber auch Saris und Pyjamas, die am Tag getragen werden und ziemlich ähnlich wie Schalwar und Kamise, aber nicht ganz so bauschig aussehen. Die meisten Kleider waren mit reichen Stickereien verziert, die von kleinen Jungen gewirkt werden. Außerdem zeigte man mir die prunkvollen schweren Schmuckstücke, die wahrscheinlich nur einmal im Leben, zur Hochzeit, getragen werden. Meine Gastgeberin nahm kein Blatt vor den Mund bezüglich der unnötigen Verschwendung und der Dummheit des Mitgiftsystems, das, wie sie meinte, ganze Familien ruiniert und dazu führt, daß viele Mädchen nicht damit rechnen können, je verheiratet zu werden. Die meisten Kleider werden nie getragen – sie selbst besaß immer noch zwanzig in Kisten weggepackte Garnituren von ihrer eigenen Hochzeit zehn Jahre zuvor. Doch nicht nur die Kleider sind eine Bürde – es müssen auch Möbel und elektrische Geräte geliefert werden, selbst wenn das Haus der Schwiegereltern, wo die Braut in der Regel wohnen wird, schon längst mit derartigen Sachen vollgestopft ist. In vielen Fällen müssen die Schwiegereltern sogar Schuppen bauen, um die Mitgift aufzubewahren, da sie oft viel zuviel Platz im Haus einnimmt.

Langsam begann ich zu verstehen, wie frustrierend das Leben für ein Pakistanimädchen mit einem lebhaften Geist sein konnte, wie es meine bezaubernde und attraktive Gastgeberin gewesen war. Sie hatte vier Brüder, und die ganze Familie hatte sich zusammengetan, um zu gewährleisten, daß sie sich in allem fügte und anpaßte, damit einer eventuellen Heirat nichts im Wege stand. Als kleines Mädchen hätte sie schrecklich gern schwimmen gelernt. In der Nähe ihres Elternhauses lag ein Schwimmbecken, das an einem Tag pro Woche für Frauen reserviert war. Man hatte ihr jedoch nicht erlaubt, es zu besuchen, denn ihre Brüder befürchteten, daß die Leute sie dort sehen und glauben könnten, sie sei anmaßend. Es hatte auch nie zur Debatte gestanden, ihr eine Weiterbildung zu ermöglichen, denn auch dies würde einer Heirat im Wege stehen. Sie hatte gar nicht heiraten wollen, weil sie inzwischen von männlicher Dominanz die Nase voll hatte. Mehrere Heiraten waren arrangiert worden, aber sie hatte sich stets erfolgreich widersetzt. Am Ende jedoch war sie von dem konstanten Druck, den ihre Familie auf sie ausübte, völlig zermürbt und hatte in alles eingewilligt, was diese wollte. Wie sie selbst meinte, hatte sich ihre Ehe im großen und ganzen gut ausgewirkt, und als Frau eines Vikars blieb ihr viel Spielraum für Aktivitäten, denn in Pakistan werden an die Geistlichen recht hohe Anforderungen gestellt.

In der Nacht hatte es die meiste Zeit geregnet, und als der Bus am folgenden Morgen inmitten einer riesigen Pfütze in Taxilla aufkreuzte, goß es wie aus Kübeln. Ich sah mich nach einem Unterstand um und bemerkte, daß mir jemand aus einem der vorne offenen Ladengeschäfte zuwinkte. Es war eine Apotheke. Fast der ganze Raum wurde von einer Couch und einem großen Schreibtisch eingenommen, auf welchem gut sichtbar ein Stethoskop ausgestellt lag. Die Apotheker in Pakistan bezeichnen sich selbst als praktische Ärzte und führen ein viel aufregenderes Leben als ihre britischen Standeskollegen, denn statt lediglich Arzneimittel gemäß den Anordnungen anderer Leute herzustellen, stellen sie selber Diagnosen und verschreiben Medikamente. Pakistan ist ein idealer Ort zur unqualifizierten Ausübung aller möglichen Tätigkeiten, einschließlich Zahnbehandlung und Lenken eines Fahrzeugs. In Lahore gibt es beispielsweise eine Straße, wo es auf dem Bürgersteig von Männern wimmelt, deren Spezialität darin besteht, Leuten, die es für nötig halten, die Ohren zu reinigen. Sie verwenden dazu gefährlich aussehende Instrumente von erstaunlicher Länge, mit welchen sie sehr genüßlich herumhantieren. Vom Ausdruck her auf den Gesichtern ihrer Klienten wäre eigentlich zu erwarten, daß das Instrument durch das andere Ohr wieder zum Vorschein kommt, doch obwohl ich der Prozedur längere Zeit zugeschaut habe, sah ich keinen Fall, wo dies tatsächlich auch passierte.

Mein medizinischer Wohltäter versah mich mit Tee und mit einem Obdach, wofür ich sehr dankbar war. Bis zu den Ruinen des alten Taxilla waren es nur noch drei Kilometer. Als der Regen nachgelassen hatte, brachte mich ein Freund des Allgemeinpraktikers zum Tonga-Stand. Das Fahrgeld hätte eigentlich eine Rupie betragen müssen; als der Fahrer acht verlangte und wir uns auf fünf einigten, nahm ich natürlich an, daß er nun sofort mit mir allein losfahren würde, doch weit gefehlt. Das Pferd und ich wurden im Nieselregen stehengelassen, damit sich die Tonga mit Ein-rupienpassagieren füllen konnte – eine schreiende Ungerechtigkeit! Trotz seines flehentlichen Bittens stieg ich wieder aus und stolzierte davon. Als nächstes versuchte ich es mit einem Suzuki-Lieferwagen. Man versicherte mir, er werde sogleich losfahren, doch nachdem ich eine Viertelstunde lang von einem halben Dutzend Schuljungen schmachtend durch die Wagenfenster angestarrt worden war und gemerkt hatte, daß der leere Suzuki ebenfalls erst wegfahren würde, wenn er vollbesetzt war, stieg ich auch hier wieder aus. Die verschiedenen Helfer, die sich für meine Weiterreise eingesetzt hatten, waren inzwischen am Rand der Verzweiflung, denn sie spürten, daß sie ihr Gesicht verloren, wenn ich nicht endlich von hier wegkam. Sie bildeten eine Reihe quer über die Straße und zwangen einen vorbeifahrenden Bus zum Anhalten. Nach einer flammenden und leidenschaftlichen Ansprache an den Busfahrer und den Schaffner wurde ich an Bord gehievt. Der Bus hielt etwa alle zehn Meter an, um Passagiere, Vieh und Säcke mit Reis, Mehl und Gemüse einzuladen. Die Tonga und der Suzuki überholten uns beide während der Fahrt, doch schließlich wurde ich, ohne etwas zahlen zu müssen, vor dem Tor zum Museum abgesetzt.

Die nächste Überlegung galt meiner Unterkunft. Ich

hatte zwei Möglichkeiten: das Touristenhotel gleich gegenüber dem Museum, wo auch das Touristeninformationsbüro untergebracht war, oder die Jugendherberge, die im Reiseführer als »verhältnismäßig sauber« beschrieben wurde. Da beim Hotel niemand auf mein Klopfen antwortete und es inzwischen wieder in Strömen regnete, beschloß ich, zur Jugendherberge hinüberzugehen und nachzusehen, was »verhältnismäßig sauber« bedeutete. Ich hatte leider ganz vergessen, daß man in Pakistan nicht einfach »nachsehen« kann. Bevor ich Zeit gefunden hatte, meine Umgebung gründlich zu inspizieren, hatte mich ein reizender alter Mann mit drei lebhaften kleinen Kindern, die ich für seine Urenkel hielt, bereits ins Gästebuch eingetragen, für das Mittag- und Abendessen verpflichtet und mir mein Zimmer gezeigt. In meinem ganzen Leben hatte ich noch nie in einem derart schmutzigen Raum geschlafen. Alles war mit einer uralten, tief eingefressenen grauen Fettschicht verkrustet. Zur Not würde ich eine einzige Nacht dort überleben können; dann entwischte ich zum Museum, so schnell es ging.

»Ein unermeßlicher Schatz an unbezahlbaren Gandhara-Büsten von Buddha«, stand im Reiseführer zu lesen, »eine faszinierende Vermählung von griechischer und buddhistischer Kunst im Gefolge der Eroberung dieser Landstriche durch Alexander den Großen.« Es gab tatsächlich eine Menge solcher Gipsbüsten, doch für mein ungeschultes Auge sahen sie sich alle recht ähnlich. Daneben entdeckte ich ein paar ziemlich originelle Artefakte und feinen urtümlichen Schmuck, woran ich mich sehr ergötzte.

Nach dem Mittagessen in der Herberge – Chapattis und eine fürchterliche Suppe aus Chili, in welcher ein paar wenige Kartoffelstücke schwammen – hielt ich es für angezeigt, endlich etwas von den uralten Ruinen zu sehen, für die Taxilla berühmt ist. Sie stammen aus verschiedenen Kulturen, deren Blütezeit zwischen 500 v. Chr. und 500 n. Chr. lag, und umfassen ganze Städte, Klöster, Paläste, Universitäten und Stupas (indische Pagoden). In meinen bereits aufgeweichten Radfahrerschuhen und unter einem großen Schirm aus der Herberge machte ich mich also auf den Weg. Die äußeren Umstände für eine solche Besichtigung waren alles andere als günstig, doch ich war mir klar darüber, daß mich nichts dazu bewegen konnte, eine weitere Nacht in dieser scheußlichen Herberge zu verbringen – also heute oder nie.

Um zum Ausgrabungsort der ersten Stadt zu gelangen, mußte ich zuerst ein Dorf durchqueren, in dem Männer als Vorbereitung für die Touristensaison eifrig alte Kunstwerke verfertigten. (Ein Anschlag im Museum warnt vor den vielen Fälschungen, die feilgeboten werden.) Immer wieder kam jemand, um mir zu einem »sehr vernünftigen Preis« einen Buddha anzudrehen. Als ich nicht reagierte, begannen Jungen mich zu piesacken und anzurempeln. Es zeigte nicht die geringste Wirkung, als ich mit dem Regenschirm auf sie losging, daher nahm ich mein Taschenmesser wieder zur Hilfe, das ich offen in der Hand hielt, und stieß nun auf keine weiteren Schwierigkeiten mehr.

Ich war von der Straße abgebogen, als ich vier Jungen bemerkte, die unvermutet hinter mir auftauchten. Aus unerfindlichen Gründen machten sie mich nervös, und ich öffnete wieder mein Taschenmesser. Es war erstaunlich, wieviel Respekt mein Messer einflößte, denn es diente lediglich zur Abschreckung und wäre als Waffe ziemlich nutzlos gewesen, selbst wenn jemand damit umzugehen gewußt hätte. Auf der Hauptstraße der antiken Stadt standen mir die Jugendlichen auf halbem Weg plötzlich gegenüber. Einer von ihnen begann mich in ziemlich flüssigem Englisch anzureden. Er komme von Shepherds Bush in London, sagte er, und sei hier bei seinen Vettern auf Urlaub. Er war wie die anderen in Schalwar und Kamise gekleidet und hatte wie sie ein Tuch über dem Kopf. Seine Gefährten waren sofort zurückgewichen, als er mich ansprach, was sehr ungewöhnlich war. Sie winkten ihm immer wieder zu, er solle endlich kommen – wegen des Regens, wie ich zuerst dachte. Sie machten jedoch keine Anstalten, sich irgendwo unterzustellen. Als ich sie das nächste Mal wiedersah, gingen sie die lange Treppenflucht hinter der Stadt hoch, die zum Palast von Asoka führte. Ich hatte die Hälfte der Stufen zurückgelegt, als ein Mann hinter mir herkam. Er trug wie ich einen Regenschirm und war ziemlich außer Atem, wie wenn er sich sehr beeilt hätte. Er war offenbar fest entschlossen, mich zu begleiten, und da er einen netten Eindruck machte und höflich war, versuchte ich nicht, ihn wegzuekeln. Wir schauten uns in dem zerstörten Palast und der Stupa um. Er schien eine Menge darüber zu wissen. Dann bot er mir an, mir das Wichtigste der anderen Fundstellen zu zeigen und Abkürzungen zu nehmen, damit wir nicht jedesmal zurück zur Straße mußten. Ich willigte ein. Rückblickend glaube ich, daß das sehr unbesonnen von mir war, denn an einem so nassen Tag war es dort draußen sehr einsam. Doch weil ich mich so viele Jahre lang daran gewöhnt hatte, die Leute so zu nehmen, wie sie sind, hatte ich alle Vorsicht vergessen. Als wir über das Gelände stapften, sah ich, wie die vier Jugendlichen von den Palastmauern auf uns herabschauten. Abdul, mein Führer, geleitete mich über Fluß und Felder. Er schien die Gegend offenbar gut zu kennen.

Trotz des Regens begann ich den Tag zu genießen. Abgesehen von den buddhistischen Fundstücken erinnerte vieles an Schottland. Wir besuchten eine Menge verschiedener Ausgrabungsstellen. Sie waren alle sehr interessant und viel aufschlußreicher als in Mohenjo-Daro. Eine der am besten erhaltenen Stätten ist eine buddhistische Universität aus dem dritten Jahrhundert vor Christus. Abdul meinte, ich könne sie mir allein anschauen, während er kurz wegging, um etwas zu erledigen. Der für diesen Teil verantwortliche Mann, der in einer kleinen Hütte im Innern der Anlage wohnte, hatte im Rundfunk von meiner Fahrradreise gehört und war sehr erfreut, mich kennenzulernen.

Nachdem er sich des längeren in einem recht außerge-
wöhnlichen Englisch über die Gandhara-Skulpturen unter
seiner Obhut ausgelassen hatte, führte er mich aus den
Mauern hinaus und fragte mich, ob es mir angenehm sei,
Tee zu trinken. Ohne eine Antwort abzuwarten, kraxelte er
vor mir die steile Hügelflanke hinunter, bis wir vor einer
Gruppe von Gebilden standen, die wie Heuhaufen aussahen, seitlich jedoch eine etwa fünfundsiebzig Zentimeter
hohe Türe hatten. Nachdem wir uns durch eine dieser
engen Pforten gezwängt hatten, befanden wir uns in einer
geräumigen, aus dicken Ästen errichteten Hütte. Außen
war sie verputzt und mit Stroh gedeckt, innen schauten
noch die Äste heraus und gaben nützliche Haken ab, an
denen man Sachen aufhängen konnte. Es war ein zauber-
hafter Platz, gemütlich und warm und so ordentlich und
sauber wie ein viktorianischer Salon.

Abgesehen von uns beiden war noch ein Dutzend Leute
jeglichen Alters da, von einem sehr alten Mann bis zu
einem winzigen Baby. Alle hatten besonders schöne Ge-
sichtszüge, und die Frauen und Mädchen schienen eine
erstaunliche Gleichberechtigung zu genießen. Wie ich erfuhr, waren es Stammesangehörige, die acht Monate im
Jahr als Nomaden im nördlichen Hochland mit ihren Herden herumzogen. Sie bereiteten über dem offenen Feuer in
der Mitte der Hütte Tee zu, dann unterhielten wir uns,
wobei der Museumswächter als Dolmetscher fungierte. Sie
hätten ein gutes Leben, meinten sie, denn das Herumzie-
hen sei eine feine Sache. Eigentlich wollten sie jetzt schon
wieder unterwegs sein, doch der alte Mann sei krank. Der
Dolmetscher erzählte ihnen von meiner Reise, worauf sie
mich aufforderten, bei ihnen zu bleiben. Ein Hotel sei nicht
das richtige für mich, denn ich sei wie sie »ein freier
Mensch«. Ich wäre nur zu gern geblieben, denn es war so
viel reizvoller hier als in der gräßlichen Jugendherberge.
Wenn ich zugesagt hätte, wäre es mir vermutlich schwerge-
fallen, mich ihnen auf ihrem Treck nicht anzuschließen,

denn ich habe noch nie so faszinierende Menschen getroffen. Ich machte mir jedoch Sorgen um Abdul, der die ganze Zeit gewartet haben mußte und geglaubt hatte, ich bliebe nur etwa eine Viertelstunde weg, während bereits anderthalb Stunden verstrichen waren. Er wartete auch wirklich noch immer und sah ziemlich verärgert aus. Ich fragte ihn, weshalb er seinen Nachmittag damit verbracht hatte, mich herumzuführen, und wußte nicht recht, ob er ein Trinkgeld erwartete. Ich hätte ihm sehr gern etwas bezahlt, denn er war ein ausgezeichneter Führer gewesen, und ohne seine Hilfe hätte ich nicht annähernd so viel zu sehen bekommen. Er wollte jedoch kein Geld annehmen. Er meinte, daß er manchmal als Touristenführer arbeite, doch heute sei er wegen der »bösen Männer« bei mir geblieben, und dafür gebe es keine Bezahlung, das sei »seine Pflicht«. Die »bösen Männer« waren die vier Jugendlichen. Laut Abdul handelte es sich um hier ansässige Räuber, die einsame Touristen ausplünderten, welche sich die Altertümer ansehen wollten. Erst vor einer Woche hätten sie einen japanischen Touristen beraubt und ihm dabei einen Revolver an den Kopf gedrückt. Abdul hielt meine Skepsis für westliche Naivität. »Hier«, sagte er, »sind solche Sachen alltäglich. Die Polizei weiß genau, was läuft, unternimmt aber nichts, denn sie kriegt einen Anteil der Beute.« Ich wußte nicht, was ich glauben sollte. Abdul hatte gewiß nichts zu gewinnen, wenn er mir Lügen auftischte, denn er hatte sich ja geweigert, irgendeine Bezahlung anzunehmen. Nachdem er mir von den Räubern erzählt hatte, wurde ich seltsamerweise hinsichtlich seiner eigenen Motive sehr nervös, denn wir gingen durch immer abgelegeneres Gelände auf die letzte Ausgrabungsstätte zu, und es war kurz vor Einbruch der Nacht. Meine Angst war unbegründet. Ich wurde heil und gesund kurz vor sieben Uhr in völliger Dunkelheit bei der Jugendherberge abgesetzt.

In der Nacht sah alles noch viel schlimmer aus, und ich wünschte, ich wäre im Winterquartier der Nomaden oder bei Abduls Familie geblieben, denn er hatte mich ebenfalls eingeladen. Man hieß mich jedoch ziemlich herzlich in der widerlich schmutzigen, eiskalten Küche willkommen. Eine junge Frau kochte. Sie kauerte auf dem hohen Küchenbrett neben ihrem kleinen Herd und warf alle Abfälle vor sich auf den Fußboden. Sie war die Mutter der drei kleinen Kinder, die ich bereits getroffen hatte und die jetzt wie ich herumsaßen und hoffnungsvoll darauf warteten, etwas zu essen zu bekommen. Der Mann war ebenfalls da. Er hatte einen Freund eingeladen, so alt und zahnlos wie er selbst. Der Freund erklärte mir, daß die junge Frau die Ehefrau des alten Mannes war und die kleinen Kinder von ihm stammten. »Wie finden Sie das, hmm?« fragte er mit einem Glitzern in den Augen. Ich merkte, daß der alte Schelm mich schockieren wollte, und zuckte nur gleichgültig mit den Achseln. Schließlich ging es mich nichts an, und die junge Frau schien zufrieden mit ihrem Los. Mein Abendessen aus einem Omelett, etwas Reis und Tomaten war an lokalen Maßstäben gemessen nicht schlecht, nur wurde ich nach dem langen Tag leider nicht satt davon. Um halb neun Uhr waren alle im Bett, denn das war die einzige Möglichkeit, sich warmzuhalten. Ich war froh, daß ich meinen Schlafsack mitgenommen hatte und nicht die schmierigen Dekken der Herberge benutzen mußte.

Als ich erwachte, lag ein weiterer nasser Tag vor mir. Ich war verstimmt und fand, daß ich ebensogut in England sein könnte, wo man zumindest voraussehen konnte, daß es regnete. Das Frühstück bestand aus den in übelriechendem Fett gebratenen Chapattis von gestern und war völlig ungenießbar. Ich reiste in einem der kunstvoll dekorierten Busse nach Peshawar weiter. Er hatte silberne Miniaturminarette auf dem Dach und rundherum hin und her schwingende Ketten. Ich weiß jetzt auch, weshalb diese Busse so waghalsig gefahren werden. Wer in Pakistan einen Privatbus betreibt, läßt sich auf einen mörderischen Konkurrenzkampf ein. Die ausgeklügelte Dekoration dient vor allem dem

Zweck, Kundschaft anzuziehen; außerdem werden Schlepper längs der Route postiert, um schon im voraus Passagiere zu packen. Ich sah einmal, wie ein Mann beinahe entzweigerissen wurde, als die Schlepper zweier rivalisierender Busse je einen Arm zu fassen kriegten und versuchten, ihn in verschiedene Richtungen wegzuzerren. Wenn der vordere Bus alle Passagiere wegschnappt, wird der nachfolgende versuchen, ihn zu überholen, während der erste alles daran setzt, seine Führungsposition zu bewahren. Beide können kilometerlang Seite an Seite fahren, bevor einer von ihnen nachgibt. Alles, was aus der anderen Richtung kommt, muß schleunigst weg von der Straße, denn es kommt selten vor, daß ein überholender Bus dem Gegenverkehr Platz macht. Der Knopf für das Signalhorn bleibt die ganze Zeit nach unten gedrückt, und weil die Hupen schrecklich laut sind, überlebt man eine Busreise nur dann mit intaktem Gehör, wenn man Wattepfropfen in den Ohren hat. Unser Fahrer war ein ziemlicher Draufgänger, und ich war sehr erleichtert, als wir in Peshawar ankamen, ohne irgendeine größere Katastrophe erlitten zu haben.

Ich hatte einen Empfehlungsbrief an eine Engländerin bei mir. Peggy Shepherd arbeitete für eine Mission in Peshawar, doch weil die Regengüsse den größten Teil ihres kleinen Hauses unter Wasser gesetzt hatten, bezog ich ein komfortables Hotel ganz in der Nähe, wo das beste Essen der Stadt serviert wurde, darunter auch ein köstliches Brot. Es gibt nichts Besseres als die Art von Umständen, wie ich sie unwillentlich in Taxilla erdulden mußte, um mich dankbar für ein bißchen Komfort zu stimmen. Ich liebe Peshawar. Ich glaube, es hätte mir hier auch sonst sehr gut gefallen, denn es ist ein fideler, geschäftiger und verwegen anmutender Ort, voller großgewachsener, schwer bewaffneter Männer. Wie es sich für so eine alte Grenzstadt gehört, werden in den Basaren nicht nur alle Arten von Gebrauchsgütern feilgeboten, sondern auch Waffen in vielfältigen Ausführungen.

Am nächsten Tag dämmerte es hell und klar. Nach einem frühen Frühstück machte ich mich auf die Suche nach dem Bus zum Khaiber-Paß. Obwohl es noch eine Stunde bis zur fahrplanmäßigen Abfahrt dauerte, war er bereits überfüllt. Die Passagiere waren jedoch sehr nett und rückten zusammen, daß ich einen Fensterplatz neben einem Englisch sprechenden, kettenrauchenden Afghanen erhielt. Mein Nachbar erzählte mir, daß dieser Bus die ganze Strecke bis nach Kabul fahre, wo er daheim war. Er reiste mit seinem jungen Neffen, den er in ein Krankenhaus in Pakistan gebracht hatte, um feststellen zu lassen, ob sich etwas gegen das schwindende Augenlicht des Jungen tun ließ. Man konnte ihm aber nur wenig Hoffnungen machen und befürchtete, daß der Junge bald erblinden werde. Ich fragte, wie das Leben für die Leute in Afghanistan zur Zeit aussehe. »Nicht gut«, meinte er. Es fehle am Nötigsten, und die Lage sei augenblicklich ziemlich verworren.

Am Stadtrand von Peshawar fuhr der Bus an einem riesigen afghanischen Flüchtlingslager vorbei. Dort leben schätzungsweise über sechzigtausend Menschen in Zelten. Dieses Lager ist nur eins von vielen und stellt die pakistanische Regierung vor ungeheure Probleme, obwohl auch die freiwilligen Hilfswerke hier sehr aktiv sind. Die mißliche Lage von Flüchtlingen scheint stets sehr viel internationales Mitgefühl zu wecken, während von den menschenunwürdigen Lebensumständen der einheimischen Armen kaum Notiz genommen wird.

Die Straße steigt unvermittelt aus der Ebene an und windet sich durch Hügelzüge empor, die so kahl und öde sind, wie ich es noch nie zuvor gesehen habe. Es scheint hier nur wenig oder gar keine Vegetation zu geben, und trotzdem herrschte kein Mangel an Wohnstätten. Jedes Haus war eine kleine Festung, vor der Männer mit Gewehren und Patronengurten standen. Ziegenherden weideten auf den nackten Berghängen, und es mußte auch Großvieh geben, denn die Mauern der Häuser und einige der größeren Felsen waren mit Dungfladen übersät. Diese Dungfladen findet man überall in den Städten und Dörfern Pakistans. Sie sind ein wesentlicher Wirtschaftsfaktor, da sie Brennstoff zum Kochen liefern. Sie riechen und brennen ähnlich wie Torf, werden jedoch nicht wie Torf übereinandergeschichtet, sondern zu flachen Kuchen geformt, indem man sie wie Chapattis von Hand zu Hand klatscht. Wenn sie an eine Mauer geklebt werden, bleibt der Handabdruck auf der Oberfläche sichtbar. Viele Leute, die nicht wissen, wozu diese Fladen gut sind, glauben, man habe sie nur zu Dekorationszwecken dorthin plaziert.

Weiter oben am Paß wurden die Unterkünfte viel ärmlicher, zuweilen waren es bloß noch Höhlen. Ich konnte Reihen von Frauen sehen, welche aus Brunnen, die oft über einen Kilometer entfernt lagen, auf felsigen Wegen Wasser zu diesen Höhlen hochtrugen. Sie gehörten zu einem Stamm mit eigenem Territorium. Die Straße ist eine Staatsstraße, doch zu beiden Seiten gilt Stammesrecht. Die ockerfarbenen Hügel sind mit Forts und Wachttürmen gekrönt. In den Felsen längs der Straße erinnern Gedenktafeln an die britischen Soldaten, die in ihrem unablässigen Bemühen, den Paß offenzuhalten, hier oben gefallen waren. Heute scheint es etwas friedlicher zuzugehen, doch die Gegend ist noch keineswegs zur Ruhe gekommen, und es ist fast unmöglich, eine offizielle Genehmigung zu erhalten, um hier oder in irgendeinem anderen Stammesgebiet herumzureisen.

Der Bus durchquerte Landi Kotal, die letzte Grenzstadt, und fuhr zur eigentlichen Grenze bei Torkham weiter. Es war unmöglich, nach Afghanistan weiterzufahren, selbst wenn ich dies beabsichtigt hätte, denn kaum hatten die Grenzwachen gemerkt, daß jemand aus dem Westen im Bus saß, als ich auch schon herausbefördert wurde und man mir, begleitet von entsprechenden Gesten mit den Gewehren, zu verstehen gab, daß die Grenze für Ausländer geschlossen sei. Als einzige Westlerin erweckte ich recht viel Interesse, besonders bei den Geldwechslern, wovon es eine ganze Menge gab und die alle auf Dollars hofften. Nachdem sich das Interesse an mir gelegt hatte und ich nicht mehr behelligt wurde, fand ich einen Platz, wo ich mich hinsetzen und dem geschäftigen Treiben zuschauen konnte. Ein unablässiger Strom von Menschen überquerte die Grenze zu Fuß in beide Richtungen. Es schien nur wenige oder gar keine Kontrollen zu geben, obwohl die Leute unter ihren Lastenbergen regelrecht schwankten. Sie hätten alles und jedes schmuggeln können. Selbst ganz kleine Kinder schritten tief gebückt unter ihrer Bürde dahin. Viele Kinder hätten leicht als britisch durchgehen können; womöglich haben einige englische Soldaten hier mehr als bloß ihre Gebeine zurückgelassen. Als ich so dasaß, die Szenerie beobachtete und Eintragungen in mein Reisetagebuch machte, brachte mir der Besitzer des Cafés einen Tisch herüber und gab mir mit Handbewegungen zu verstehen, daß dieser für mich zum Schreiben gedacht sei. Ich fand das sehr nett von ihm, um so mehr, als er nicht abwartete, ob ich etwas bestellen wollte.

Nachdem ich dem Treiben eine Weile zugesehen hatte, ging ich zum Wachhaus hinüber, um mich zu erkundigen, ob es in Ordnung gehe, wenn ich den sechs Kilometer langen Rückweg nach Landi Kotal zu Fuß zurücklegte. »Nein, sehr gefährlich, Männer mit Gewehr, bumm bumm ganze Zeit«, meinte der verantwortliche Offizier. Ich sagte ihm, daß ich die Straße nicht verlassen würde und nur Fotos von den Forts und den Bergen machen wollte. »Keine Fotos, bumm bumm«, wiederholte der Offizier. So blieb mir nichts anderes übrig, als in einem der Suzuki-Lastwagen, die als Taxis dienten, nach Landi hinunterzufahren. Man bot mir einen Sitzplatz im Fahrerhaus zwischen einem mißtrauischen Fahrer und seinem noch mißtrauischeren jungen Begleiter an, doch ich wollte lieber hinten bei den anderen Passagieren sitzen. Wir setzten uns alle auf den

Rand, denn wegen des Spuckens war es unmöglich, sich auf dem Boden niederzulassen. Der Lastwagen brauste mit beängstigender Geschwindigkeit die Haarnadelkurven hinunter, während sich der Beifahrer vom Vordersitz aus dem Fenster lehnte, um mir in den schlimmsten Kurven Haschisch anzubieten.

Landi Kotal, versumpft in Schlamm und Müll, Gewehren und Drogen, entspricht ziemlich genau dem, was man von einer Grenzstadt in dieser Gegend erwartet. In den vergangenen Jahren hat sich das Gebiet zu einem der wichtigsten Heroinproduzenten der Welt entwickelt, und bereits viele der Jugendlichen und Kinder hier sind rauschgiftsüchtig. Ich wanderte ein wenig ängstlich und von den ständigen Rufen »Hallo, Mister« ziemlich eingeschüchtert durch die engen, überfüllten und schlammigen Straßen. Ein Mann, der in seinem offenen Ladengeschäft saß und Glasscheiben zuschnitt, winkte mich zu sich, um ein Glas Tee mit mir zu trinken. Wir konnten uns nicht unterhalten, doch wir lächelten und nickten uns freundlich zu. Später ging derselbe Mann in einem anderen Stadtteil an mir vorbei. Er hatte eine schreckliche klaffende Wunde an Hand und Unterarm, die vermutlich vom Glas herrührte. Er hielt an und zeigte mir die Verletzung. Ich deutete ihm, daß sie genäht werden mußte, worauf er zustimmend nickte und weiterging, um hoffentlich einen Arzt aufzusuchen.

Die Rückfahrt vom Khaiber-Paß am Spätnachmittag war wunderschön. Die Forts und Wachtürme warfen lange Schatten auf die kahlen Hügel, und in der Ferne leuchteten die schneebedeckten Berge rosig im Licht der untergehenden Sonne.

An jenem Abend dinierten Peggy Shepherd und ich in meinem Hotel. Bei einer köstlichen Mahlzeit aus raffiniert gewürzten Currys – bei weitem das Beste, was ich bis jetzt in Pakistan gegessen hatte – erzählte sie mir, wie sie sich genau wie ich ins nordwestliche Grenzgebiet verliebt hatte, als sie es vor einigen Jahren besuchte. Sie hatte Glück

gehabt und konnte zurückkehren, um in einem Missionskrankenhaus in Peshawar zu arbeiten, und sie war sehr
zufrieden mit dem Leben, das sie hier führte.

Als ich am nächsten Tag durch die stets von neuem faszinierenden Straßen der Stadt schlenderte, machte ich in
einem kleinen Café halt, um Tee zu trinken. Der Mann, der
mir meinen Tee brachte, erzählte mir, er sei Bachelor of
Arts in Volkswirtschaft und strebe mit einem Fernkurs den
Master of Arts an, doch leider müsse er in einem Teehaus
arbeiten.

»Das Fluch meines Landes. Man muß arbeiten für
sieben.«

Er hatte sechs Schwestern und eine verwitwete Mutter
und war der einzige Ernährer.

»Ich habe Schwester mit Master-of-Science-Goldme-
daille, aber wozu gut? Ich sie verheirate. In deine Land
Mutter und Vater arbeiten, machen alles fein für Kinder.
Hier du weinen, wenn du hast Töchter, Schwestern. Wo du
finden alle schöne Sachen für Heirat? Die Kleider? Die
Möbel? Die Kühlschranke? Zu viele Sachen alles.«

Er schüttelte traurig den Kopf und stellte mir darauf die
von jungen Pakistani so oft wiederholte Frage:

»Wie kommt man studieren in England?«

Ich konnte ihm nicht viel Hoffnung machen. Ich sagte
ihm, wie schwierig es für ausländische Studenten sei, in
England einen Studienplatz zu erhalten, ganz zu schweigen
vom kalten Klima und den hohen Lebenskosten. Es sei
längst nicht alles so angenehm bei uns, wie er sich das
vorstelle. So gingen wir in gegenseitigem Einvernehmen
auseinander, beide traurig über die Zustände in unseren
jeweiligen Ländern.

Der Regen schien ein Ende gefunden zu haben. Drei
Tage lang hatte jetzt die Sonne geschienen, und es fing an,
heiß zu werden. Es war Zeit, nach Lahore und zu meinem
Fahrrad zurückzukehren und die Reise fortzusetzen.

9

Zurück im »St. Hilda's« mit seinen immer weiter abbröckelnden Zimmerdecken überholte ich das Rad, so
gut es mir mit meinem beschränkten Werkzeugsatz möglich war. Normalerweise hätten die Lager gesäubert und
neu eingefettet werden müssen, weil ich seit Multan durch
so viele Wasserfluten gefahren war, doch dank der ausge-
zeichneten Vorbehandlung, die das Rad in London erhalten
hatte, war noch nichts festgefressen. Angesichts der Umstände dieser ersten tausend Meilen waren sowohl das
Fahrrad als auch ich in einem überraschend guten Zustand
und bereit, den nächsten Abschnitt der Reise unter die
Räder zu nehmen. Wenn ich morgen bei Wagah die Grenzkontrolle passieren konnte (was laut meinem Reiseführer
nicht immer möglich war), würde ich in Indien sein.

Jetzt, wo ich mich anschickte, Pakistan zu verlassen, begannen ziemlich nostalgische Gefühle für dieses Land in
mir aufzukeimen. Trotz der ständigen Belästigungen durch
zudringliche Männer, trotz des vielen Angestarrtwerdens
und Spuckens und des Mangels an Privatsphäre war mir so
viel Freundlichkeit zuteil geworden, und ich hatte so viel
Interessantes gesehen. Dieses Land ist zwar nicht unbedingt für den Tourismus geeignet, doch ich wünschte mir,
irgendeinmal wieder hierher zurückzukehren.

Meinen letzten Abend in Pakistan verbrachte ich in
einem geschmackvollen Haus in einer Modellsiedlung in
der Vorstadt von Lahore als Gast von Farida und ihrer Familie. Farida war eine attraktive junge Frau, die im Büro von
American Express angestellt war und mir geholfen hatte,
meine Post und meinen Ersatzreifen aufzustöbern, als ich
das erste Mal in Lahore angekommen war. Sie hatte auch
das Kunststück fertiggebracht, mir einen Anruf nach Lon-

don durchzustellen, was schon fast an ein Wunder grenzte. Daß eine junge Frau aus guter Familie in Pakistan Karriere machen will, ist völlig unüblich und kommt sie auch ziemlich teuer zu stehen, zieht man den Verlust an Prestige und damit die Chance auf eine gute Partie in Betracht. Vielleicht war ihr eigenes Streben nach Unabhängigkeit der Grund dafür, daß sie sich für mich und meine Reisen so sehr erwärmte und ihr soviel daran lag, daß ich ihre Familie kennenlernte. Ich wurde mit dem Wagen abgeholt, der sie täglich zur Arbeit und wieder nach Hause brachte – in einem öffentlichen Verkehrsmittel zu fahren gehört sich nun einmal nicht, Emanzipation hin oder her. Farida hatte sowohl Amerika als auch Großbritannien besucht und erzählte mir später am Abend, daß ihre Begegnungen mit Engländern sie ganz und gar nicht für meine Landsleute eingenommen hätten und sie sie unfreundlich und unnahbar empfand. Deswegen hatte sie die Einladung zeitlich so angesetzt, daß ich gerade rechtzeitig zum Tee kam und dann nach Lahore zurückgeleitet werden konnte, ohne daß es unhöflich schien, sollte ich mich als unsympathisch erweisen. Offenbar habe ich mich aber gut benommen, denn ich wurde gebeten, zum Abendessen zu bleiben. Ich sagte sehr gern zu, denn in der Gesellschaft ihrer großen Familie und der vielen Freunde, die kurz hereinschauten, fühlte ich mich äußerst wohl. Wie üblich drehte sich das Gespräch immer wieder um Pakistan, vor allem um General Zias jüngste Anordnung, die Leute dazu zu bringen, bei der Arbeit Nationalkleidung zu tragen, und was für ein Unsinn dies sei. Fast alle Pakistani, die ich traf, schienen sehr stolz auf ihr Land zu sein, so heftig sie es auch kritisierten, und es lag ihnen viel daran, daß Besucher einen guten Eindruck gewannen. Ich fand diese Eigenart sehr liebenswert und rief sie mir öfter nostalgisch ins Gedächtnis zurück, als ich in Indien weilte, wo die Leute eher erwarteten, daß man unvorteilhafte Eindrücke von ihrem Land mit sich heimtrug.

Als ich gegen 23 Uhr zum »St. Hilda's« zurückgebracht wurde, fand ich die hohen, schmiedeeisernen Tore des Kirchhofs geschlossen und verriegelt, obwohl der Wächter, der auf- und zuschließen mußte, instruiert worden war, zu warten, bis ich zurückgekehrt sei. Mir blieb nichts anderes übrig, als oben über die Spitzen des Tores zu klettern – in meinem Alter eine unziemliche Methode, sich Zutritt zu verschaffen, vor allem, weil ich dabei von den beiden jungen Männern beobachtet wurde, die mich zurückgefahren hatten.

Nach einer letzten Nacht im Geriesel der herabfallenden Zimmerdecke von »Gelassenheit« fühlte es sich gut an, wieder auf dem Fahrrad zu sitzen, durch die frühmorgendliche reine Luft zu radeln und auf die Grenze nach Indien zuzufahren, ohne vom Verkehr abgelenkt zu werden und ständig auf der Hut sein zu müssen. Ein prickelndes Gefühl der Hochstimmung erfüllte mich. Ich war in Asien, hatte ein großes Land durchquert und war kurz davor, ein anderes zu betreten – Länder, die für mich bisher nur Namen auf einer Landkarte gewesen waren.

Mein Zufriedenheitsgefühl hielt etwa zwei Stunden bis zur Grenze an. Dort herrschte Geschäftigkeit und Verwirrung. Eine Unzahl von Menschen und Fahrzeugen irrte planlos herum – eine weitere Seite von Asien. Man hatte mich bereits vor den sehr langen Verspätungen gewarnt, die hier am einzigen offenen Grenzposten zwischen den beiden Ländern auftreten können. Die gegenseitige Antipathie ist derart groß, daß den passierenden Indern und Pakistani gewaltige Hindernisse in den Weg gelegt werden. Für die vielen Familien, die durch die Teilung auseinandergerissen wurden, ist dies sehr hart. Während ich in Lahore weilte, traf ich mehrere Europäer, die den ganzen Tag vergeblich an der Grenze gewartet hatten. Ich hatte Glück, auf keinerlei Schwierigkeiten zu stoßen. Beim Zollbüro von Pakistan zeigte ich einfach meinen Zeitungsausschnitt und erhielt eine Vorzugsbehandlung.

»Sehr nettes Foto«, hieß es. »Wenn wir gewußt, daß Sie kommen, wir aufstellen für Sie salutieren«, worauf sie mich durchwinkten. Solche Vorteile bringt es, wenn man der einzige Mensch ist, der per Fahrrad reist.

Die indische Paßkontrolle war eine sehr viel einschüchterndere Angelegenheit. Zwölf großgewachsene, wild dreinblickende Sikhs saßen rund um ein Arrangement von Tischen wie in Leonardo da Vincis »Abendmahl«. Hier wurde ich mit einer Salve gestrenger Fragen bombardiert, deren Antworten alle bereits in meinem Reisepaß gedruckt standen, den mein Inquisitor in der Hand hielt. Ich fand es jedoch besser, ihn nicht darauf aufmerksam zu machen, weil ich ihn nicht beleidigen wollte. Schließlich wurde mir gestattet, zur Zollkontrolle weiterzugehen. Hier sah es schlimm aus, denn die trostlose und unbequeme Wartezone lag im Freien und war von den Inspektionstischen durch einen hohen Maschendrahtzaun abgetrennt. Das Tor im Zaun wurde von einem bewaffneten Sikh in Militäruniform bewacht – alle Offiziellen hier schienen bewaffnete Armeeangehörige zu sein. Die Wache nahm meinen Paß, steckte eine Nummer aus Karton hinein und legte ihn zuunterst unter einen großen Stapel ähnlich numerierter Pässe.

»Machen Sie Platz, und warten Sie«, sagte der Mann. »Sie werden aufgerufen.«

Die Wartezone roch wie eine Latrine. Sie war auch wirklich von flachen, graslosen Feldern gesäumt, deren einziger Zweck darin zu bestehen schien, als riesiges Freiluftklo zu dienen. Vor mir waren etwa fünfzig Pakistanifamilien, alle mit Bergen von Gepäck. Durch den Maschendraht konnte ich sehen, daß bei jenen, die zur Zeit inspiziert wurden, jedes einzelne Stück ihrer Habseligkeiten einer peinlich genauen Prüfung unterzogen wurde. Bis ich an die Reihe kam, würde es mindestens eine Woche dauern. Ich hatte gehört, daß es möglich sei, das Verfahren etwas zu beschleunigen, indem man Rupien in den Reisepaß legte, doch ganz abgesehen von den Kosten und dem Risiko, für versuchte Bestechung ins Gefängnis zu wandern, schien mir dies ein moralisch verwerfliches Vorgehen zu sein. Ich wollte lieber schauen, was Vernunft und Sympathie erreichen konnten. Überall hingen Hinweise wie »Nichts zu verzollen? Benützen Sie den Expreßdurchgang«, »Wir sind hier, um Ihnen zu helfen – fragen Sie uns einfach« und »Für Reklamationen ist der Inspektor zuständig«. Ich beschloß, mit letzterem zu beginnen, und fragte den Sikh mit dem scharfgeschnittenen Gesicht, der meinen Paß numeriert hatte, ob ich den Inspektor sehen könne. Er kam tatsächlich, über und über mit Messingknöpfen und roten Streifen geschmückt, und hörte mir äußerst höflich zu, während ich ihm erzählte, daß ich fast kein Gepäck mitführte und unbedingt nach Amritsar kommen mußte, bevor es dunkel wurde, weil mein Fahrrad kein Licht habe. Ich hätte meine Rede gern mit meinem Zeitungssauschnitt verstärkt, der mir bislang so gute Dienste geleistet hatte, doch jetzt war ich auf der indischen Seite, wo Hindi die Lingua franca ist und Urdu mir nichts mehr nützte. Sympathie und Vernunft allein reichten jedoch aus, und schon nach zehn Minuten war ich durch den Zoll und auf der anderen Seite. Ich hatte nichts öffnen, sondern nur angeben müssen, wie viele Dollars und Reiseschecks ich bei mir hatte. Da es noch immer recht viele waren, zeigten sich die Beamten höchst leutselig und freundlich.

Jenseits der Grenze sieht es aus wie vorher in Pakistan. Die gleichen flachen Felder von Pandschab erstrecken sich in die Ferne, soweit das Auge reicht, ich sah Wasserbüffel, Ochsen und sogar ein paar Kamele, obwohl es für diese Tierart schon recht weit nördlich war. Die Straßen jedoch haben einen besseren Belag und weisen weniger und wohltuend langsameren Verkehr auf. Indien verfügt über eine eigene Autoindustrie und stellt den Ambassador her, der auf dem Modell des alten Morris Oxford beruht und sehr wenig Leistung erbringt. Für Radfahrer, die die Straße mit ihnen teilen, ist dies ein großer Segen. Ein weiterer Unterschied besteht darin, daß es hier Frauen in der Öffentlichkeit gibt. In der Nähe von Amritsar sah ich sogar Frauen auf Fahrrädern, was in Pakistan unvorstellbar gewesen wäre.

Die Stadt Amritsar gilt den Sikhs als besonders heilig. Sie beherbergt ihr schönstes und bedeutendstes Sakralgebäude, den Goldenen Tempel. Amritsar hat aber auch einige der schlimmsten Ausschreitungen gesehen, welche während der britischen Kolonialzeit verübt wurden, insbesondere jenes berüchtigte Massaker, das durch den Film »Gandhi« weltweite Publizität erhielt. Ich weiß nicht, ob wegen dieses schrecklichen Vorfalls eine spezielle Antipathie gegen die Briten herrscht – für mich war Amritsar ein beängstigender Ort.

Anfangs ging alles relativ glatt. Den Bahnhof, wo man pakistanische Rupien zu einem günstigen Kurs in indische umtauschen konnte, fand ich sofort. Ich habe nie begriffen, weshalb Menschen so viel daran liegt, Währungen anderer Länder zu erwerben, daß sie bereit sind, weit mehr als den offiziellen Wechselkurs dafür zu bezahlen. Ich wechselte meine letzten Rupien und wünschte mir, ich hätte mehr dabei, da der Kurs so günstig war. Dann begann ich nach einem Hotel Ausschau zu halten, kam jedoch einfach nicht aus der Gegend rund um den Bahnhof weg. Wo immer ich anhielt und versuchte, mich zu orientieren, versammelten sich massenhaft Leute um mich und starrten mich an. Schon in Pakistan waren diese Gaffer eine wahre Plage gewesen, doch hier war alles noch viel schlimmer, denn es herrschte ein völliger Mangel an Freundlichkeit. Niemand lächelte oder sagte etwas. In einer Gruppe Pakistani sprach stets jemand ein paar Worte Englisch, hier jedoch nicht. Der Grund dafür lag in der Entscheidung der indischen Regierung, nach der Teilung des Landes Englisch vom Lehrplan der öffentlichen Schulen zu streichen und Hindi zur Nationalsprache zu küren. Dies führte nicht nur zu einer stärkeren Trennung zwischen Nord- und Südindien, weil die Südinder sich weigern, Hindi als ihre erste oder zweite Sprache anzunehmen, sondern bringt auch mit sich, daß nordindische Kinder, die eine staatliche Schule besucht haben, bei der Stellensuche stark benachteiligt sind, denn Englisch ist für sehr, sehr viele Jobs eine Notwendigkeit, wird jedoch nur an den Privatschulen unterrichtet. Viele Inderfamilien bringen sich an den Bettelstab, um ihren Kindern eine Privaterziehung zu ermöglichen. Für den Reisenden macht es die Sache auch nicht leichter. Umringt von der stummen, feindseligen Menschenmenge, hielt ich die Schwierigkeiten diesmal für fast unüberwindbar. Ich war daher ungemein erleichtert, als ich an einem Tor ein Schild mit der Aufschrift »Christliche Schule« erblickte. In einer christlichen Schule gab es sicher jemanden mit genügend Englischkenntnissen, um mir bei meiner Suche nach einem Hotel helfen zu können. Drinnen fand ich einen angenehmen älteren Herrn vor, der tatsächlich Englisch sprach. Er bot mir Tee an, konnte mich jedoch weder an ein Touristeninformationsbüro noch an ein passendes Hotel weisen.

»Amritsar nicht sicher für europäische Lady. Sehr schlimmes Ort. Gewalttätige Leute. Ich Sie schicke mit Pförtner zu christliche Gentleman, er ist sehr gute Mann, kann arrangieren alles.«

So fuhr ich hinter dem Pförtner her, der auf einem riesigen, uralten Fahrrad saß, und befand mich nach kurzer Zeit in einem wohlhabend aussehenden Vorstadtviertel. Wir kamen zu einem Platz mit großen, weißen, zweistöckigen Häusern, die ein Areal mit hübschen und gepflegten Gärten umschlossen. Die Adresse, zu der ich geschickt wurde, lag im oberen Stock eines dieser Häuser. Als wir die Treppe hochzusteigen begannen, tauchte ein Sikh aus dem unteren Hausteil auf und begrüßte uns. Die meisten Sikhs sind großgewachsen und von kräftiger Statur und geben mit ihrem eindrucksvollen Bart und dem Turban eine imposante Figur ab. Ohne Turban, das Haar zu einem Dutt zusammengesteckt, der oftmals von einem winzigen Spitzentuch bedeckt wird, wirken sie eine Spur komisch – wie bärtige viktorianische Tanten in Hosen. In diesem Fall verstärkte sich dieser Eindruck noch durch die ausgesprochene Rundlichkeit des Herrn, der etwa sechzig Jahre alt war. Er sagte, daß der Mann, nach dem wir suchten, zur Zeit abwesend sei. Ich solle doch bitte in seine Wohnung kommen und warten, der Mann oben sei ein Freund von ihm.

»Eigentlich sind wir wie Brüder. Es ist meine Pflicht, seinen Freunden zu helfen.«

Ich erklärte ihm, daß ich kein Freund sei, sondern nur zu ihm geschickt worden sei, damit er mir raten könne, wo ich ein Hotel oder Touristeninformationsbüro finden konnte. Vielleicht wußte er selber etwas Passendes?

»Es gibt keine gute Hotels hier, sehr gefährliche Ort, Amritsar. Sie kommen besser herein und machen sich frisch, bis mein Freund zurückkommt.«

Nach dieser zweiten Warnung bezüglich der Gefahren von Amritsar fand ich, es sei besser, mich zu fügen, denn es dämmerte schon. Der Sikh, der Ginny hieß, rief seinen Diener und bestellte Tee. Ich fühlte mich heiß und klebrig und hätte mich liebend gern gewaschen. Statt dessen tranken wir Tee und schwatzten und schwatzten endlos. Die Situation ging mir langsam auf den Wecker, und mein Gastgeber begann mich immer mehr zu nerven. Seine Konversation kam mir ziemlich dumm vor. Sie war gespickt mit lasziven Anspielungen und von Kicheranfällen durchsetzt.

»Die europäische Frauen mich finden immer faszinierend«, meinte er einmal. »Viele bleiben bei mir, und wir haben eine gute Zeit.«

Ich fragte ihn, wann wohl sein Freund zurückkehre.

»Oh«, meinte er ausweichend, »vielleicht später, vielleicht morgen. Ich glaube, vielleicht er macht Urlaub. Er ist jetzt zwei Wochen weg.«

Zu diesem Zeitpunkt begann ich mir über Ginny und

seine Absichten eindeutige Gedanken zu machen und sagte, daß ich jetzt aber wirklich gehen und ein Hotel finden müsse, wo ich ein Bad nehmen, mich ausruhen und etwas zu essen kriegen konnte. Außerdem wolle ich den Goldenen Tempel besichtigen, weil ich morgen früh schon wieder weiterreiste. Ginny wollte nichts davon hören. Sein Freund würde es ihm nie verzeihen, wenn ich durch die Straßen von Amritsar irrte und mir dabei etwas zustieß, und außerdem sei es seine heilige Pflicht als Sikh, Frauen und Reisende zu beschützen.

»Sie bleiben«, sagte er. »Hier waschen, und später wir gehen essen. Wenn mein Freund nicht kommt zurück, Sie schlafen hier. Viel Platz. Kommen Sie, ich zeige Ihnen.«

Ich folgte ihm in ein großes Schlafzimmer mit Doppelbett, von dem ein Waschraum abging. Wie das ganze Haus war auch das Badezimmer recht luxuriös. Die Einrichtung schien teuer, war aber schlecht gepflegt. Nichts funktionierte richtig, und es roch unangenehm nach Schmutz und Verfall. Ich wusch mich, so gut es eben ging, in dem dünnen Rinnsal kalten Wassers, das alles war, was die Dusche hergab, und fragte mich, was ich jetzt unternehmen sollte. Einerseits wollte ich Ginny nicht beleidigen und ihm unlautere Absichten unterschieben – schließlich war da immer noch das Problem der kulturellen Unterschiede –, doch anderseits wollte ich mich auch nicht in eine peinliche Lage hineinmanövrieren.

Als ich jedoch wieder ins Schlafzimmer hinaustrat, konnte von einem Mißverständnis nicht mehr die Rede sein. Da lag Ginny auf dem Bett, soweit ich sehen konnte in nichts anderes als in eine Steppdecke gewickelt. Zum Glück hatte ich mich bereits im Bad angezogen, so daß ich nun die moralische Überlegenheit des vollständig Bekleideten ausspielen konnte. Ich sagte ihm kühl, daß er einen völlig falschen Eindruck von mir gewonnen haben müsse, ich sei nicht wegen amouröser Abenteuer nach Indien gekommen, und er solle sich doch bitte entfernen, damit ich meine Sachen zusammensuchen und gehen könnte. Mit der letzten Würde, die ihm geblieben war, schlurfte er hinaus, noch immer in seine Bettdecke gewickelt. Er war zurück, bevor ich das Fahrrad fertig beladen hatte – in allen Kleidern und wieder ganz der alte. Er sei zutiefst verletzt und schockiert, daß ich ihn derart mißverstehen konnte. Er habe sich bloß ein wenig ausgeruht, während ich das Bett nicht benutzte. Jetzt würde ich seine Gastfreundschaft verschmähen, aber wo wollte ich denn in der Dunkelheit in dieser gefährlichen Stadt hingehen? Diese letzte Bemerkung gab mir zu denken. Ich nahm ihm zwar seine Entschuldigungen keinen Augenblick ab, glaubte jedoch auch nicht, daß Ginny einen gewalttätigen oder gefährlichen Charakter habe. Zudem gab es ein Schloß an der Schlafzimmertür und genügend schwere Möbelstücke, um den Raum sicher zu machen. Vielleicht war es besser, wenn ich es in einer bisher lediglich peinlichen Situation darauf ankommen ließ, statt in den dunklen, bedrohlichen Straßen weit größere Gefahren zu riskieren.

Wir kehrten ins Wohnzimmer zurück, wo Ginny weiterschwatzte, als sei überhaupt nichts geschehen. Um etwa neun Uhr schlug er vor, zu seinem Klub zu gehen, um dort etwas zu essen. Dies schien mir eine gute Idee, da ich seit dem Frühstück vor etwa vierzehn Stunden noch nichts zu mir genommen hatte und ganz schwach vor Hunger war. Und wenn ich auch keine Angst vor ihm hatte, so war ich doch auf der Hut und dachte mir, daß es nichts schaden konnte, wenn ein paar andere Leute uns zusammen sahen, bloß für den Fall der Fälle. Bevor wir weggingen, stellte ich das Fahrrad in mein Schlafzimmer, um meine Sachen zur Hand zu haben, wenn wir zurückkehrten. Ich fühlte mich stets sehr viel sicherer, wenn das Rad und ich uns auf derselben Seite einer verriegelten Tür befanden.

Wir fuhren in einer Fahrradriksha los. Unser gemeinsames Gewicht war sicher eine gewaltige Last für den armen, mageren Rikschaboy. Der Klub lag mitten in einem weitläufigen Grundstück und war vermutlich früher einmal sehr nobel gewesen. Jetzt wirkte er sichtlich heruntergekommen und roch unangenehm. Durch eine Tür konnte ich einen großen Spieltisch sehen, aber keine Leute. Das Haus machte einen leeren, verlassenen Eindruck. Wir gingen in eine Bar. Sie war ebenfalls leer, abgesehen von einem Barmann und zwei weiteren Männern, die einen sentimentalen Zustand von Betrunkenheit erreicht zu haben schienen, sich mit den Armen um den Hals hielten und Tränen auf den Wangen hatten. Ginny bestellte Essen und doppelte Whiskys, doch ich bat statt dessen um ein Bier. Zum Essen gab es Brot, stark gewürztes Fleisch und eine Platte mit rohen Zwiebeln, alles lieblos auf schmutzigem, angeschlagenem Geschirr serviert, aber trotzdem hoch willkommen. Niemand außer mir aß etwas. Sie waren zu sehr damit beschäftigt, zu trinken und sentimentale indische Gedichte für mich zu übersetzen. Wir blieben nur wenig mehr als eine halbe Stunde dort, doch Ginny brachte es fertig, in dieser Zeit acht doppelte Whiskys zu kippen. Ich lehnte alle Angebote auf einen Drink ab, denn ich hielt es für wichtig, vollkommen nüchtern zu bleiben.

Einer der sentimentalen Dichter fuhr uns zurück. Er konnte längst nicht so betrunken sein, wie er wirkte, denn wir kamen sicher an, obwohl ich die Fahrt nicht unbedingt wiederholen möchte. Als wir ausstiegen, folgte eine dümmliche Szene, als Ginny nach den Autoschlüsseln griff und vorgab, sie in einen Gully fallenzulassen, während der Dichter flehentlich bat, sie ihm zurückzugeben. Dieses Spielchen ging eine ganze Weile weiter. Inzwischen hatte der Diener die Haustür geöffnet. Ich ergriff die Gelegenheit, sauste in mein Zimmer und legte in aller Eile den Riegel vor. Nach einer Weile klopfte Ginny an die Tür und lud mich zu einem Drink ein. Ich sagte, daß ich bereits im Bett und schon am Einschlafen sei und daß ich ihm eine gute Nacht wünsche und ihn am Morgen wiedersehen würde. An die Wand war ein ziemlich widerliches pornografisches Plakat geklebt, das in keiner Weise zu meinem Seelenfrieden beitrug. Ich ließ das Licht an, weil ich mich so sicherer fühlte und sowieso viel zu nervös zum Schlafen war. Jede halbe Stunde klopfte es an die Schlafzimmertür, doch ich gab vor, tief zu schlafen. Um die Morgendämmerung muß ich wohl eingenickt sein, doch schon um sieben Uhr war ich wach und angekleidet. Von Ginny war nichts zu sehen. Ich mußte weggehen, ohne ihm für seine Gastfreundschaft zu danken, und wünschte mir, mich nie mehr in so zweideutigen Umständen wiederzufinden.

Bevor ich Amritsar verließ, wurde ich von einem weiteren Sikh aufgegabelt, einem ganz anderen jedoch als der arme Ginny. Ich traf ihn beim Bücherstand auf dem Markt direkt vor dem Goldenen Tempel, den ich nur unter größten Schwierigkeiten gefunden hatte – Amritsar ist wirklich ein sehr verwirrender Ort. An diesem Bücherstand war kostenlos Sikh-Literatur erhältlich. Der Stand wurde von der Pinkewara geführt, einer wohltätigen Organisation, die sich unter anderem um die Kranken und Notleidenden kümmert. Der nette alte Herr, der für den Stand verantwortlich war, bot sich an, nach dem Fahrrad zu schauen, während ich den Tempel besuchte. Doch der Tempel hatte gerade geschlossen, und so erhaschte ich nur verlockende Blicke auf liebliche goldene Kuppeln, Marmorsäulengänge und sprudelnde Springbrunnen.

»Sind Sie allein hier, meine Tochter?« fragte der alte Sikh, als ich zurückkehrte, um das Fahrrad zu holen und mich auf die Suche nach einem Frühstück zu machen. Ich bejahte und fragte ihn, ob er hier in der Nähe etwas wisse, wo ich ein Omelett bekommen konnte, worauf er mich zu sich nach Hause einlud. Ich dankte ihm und sagte, ich sei auf dem Weg nach Kaschmir und müsse Pathankot, hundertdreißig Kilometer von hier, vor Einbruch der Nacht erreichen. »Sie wollen mit dem Fahrrad da hinfahren, meine Tochter?« fragte er ungläubig. Ich erzählte ihm, daß ich bereits durch ganz Pakistan gefahren sei und nach einem Abstecher nach Kaschmir durch so viele Himalajatäler wie nur möglich bis nach Sikkim zu radeln gedenke.

»Ich grüße Sie mit gefaltete Hände«, sagte er. »Sie sind ein sehr mutiges Mensch. Bitte besuchen Sie doch meine bescheidene Heim, das an der Straße nach Pathankot liegt und für Sie am Weg ist. Wir kochen Ihnen Omelett, und vielleicht kann ich Ihnen helfen.«

Mir aus Amritsar hinauszuhelfen und die richtige Ausfallstraße zu weisen wäre an sich schon eine große Hilfe und würde wahrscheinlich eine gute Stunde Fahrt einsparen, daher nahm ich sein Angebot zum Frühstück an, vorausgesetzt, ich durfte die Eier bezahlen. Obwohl er protestierte, bestand ich darauf. Später war ich froh darum, denn als wir zu seinem Heim in einem winzigen Dorf am Stadtrand gelangten und ich die bittere Armut sah, in der er lebte, hätte ich mich ziemlich schuldig gefühlt, ihm seine Lebensmittel wegzuessen. Der Ort stank fürchterlich, denn als einziger Abfluß dienten offene Gräben in den engen, ungepflasterten Gäßchen. Die Häuser selbst waren zumeist nur sehr kleine, rohe Hütten.

Während die Frauen des Hauses Chapattis und ein Omelett machten, erzählte mir mein Gastgeber, daß er Sampuran Singh heiße, was »vollkommener Löwe« bedeute; in seiner Jugend habe er in der britischen Armee gedient, später war er im Postdienst angestellt. Jetzt sei er pensioniert und arbeite freiwillig für die Pinkewara. Er habe eine Frau und zwei Töchter, seine Rente und eine gute Gesundheit und er sei ein glücklicher Mann. Ich glaubte ihm aufs Wort, denn er strahlte innere Ruhe und Zufriedenheit aus, und das Gespräch mit ihm war sehr interessant und humorvoll. Ich sei jetzt seine Tochter, meinte er, und seine Familie sei auch meine Familie. Sollte ich wieder nach Amritsar zurückkehren, könnte ich bei ihnen wohnen, und in der Zwischenzeit werde er für meine sichere Reise beten.

Ich wußte, daß ich nicht nach Amritsar zurückkehren würde, wenigstens nicht auf dieser Reise. Es war jammerschade, daß ich Sampuran nicht schon gestern getroffen hatte; so hätte ich die ungemütliche Nacht bei Ginny vermieden. Trotz der Armut und der sie begleitenden Gerüche wäre ich bei meiner neuen Familie viel glücklicher gewesen. Bevor ich weiterfuhr, sagte mir Sampuran, daß ich stets nach der gelben Fahne des nächsten Sikh-Tempels Ausschau halten und dort um Hilfe bitten solle, falls ich auf dem Weg irgendwelchen Schwierigkeiten begegnete, denn Sikhs seien vertrauenswürdiger als die meisten anderen Männer. Darauf überreichte er mir ein halbes Dutzend frankierter und adressierter Postkarten – »für Nachrichten von unserer Tochter«. Wir schreiben uns noch heute.

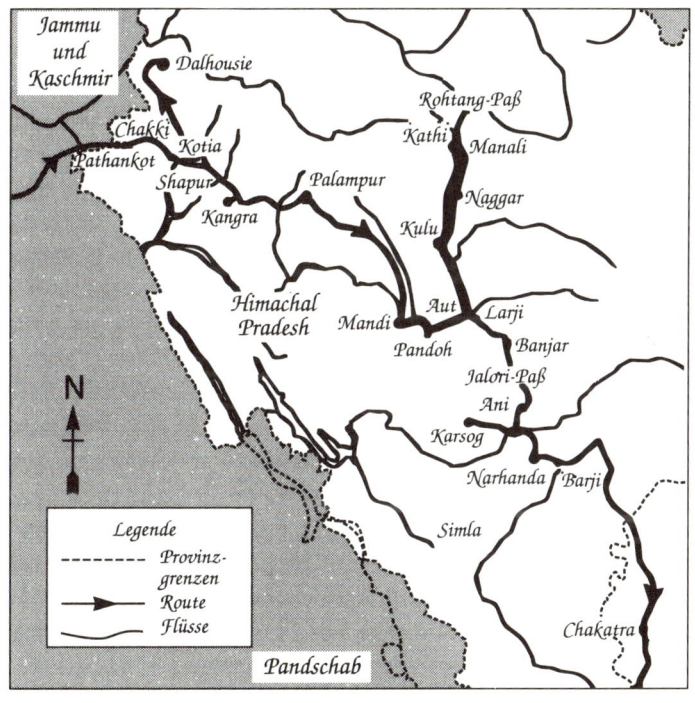

Himachal Pradesh und Kaschmir

10

Schon längere Zeit hatte ich so etwas wie einen dünnen Wolkenstreifen gesehen, der sich am nördlichen Horizont erstreckte. Ich hatte ihm nicht viel Aufmerksamkeit geschenkt, denn rund um mich war ein Wirrwarr von dichtem Verkehr und qualmenden Auspuffgasen. Endlose Kolonnen von Armeelastwagen donnerten vorbei und füllten die Luft mit stickigem Staub. Fünfzig Kilometer weiter, in einer häßlichen Stadt namens Batala, kam der Verkehr schließlich in einem schauerlichen Knäuel aus Lastwagen, Rikschas, Bussen, Schafherden, Autos, Pferden, Wagen und Fahrrädern völlig zum Erliegen. Jeder hatte versucht, sich irgendwie durchzuzwängen, zumeist auf der verkehrten Straßenseite. Mehrere Karren waren umgekippt, und ein armer, kleiner Esel, der ein viel zu schwer beladenes Gefährt gezogen hatte, hing nun in seinem Geschirr an den hochkant stehenden Deichselarmen. Polizisten brüllten laute Kommandos, fuchtelten mit ihren langen, bösartig aussehenden Stöcken herum und trugen ein weiteres zu dem allgemeinen Chaos bei. Als ich mich endlich aus dem Gewirr herausgewunden hatte – ein weiterer Vorteil, wenn man mit dem Fahrrad reist – und die Straße vor mir zeitweise frei war, sah ich, daß das, was ich für eine Wolkenbank gehalten hatte, in Wirklichkeit eine große Mauer aus schneebedecktem Fels war – noch mehr als hundertfünfzig Kilometer entfernt und durch die Entfernung zusammengeschrumpft, aber unverkennbar der Himalaja. Scharf gegen einen blauen Himmel abgehoben, füllte er den Horizont von Osten bis Westen aus. Das Gebirge war noch unendlich fern, und trotzdem dominierte es die Landschaft. Ich verspürte wechselweise Erstaunen, Unglauben, Ehrfurcht und prickelnde Erregung. Wenn meine Reise hier enden würde, so dachte ich mir, wäre sie es allein schon wegen dieses einen Anblicks wert gewesen.

Den ganzen Nachmittag über wurden die Berge klarer und höher, während ich meinen Weg nach Norden fortsetzte, und die flachen Felder von Pandschab begannen einem rauheren, weniger fruchtbaren Boden zu weichen. Die Dörfer waren nicht mehr so zahlreich, und die Luft roch süßer, weil hier weniger Verkehr herrschte. Ein herrlicher Tag zum Radfahren!

Fünfzehn Kilometer südlich von Pathankot zweigt die Straße nach Kaschmir in westlicher Richtung ab, um bis Jammu, wo ich die folgende Nacht zu verbringen gedachte, der Linie des Himalaja zu folgen. Von Jammu aus biegt sie wieder nach Norden und schlängelt sich durch das Vorgebirge, bis sie den großen Banihal-Paß erreicht, die natürliche Bastion des Kaschmir-Tals. Ich hatte geglaubt, einen Umweg über Pathankot machen zu müssen, um für die Nacht ein Quartier zu finden, doch mehrere Leute hatten mir gesagt, daß es in Modanpur ein gutes Rasthaus gebe, das um diese Jahreszeit immer leerstehe. Da Modanpur in der richtigen Richtung lag, entschied ich mich, dort die Nacht zu verbringen. Ich kam gegen halb sechs Uhr sehr müde und hungrig an, da ich die letzte Nacht fast nicht geschlafen und seit dem Omelett nichts mehr gegessen hatte. Es gab hier ein gutes Touristencafé, wo ich meinen Hunger mit delikat gewürztem Huhn und köstlichem Safranreis stillte, worauf ich mich zufrieden und entspannt fühlte und das Rad über die Straße zum Rasthaus hinüber schob.

Das Rasthaus war voll. Ich stand da wie ein Ölgötze und begriff die Welt nicht mehr. Es konnte doch gar nicht voll sein. Wohin sollte ich sonst gehen? Pathankot lag fünfzig Kilometer hinter mir. Ich war viel zu müde, um noch so weit zu radeln. In einer halben Stunde war es dunkel, und auf dieser mit großen Schlaglöchern gespickten Straße wäre eine Nachtfahrt der reinste Selbstmord gewesen. Der Chowkidar zuckte mit den Achseln.

»Tut mir leid, Memsahib, alles voll mit Militär.«

Ein großer, militärischer Sikh, der sich in einem Korbstuhl auf der Veranda geräkelt hatte, sprang auf und schrie mich an:

»Haben Sie diesen Mann nicht gehört? Verschwinden Sie sofort, Sie haben hier nichts zu suchen!«

Ich erwiderte, daß ich nicht recht wüßte, wohin ich verschwinden sollte, da man mir versichert hatte, ich könne die Nacht hier verbringen. Dies löste bei dem Offizier einen ganzen Schwall antibritischer Gefühlsregungen aus, welcher angebliche Beleidigungen der britischen Regierung gegen indische Studenten, Unverschämtheiten von Mrs. Thatcher anläßlich ihres Indienbesuchs und die Dummheit der Engländer einschloß, die ihren Frauen gestatteten, wie die Vagabunden herumzustreunen. Diese letzte Bemerkung traf ins Schwarze. Langsam fühlte ich mich wirklich wie ein Vagabund. Weshalb campierten diese militärischen Typen nicht mit ihren Soldaten im Freien, statt das Rasthaus bis auf den letzten Platz zu belegen? War das nicht alles sehr ungerecht? Ich wollte diesen Rüpel jedoch nicht sehen lassen, daß er mich aus der Fassung gebracht hatte, und eilte weg.

Ein paar hundert Meter weiter hielt ich an und vergoß ein paar stille Tränen. Dabei beugte ich mich über die Karte und tat so, als würde ich sie studieren – die einzige Form von Privatsphäre, die ich finden konnte –, als plötzlich eine freundliche Stimme hinter mir fragte:

»Madame, warum weinen Sie denn?«

Dieses Vergießen von Tränen wurde beinahe zu einem Charakteristikum meiner Reise. Zuerst machte ich mir einige Sorgen deswegen, doch als ich später mit anderen Frauen sprach, die wie ich den Subkontinent bereist hatten, entdeckte ich, daß dies eine ziemlich normale und fast unvermeidliche Reaktion war, weil das Leben für Frauen in dieser von Männern so stark dominierten Gesellschaft ungemein schwierig und frustrierend ist.

Bei dieser Gelegenheit hätte ich am liebsten gleich nochmals losgeheult, denn die Stimme klang so gütig, doch gleichzeitig brachte mich die gewisse Lächerlichkeit meiner Lage zum Lachen. Während ich die Tränen hinunterschluckte, erzählte ich dem freundlichen Fragesteller, wie man mich aus dem Rasthaus gewiesen hatte und daß ich nicht wüßte, wohin ich nun gehen sollte. Er war ebenfalls ein Sikh, der bei der Armee diente, aber das pure Gegenteil des anderen. Er sagte mir, daß ich mir keine Sorgen machen müsse. Er wohne in einem nahe gelegenen Armeecamp im Quartier für Verheiratete und biete mir gastfreundlich sein Heim an – das heißt, sofern seine Frau mit dem Bus von Amritsar zurückkehre. Wenn nicht, sei es natürlich unziemlich für ihn, mich gastlich aufzunehmen, doch auch in diesem Fall könne ich ganz beruhigt sein, denn dann würde er mich zu einem Offiziersgefährten bringen, dessen Frau zu Hause sei. Ich war sehr froh, daß ich mich nicht ängstigen mußte, denn ich spürte, daß er ein Mann war, dem ich uneingeschränkt vertrauen konnte.

Seine Frau saß zwar nicht im Bus von Amritsar, doch mein Retter erinnerte sich plötzlich, daß seine Tochter ja schon fünfzehn sei. Von diesem Alter an gelte ein Mädchen als Frau, wenn ich also nichts dagegen hätte, könne er mir trotzdem mit völliger Schicklichkeit die Gastfreundschaft seines Hauses anbieten. Bevor wir eintraten, rief er seinen Sohn und seine Tochter heraus und stellte sie mir vor, damit ich mich vergewissern konnte, daß alles mit rechten Dingen zuging. Das Haus war sehr klein und einfach möbliert, aber komfortabel und sauber. Nachdem wir ein von der Tochter und einem jungen Diener zubereitetes Mahl gegessen hatten, verbrachten die Kinder mehrere Stunden mit ihren Schulaufgaben, während ihr Vater Gebete sang, was mir eine sehr willkommene Gelegenheit bot, in mein Reisetagebuch zu schreiben. Ich schätzte mich zwar glücklich, so häufig Gelegenheit zu haben, Einheimische kennenzulernen und Gast in ihren Häusern zu sein, doch es gab Zeiten, wo es der größte Luxus war, ganz für mich allein zu sein, ohne Konversation machen zu müssen oder Fragen zu beantworten.

Ich erwachte um sechs Uhr früh vom Gesang der Morgengebete meines Gastgebers. Der Tag sah vielversprechend aus. Weil die Gebete eine gute Stunde dauerten, wurde es neun Uhr, bis das Frühstück beendet und alle in dem winzigen Waschraum an der Reihe gewesen waren. Bevor ich losfuhr, versammelte sich die kleine Familie zu einem letzten Lebewohl, um mir Glück zu wünschen und mich einzuladen, auf der Rückreise wieder bei ihnen zu übernachten, und mir wurde ganz warm ums Herz von soviel Freundlichkeit. Schon bald mußte ich jedoch wieder anhalten und eine halbe Stunde damit verbringen, die Gangschaltung einzustellen. Das Fahrrad hatte die Nacht über im Zimmer des jungen Dieners gestanden, der der Versuchung wohl nicht widerstehen konnte und unbedingt herausfinden mußte, wie es funktionierte.

Die Straße nach Jammu hat einen fürchterlichen Belag. Sie führt in einem ständigen Hinauf und Hinunter durch eine zerschundene Landschaft aus Strauchwerk, zerschnitten von breiten, ausgetrockneten Flußbetten. Diese sind von riesigen Felsbrocken gesäumt, die mit den jährlichen Überschwemmungen des Monsunregens, der durch den Himalaja fegt, heruntergetragen wurden. Vermutlich waren es solche Felsblöcke gewesen, die die Betonplatten der Straße aufgescheuert, große Krater verursacht und stellenweise den Straßenbelag ganz weggerissen haben. Überall konnte ich Anzeichen von Versuchen feststellen, diese Flüsse zu zähmen und einzufassen, doch es sah nicht so aus, als würde man es demnächst schaffen. Es gab hier viele Menschen, die ihre kleinen, mit Steinen übersäten Felder bestellten. Auffallend waren die zahlreichen Frauen und Mädchen, denn die Leute hier sind meistenteils Sikhs oder Hindus und schränken ihre Frauen nicht dermaßen ein wie die Muslime. Ich sah eine Gruppe kleiner Jungen und Mädchen, die in einem schlammigen Teich ihre Büffel tränkten. Sie schwammen mit ihnen bis zur Mitte hinaus, kletterten auf ihre Rücken und sprangen von einem zum andern, ohne daß die Tiere etwas dagegen zu haben schienen. Am Ufer lag ein großer Wasserbüffel auf der Seite im Schlamm; auf seiner staubigen, von der Sonne gewärmten Flanke schlief ein winziges nacktes Kind.

Während ich diese köstliche Szene beobachtete, ging mir durch den Sinn, daß der Wasserbüffel wohl das wichtigste Tier auf dem Subkontinent sein dürfte. Obgleich die Brahminochsen viel schöner anzusehen sind, ist es der bescheidene Büffel, der von allen geliebt wird. Er wirkt seltsam mißgestaltet, denn sein mächtiger, formloser Körper bringt es fertig, ungeheuer fett und trotzdem knochig auszusehen. Über einer tiefen, fliehenden Stirn scheinen die Hörner seitlich an den Schädel geklebt und ragen über die blaßblauen, kurzsichtigen Augen. Die dicken, kurzen Beine, die den großen Körper stützen, sehen wie Baumstrünke aus. Insgesamt macht das Tier einen unzusammenhängenden Eindruck, als wäre es aus verschiedenen Stücken zusammengesetzt. Ich wußte von seinem mannigfaltigen Nutzen, vom Lasttier bis zum Lieferanten von Milch und Dung für Brennstoff. Ein weiterer offenbarte sich mir erst, als ich Delhi besuchte. In einem Land, wo die Kuh als heilig gilt und daher kein Rindfleisch gegessen wird, muß der Büffel diese Lücke ausfüllen. Büffelsteaks, Buffburgers und Büffelbraten bilden eine willkommene Abwechslung im Speisezettel jener, die es sich leisten können, Fleisch zu essen.

Bis Jammu waren es nur achtzig Kilometer, so daß ich trotz der schlechten Straßen frühzeitig dort ankam. Die Stadt liegt genau am Fuß des Himalajas, und die Eisenbahnlinie ist hier zu Ende. Reisende nach Kaschmir haben die Wahl, das Flugzeug zu nehmen, was etwa eine Stunde dauert, oder die alte Mogulhauptstraße zu benutzen, wofür der Bus einen ganzen Tag benötigt. Ich hoffte, daß ich es mit dem Fahrrad vielleicht in drei Tagen schaffen könnte.

Ich hatte vorgehabt, die Nacht in Jammu im Touristenzentrum mit seinen hundertachtundzwanzig Schlafräumen zu verbringen, doch obwohl es erst vier Uhr war, waren alle Zimmer bereits belegt, denn der Zug war noch vor mir angekommen. Als ich mich anschickte, das weitere Hotelangebot zu prüfen, hielt wie so oft ein hilfreiches männliches Wesen an und fragte, ob er mir helfen könne. Während ich ihn davon zu überzeugen versuchte, daß ich vorläufig wirklich keine Hilfe benötigte, eilte ein ganz junger Mann herbei. »Ich bin auch Christ«, sagte er. »Wo fehlt's denn?« Ich versicherte ihm, daß alles in Ordnung sei und ich mich nur in der Stadt umsehen wollte, um herauszufinden, in welchem Hotel ich bleiben könnte. Der junge Christ sah völlig entsetzt aus. Langsam gewann ich den Eindruck, daß männliche Inder ein Hotel nicht als passende Örtlichkeit für unbegleitete Frauen betrachten. Rückblickend glaube ich, daß das an ihrer festen Überzeugung liegt, unbegleitete Frauen benötigten in jeder Situation männlichen Schutz, was auf dem Subkontinent gar keine so unvernünftige Ansicht ist.

»Sie müssen mit mir zu Bischof William kommen«, meinte mein selbsternannter Beschützer. »Er weiß alles und wird sagen, wo Sie am besten gehen.«

Inzwischen hatte sich eine kleine Menschenmenge um uns versammelt, daher ging ich mit dem jungen Mann los, um Bischof William kennenzulernen. Unterwegs erzählte er mir, daß er ebenfalls William heiße.

»Ich bin nach der Bischof genannt. Er ist ein sehr gute, sehr freundliche Mann. Wegen ihm ich habe sehr gute Job in Bank. Ich glaube, alle lieben ihn hier. Er wird Ihnen sicher gefallen.«

William hatte völlig recht – diesen Bischof mußte man einfach gern haben. Später, als ich von Kaschmir zurückkehrte, verbrachte ich mehrere Tage bei ihm und seiner Frau und entwickelte eine ähnliche Achtung und Zuneigung zu ihm wie der junge William. Bei unserem ersten

Treffen nahm ich lediglich einen großen, älteren indischen Gentleman wahr, der vor guter Laune und Liebenswürdigkeit nur so sprühte. Als ich mich entschuldigen wollte, weil ich ihn unangemeldet stören würde, schien er echt überrascht. Wie konnte ein Besuch eine Störung sein? Sei es denn nicht immer gut, neue Leute kennenzulernen, fragte er lachend.

Beim Abendessen traf ich einen weiteren Gast, der dort wohnte, einen Schotten, dessen Tochter vor einem Jahr in Kaschmir verschwunden war. Sie war mit einem anderen Mädchen zusammen gereist. Die beiden befanden sich auf dem Weg nach Ladakh. Eines Morgens war sie allein weggegangen, um einen kurzen Spaziergang zu machen, und nicht mehr zurückgekehrt. Sie war gerade zwanzig, als sie verschwand. Trotz intensivster Nachforschungen hatte man seither nichts mehr von ihr gehört. Ich dachte an meine eigene Tochter im selben Alter, die zur Zeit Südamerika erforschte. Wie würde ich es ertragen, wenn ihr so etwas zustieße, ohne Gewißheit darüber, ob sie bereits tot oder noch am Leben war und irgendwo auf Rettung hoffte? Ich konnte mir kaum etwas Schlimmeres vorstellen. Dieser arme Mann hatte seit dem Vorfall die meiste Zeit damit verbracht, hin und her zu reisen, Anzeigen in Zeitungen aufzusetzen und jedem kleinsten Hinweis nachzugehen.

Nachdem wir gegessen hatten, kehrte der junge William zurück, um mich zu seiner Mutter mitzunehmen, die nicht bei guter Gesundheit war und selten ausging, aber sehr gern Besuch erhielt. Sie lebten in einem unhygienischen Ghetto mit offenen Abzugsgräben und engen, lehmigen Gäßchen zwischen winzigen, zusammengepferchten Häusern. In diesem Ghetto für römisch-katholische Christen, die ursprünglich Hindus der untersten Kaste gewesen waren, wurde Bischof William sehr verehrt, denn als er vor vielen Jahren erstmals hierhergekommen war, beschloß er, etwas für diese getretenen Menschen zu tun, obwohl er ein protestantischer Bischof war und sie nicht zu seinen Schäfchen zählten. Als er sah, daß es hier keine römisch-katholische Schule gab, ermöglichte er den Kindern den Zugang zur protestantischen Schule, damit sie eine Chance hatten, ihr Los zu verbessern. Ich kann mir vorstellen, daß der Widerstand gegen diese wahrhaft christliche Tat noch immer anhält. Das Elternhaus von William war schrecklich arm. Seine Mutter war etwa im gleichen Alter wie ich, sah aber uralt und runzelig aus. Sie hatte in solch erbärmlichen Verhältnissen zehn Kinder großgezogen, und dieser Sohn war der einzige, der sie jetzt unterstützte. Sie humpelte mühsam zu dem winzigen Küchenanbau, um Tee zu machen. Ich sagte William, daß ich keinen wollte, weil ich es nicht ertragen konnte, daß sie mir aufwartete, wo sie doch so offensichtlich krank war und Schmerzen hatte, doch er machte mir deutlich, daß sie zutiefst beleidigt wäre, wenn ich ablehnte. Also trank ich den Tee, und sie lächelte dabei und dankte mir gütig, daß ich extra hergekommen war.

Als wir durch die Basare zum Haus von Bischof William am Stadtrand zurückwanderten, schien das letzte Tageslicht auf die schneebedeckten Hänge, auf die ich am nächsten Morgen zufahren würde. Sie schienen weit weg und unendlich lieblich, in scharfem Kontrast zu all der Armut und dem Schmutz in der Stadt.

Um acht Uhr war ich schon auf und davon. Es war ein prächtiger sonniger Morgen. Die Straße stieg sofort an. Anfänglich mußte ich mich voll darauf konzentrieren, nicht abgedrängt zu werden, denn rund um mich herrschte ein unglaubliches Chaos aus unzähligen Bussen und Armeelastwagen. Am Steuer saßen Sikhs mit grimmigen Gesichtern, die mit heulenden Motoren um eine gute Ausgangsposition rangelten und Wolken von Abgasen in die jungfräuliche Luft entweichen ließen. Das Ganze wirkte eher wie der Start zu einem Grand Prix. Niemand wollte nachgeben, daher blieb mir nichts anderes übrig, als auszuweichen und sie ihre Machtkämpfe untereinander austragen zu lassen. Viele kleinere Scharmützel ließen ein oder mehrere Opfer zurück, welche die Straße blockierten, was mir jeweils Gelegenheit bot, durch eine kleine Lücke zu schlüpfen. Als ich höher kletterte, begannen sich zur Linken Abgründe zu öffnen, zur Rechten stiegen solide Felswände auf. Ausweichen konnte man nur über den Straßenrand, und ich stellte fest, daß bereits etliche Fahrzeuge die Brüstung durchbrochen hatten und in die Schlucht hinuntergestürzt waren.

Zwischen den Konvois war die Straße frei. Ich konnte die Szenerie genießen und mußte bloß gelegentlich ein Auge auf die Schlaglöcher haben. Einmal spielten Horden von Affen am Wegrand. Ich vermeinte zwei ganz verschiedene Arten zu unterscheiden, doch sie waren auf der Hut und liefen schnell weg, als ich anhielt. Wie überall seit Karatschi gab es auch hier die leuchtend grünen, langschwänzigen Papageien. Die Landschaft ist hier sehr abwechslungsreich. Wälder wechseln mit Buschland und terrassierten Hügeln ab, und unentwegt lagen die lieblichen, schneebedeckten Berggipfel als Blickfang vor mir.

Ich überquerte zwei Ketten eines Vorgebirges, die beide höher als alle Berge in Großbritannien waren, im Vergleich zu den Riesen dahinter jedoch bloß wie Hügel wirkten. Die Fahrt war herrlich, vor allem weil ich endlich wieder meine wenn auch ziemlich langen Shorts tragen konnte, ohne Anstoß zu erregen, da ich das Territorium der Muslime hinter mir hatte. Auf einem Fahrrad bieten Shorts deutliche Vorteile: Sie sind nicht nur kühler, sondern ziehen auch nicht ständig an den Knien wie lange Hosen. Der Anstieg war steil, aber stetig, was einen angenehmen Fahrtrhythmus erlaubte. Bereits um ein Uhr hatte ich die zweiundsiebzig Kilometer zum Rasthaus in Udhampur zurückgelegt, wo ich zum ersten Mal in einem dieser Häuser ohne Zwischenfall ein Zimmer aushandeln konnte. Es war nicht gerade ein Prunkgemach, zu dem mich der Chowkidar führte, und es hätte dringend gründlich gereinigt werden müssen, doch trotzdem war ich in Hochstimmung, daß ich es geschafft hatte, ein Zimmer zu bekommen, ohne daß mir ein männliches Wesen beistehen mußte. Ich versuchte gerade, die Englischkenntnisse des Chowkidar noch etwas mehr zu strapazieren und eine Mahlzeit zu arrangieren, als ich von einem Mann begrüßt wurde, der von kleinen, wolligen Hunden umgeben auf der Veranda des Rasthauses saß.

»Kommen Sie auf ein kaltes Bier«, sagte er. Nichts hätte einladender sein können, denn nach der Klettertour war ich erhitzt und durstig. Er erzählte mir, daß mich sein Wagen auf der Straße überholt habe, doch dann sei ein Defekt aufgetreten, weshalb er jetzt hier warte, bis sein Fahrer ihn behoben habe. Ich konnte einen weißen Mercedes in der Auffahrt stehen sehen, an dessen Motor sich ein uniformierter Chauffeur zu schaffen machte.

»Ich glaube, jetzt dürfte er bald wieder in Ordnung sein«, meinte der Mann. »Ich kann Sie bis nach Srinagar mitnehmen. Auf dem Dach ist Platz für Ihr Rad.« Ich dankte ihm für sein freundliches Angebot und versuchte ihm begreiflich zu machen, daß ich zum Vergnügen und nicht aus Notwendigkeit mit dem Fahrrad reiste. Ich erzählte ihm von meiner bisherigen Tour und was ich noch alles vorhatte, doch wie ich sehen konnte, fand er das Ganze völlig unverständlich, daher wechselte ich das Thema und fragte ihn über ihn selbst und seine Hunde aus. Er war eine hochgestellte Persönlichkeit, verantwortlich für Gefängnisse in Jammu und Kaschmir, zudem war er ebenfalls Christ und kannte Bischof William. Wie er mir sagte, tat er sein Bestes, um die Gefängnisse zu reformieren und die Gefangenen unter seiner Obhut zu rehabilitieren. Während wir uns unterhielten, kamen ständig Männer zu ihm hin, verneigten sich respektvoll mit einem Salam und hörten ehrerbietig zu, wenn er ihnen Befehle erteilte. Sehr bald erschienen Teller mit Essen und noch mehr Bier. Alles war köstlich – ein wahres Fest. Ich fragte mich, weshalb ich denn nicht selber solche Dinge hervorzaubern konnte, doch ich mußte mir eingestehen, daß ich ja leider keine V. I. P. war und mir ein solches Leben wohl kaum zusagen würde – und für Gefängnisse wollte ich schon gar nicht verantwortlich sein.

Währenddessen liefen die fünf kleinen, wollenen Hunde, alle von derselben speziellen tibetischen Rasse, dauernd weg und wurden aber immer wieder sofort zurückgebracht. Inzwischen war ich vom Bier ziemlich schläfrig geworden und konnte kaum noch meine Augen offenhalten. So war ich einigermaßen erleichtert, als der Chauffeur kam, Salam sagte und verkündete, der Wagen stehe bereit. Alle standen in respektvoller Haltung herum, während der hohe Beamte und seine Hunde in den Mercedes stiegen. Bevor er losfuhr, erhielt auch ich meine Anweisungen. Es tue ihm leid, daß ich nicht mitfahren wolle, doch er betrachte mich noch immer als seinen Gast. Mein Abendessen sei auf sieben Uhr bestellt worden, ein ganzes Huhn – ich solle mich doch bitte vergewissern, daß es wirklich ein ganzes Huhn sei, denn diesen Leuten hier könne man nicht immer trauen. Er hatte auch heißes Wasser für ein Bad für mich geordert, einem Mann aufgetragen, meine Kleider zum Waschen zu bringen, sowie ein Frühstück, Proviant für die nächste Tagesreise und noch mehr Bier bestellt. Alles sei bereits bezahlt, ich solle den Leuten nichts mehr geben. Das einzige, was ich herausbrachte, war ein »Dankeschön!«. Als er weggefahren war, wurde ich in ein viel hübscheres Zimmer umquartiert, wo man mir den Rest des Tages allerlei Leckereien vorsetzte. Es war entschieden von Vorteil, der Gast eines V.I.P. zu sein.

Die nächste Bergkette stieg auf über zweitausendeinhundert Meter an; eine Klettertour von fünfzig Kilometern mit Haarnadelkurven alle paar hundert Meter. Ich war früh aufgebrochen, während es noch kühl war, und so hatte ich die ersten anderthalb Stunden die Straße ganz für mich allein. Es war die reinste Wonne, zu dieser Tageszeit die leichten Steigungen hochzufahren und die reine Bergluft einzuatmen, die voll vom Duft verschiedener Gewächse und von lautem Vogelgesang erfüllt war. Jede der steilen Bergflanken war in unzählige kleine Felder aufgeteilt, von denen manche nicht größer als ein Tischtuch waren. Auf diesen Terrassen standen verstreut flache Lehmhäuser. Die Leute, die das Land bearbeiteten, sahen sehr arm und gebeugt aus und schienen frühzeitig gealtert. Sie reagierten nicht, wenn ich ihnen zum Gruß zuwinkte. Ich kam auch an Gruppen von Nomaden vorbei, die ihre Herden zu den höher gelegenen Weiden hinauftrieben und deren Kinder stolz die kleinsten Lämmer trugen. Diese Menschen wirkten besser gekleidet und wohlgenährter, und sie winkten und lächelten mir zu.

Je höher ich kletterte, desto euphorischer fühlte ich mich, bis mich die Konvois zu überholen begannen. Danach mußte ich mich voll aufs Überleben konzentrieren. Die Buskonvois waren relativ harmlos, da sie selten aus mehr als fünf Fahrzeugen bestanden und die Sikhs zwar verwegen, aber sehr gekonnt fuhren und mir gerade genügend Platz ließen, daß ich nicht von der Straße gedrängt wurde. Die eigentliche Gefahr kam von den Armeelastwagen. Davon gab es buchstäblich Tausende – ein einziger Konvoi, der mich an jenem Tag überholte, zählte 319 Lastwagen nebst Jeeps und weiteren Militärfahrzeugen. Viele Fahrer schienen am Steuer zu schlafen, denn sie scherten oft unvermittelt und ohne die geringste Veranlassung aus der Kolonne aus, und da auf diesen Straßen kaum genügend Platz für zwei nebeneinander fahrende Wagen war, konnte schon der kleinste Fehler fatale Folgen haben. Zum Glück lagen die Abgründe diesmal auf der rechten Straßenseite (in Indien herrscht Linksverkehr), so daß mir schlimmstenfalls widerfahren konnte, gegen die Felswand gequetscht zu werden. Diese Felswände trugen in riesigen Buchstaben aufgemalte Ermahnungen wie beispielsweise: »*Wer hastig fährt, liegt bald verkehrt*«, »*Vorsichtig fahren – Kräfte sparen*« oder »*Wer hetzt, kommt zuletzt*«. Mein Lieblingsspruch fragte mit geradezu zenartiger Schlichtheit: »*Wozu die Eile?*« Gemessen an der Anzahl der durchbrochenen Stellen in der Brüstungsmauer scheinen diese mahnenden Texte jedoch keine große Wirkung zu haben.

Der Grund für die militärische Präsenz in dieser Himalajaregion liegt darin, daß dieses Territorium noch immer umstritten ist: Es zählt zu Indien, wird aber von Pakistan beansprucht. Eine kleine Streitmacht der Vereinten Nationen dient zur Friedenssicherung und hält ständig Wache. Hinter den Pässen liegen in nicht allzu großer Entfernung weitere verletzliche Grenzen zur Sowjetunion und zu China. Es war also ziemlich klar, weshalb soviel unwillkommener Verkehr herrschte. Unverständlich blieb mir jedoch, weshalb sämtliche Motorfahrzeuge auf dem Subkontinent solche fürchterlichen Mengen giftiger Abgase ausstoßen müssen – dicke Schwaden eines Zeugs, das meine Kleidung in Minutenschnelle schwarz färbte und wer weiß was für Schäden in meinen Lungen anrichtete. Als ich das Ende des Anstiegs erreichte, schnappte ich nach Luft wie ein gestrandeter Fisch. Hier oben, auf mehr als zweitausendeinhundert Metern Höhe, lag Schnee, und es war sehr kalt, was ich während des Anstiegs gar nicht bemerkt hatte. Ich verzichtete darauf, die Aussicht zu bewundern, und machte, daß ich auf der anderen Seite schnell wieder hinunterkam. Schon nach wenigen Minuten war ich neunhundert Meter tiefer.

Den Rest des Tages war meine Route ständig von Erdrutschen blockiert, die durch die jüngsten ungewöhnlichen Regenfälle ausgelöst worden waren und die Straße verschüttet hatten. Viele Leute waren damit beschäftigt, den Schutt abzutragen, doch häufig war die Strecke völlig blockiert und nur für ein Fahrrad passierbar. Jetzt war ich an der Reihe, viele der Konvois zu überholen, die vorher an mir vorbeigebraust waren, einschließlich jener endlos langen Militärkolonne. Die Abgründe lagen jetzt wieder links. Ein wirbelnder Fluß voller Baumstrünke brauste das Tal hinunter, während ich mich ein weiteres Mal hochkämpfte.

Ich erreichte die kleine Ansammlung aus verfallenen Gebäuden, welche die Stadt Ramban bildete, eine Stunde vor Einbruch der Nacht. Eins davon war das Rasthaus. Trotz des starrenden Schmutzes bot es für mich einen willkommenen Anblick, denn nach recht strapaziösen hundert Kilometern Weg war ich ziemlich müde. Ich erhielt eine ganze Suite – ein großes Doppelschlafzimmer, ein etwas kleineres Ankleidezimmer und ein Badezimmer von palastartigen Dimensionen –, die von einer einzigen 15-Watt-Glühbirne beleuchtet wurde. Dies alles kostete mich den Gegenwert von einem Pfund fünf Pence sowie fünfundzwanzig Pence extra für Bettzeug, was kaum ein Vermögen zu nennen war. Für ein paar zusätzliche Glühbirnen hätte ich gerne etwas mehr bezahlt, doch als ich dies dem Chowkidar mitteilte, meinte er nur: »Kein Problem. Hier Elektrisch funktionieren nicht sehr gut. Später ich bringen Kerze.« Er war ein sehr freundlicher Mann und sprach Englisch, was ungewöhnlich für einen Chowkidar ist. Er versprach, in wenigen Minuten mit einem »extraspeziellen Abendessen« zurück zu sein. Und er hielt Wort. Nach erstaunlich kurzer Zeit war er wieder da, eine Flasche Bier unter einen Arm geklemmt, während beide Hände ein großes Tablett umklammert hielten. Sein freundliches Lächeln war jetzt ein alarmierendes Grinsen geworden, bis ich merkte, daß das, was ich im trüben Schimmer, den die 15-Watt-Glühbirne verstreute, für ein riesiges Gebiß gehalten hatte, bloß eine halbe Kerze war, die er zwischen den Zähnen hielt. Er richtete alles sehr stilvoll und mit viel Schwung her, während mir vor Erwartung das Wasser im Mund zusammenlief. Bevor ich den Deckel vom ersten Gericht gehoben hatte, stand er schon wieder unter der Tür und verbeugte sich höflich.

Das Essen war scheußlich. Es war eindeutig das Gräßlichste, was mir je serviert wurde, einschließlich einiger unschöner Erinnerungen an Schulmahlzeiten. Es bestand hauptsächlich aus Reis, Currygemüse und *dal,* den nahrhaf-

Pakistani-Mädchen beim Spinnen

Auf einem einfachen Bauernhof in Sind macht eine
Frau Chapattis

Beim Rauchen der Huka vor Badurs Haus

Freundliche Schafhirten im Pandschab (Pakistan)

Ochsen mit verbundenen Augen betreiben eine Zuckerpresse
(Pandschab)

Straßenfriseur in Lahore

Verächtlich blickende indische Jungen, stellvertretend für
unzählige auf meiner Route

Typisches »Hotel« in Himachal Pradesh

Langtang-Tal, Tibeterin und angeschirrter Yak auf über
4200 m Höhe

Korbträger, Langtang-Tal (Nepal)

Nepalesische Straßenarbeiter in Himachal Pradesh (man beachte das Seil um den Schaft der Schaufel für zwei Personen)

Bushaltestelle am Fuß des Khaiber-Passes

Frau aus dem Kulu-Tal

Terrassiertes Hochtal an der Straße nach Kaschmir

Teil des tibetanischen Flüchtlingslagers im Kulu-Tal

Geisterverbrennungszeremonie im Dorf Tamary auf dem Weg
nach Langtang (Nepal)

Mutter und Kind, Kulu-Tal

Mittelalterliches Dorf im Kulu-Tal (Himachal)

Eingang zu einem Schrein in Katmandu

Sikh-Busfahrer in einem verspäteten Konvoi (Kaschmir)

Kind auf den Tempelstufen, Katmandu

Zudringliche Nepali-Jungen auf der Suche nach »Paisa«
von Touristen

ten und bekömmlichen, wenn auch nicht sehr spannenden Standardgerichten also. Nachdem ich diesen Reis, der übrigens eiskalt war, gekostet hatte, kam ich zum Schluß, daß er vermutlich schon mehrere Tage in seinem gegenwärtigen zermatschten Zustand herumgestanden hat und sich währenddessen recht viel fremdes Zeugs darin ansammelte, Asche aus dem Küchenfeuer, vereinzelte Fliegen und anderes. Der Dal befand sich in einem fortgeschrittenen Verfallsstadium und war ebenfalls kalt. Das Gemüse hätte wahrscheinlich keinen bleibenden Schaden angerichtet, da es genügend Chili enthielt, um es für immer zu konservieren, doch ich bin sicher, daß es mir die Magenschleimhaut weggeätzt hätte, daher wollte ich es lieber nicht riskieren und wandte meine Aufmerksamkeit statt dessen der letzten Schüssel zu. Dies war das »Extraspezielle«. Ich wußte, daß es Fleisch sein mußte, denn es bestand hauptsächlich aus großen Knochenstücken, an denen steinharte Fragmente von Sehnen hingen. Die Bratensoße, in der sie schwammen, spottete jeder Beschreibung.

Ich ernährte mich von Apfelsinen und Bier, und da es in dieser Höhe sehr kalt wird, sobald die Sonne untergegangen ist, legte ich mich ins Bett, um bei Kerzenlicht in mein Reisetagebuch zu schreiben. Um halb neun Uhr schlummerte ich langsam ein. In Gedanken freute ich mich schon auf einen frühen Start, damit ich am folgenden Abend Srinagar erreichen und den Luxus eines guten Essens mit viel Komfort genießen konnte. Wer gut reisen will, muß optimistisch bleiben!

In der Nacht regnete es. Selbst im Schlaf merkte ich, daß es regnete, wollte es jedoch einfach nicht wahrhaben. Schließlich blieb mir gar nichts anderes übrig, denn es schüttete aus allen Wolken, so wie es in Pakistan geregnet hatte, und der Lärm auf dem Blechdach war wie Donnergrollen. Bevor die Morgendämmerung anbrach, wußte ich bereits, daß heute an ein Weiterfahren nicht zu denken war. Die Straßen waren zu Flüssen geworden, und von den

Berghängen würden sich in immer neuen Erdrutschen Massen von Geröll und Schlamm ergießen. Ich war völlig deprimiert, als ich daran dachte, einen weiteren Tag in diesen dunklen, trostlosen Zimmern verweilen zu müssen.

Um acht kam das Frühstück. Ich hatte es gestern abend auf sieben Uhr bestellt, doch der Chowkidar meinte fröhlich: »Nicht nötig frühe Frühstück. Memsahib heute nicht reisen, sehr viel Schnee auf Berg.« Das Frühstück bestand aus gekochten Eiern und Tee und war verglichen mit dem Abendessen ein Riesenfortschritt. Der Chowkidar ließ keine Bemerkung wegen des unberührten Essens fallen, sondern schlug nur vor, ihm zu bezahlen, was ich bis jetzt schuldete. An der Schlafzimmerwand hing eine Liste, auf welcher die Preise für sämtliche Nahrungsmittel und Dienstleistungen aufgeführt waren. Alle Rasthäuser haben eine solche Liste. Es ist auch wirklich eine gute Idee, wenigstens in der Theorie. In der Praxis funktioniert es jedoch nicht unbedingt, auch in diesem Fall nicht, denn der Chowkidar berechnete mir etwas mehr als das Doppelte des korrekten Betrags, und ich hatte nicht den Mut, etwas dagegen einzuwenden.

Es war ein trostloser Tag. Drinnen war es fast pechschwarz, denn durch die schmutzigen Fenster, vor denen eine breite Veranda lag, konnte nur wenig Licht eindringen. Ich hatte nichts zum Lesen dabei, und nachdem ich das Fahrrad gereinigt hatte, was angesichts des Terrains, das vor mir lag, eine ziemliche Zeitverschwendung war, fiel mir nichts mehr ein. Gegen vier Uhr ließ der Regen leicht nach. Ich zog meinen Regenschutz an und ging hinaus, doch draußen war es ebenso deprimierend. Die wenigen kleinen Hütten schwammen in einem Meer von Schlamm, und der turbulente Fluß war zu einem reißenden Strom gelben Wassers angeschwollen, der mit alarmierender Geschwindigkeit talabwärts stürzte. Ich spazierte ein wenig herum und wurde trotz der Windjacke tropfnaß.

Als der Chowkidar kam, um das Abendessen zu besprechen, versuchte ich ein Feuer zu bestellen, weil ich schrecklich fror. Der Chowkidar meinte, das sei leider nicht möglich, aber statt dessen werde er mir einen *kaschmiri kangree* bringen. Weil ich nicht wußte, was das war, fragte ich ihn vorsichtshalber: »Wieviel?« – »Oh, gar nichts«, erwiderte er. »Ich bringe private Kangree.« Er kam mit einem Korb zurück, der eng um einen irdenen Krug geflochten war, welcher glühende Holzkohlestücke enthielt. Der Chowkidar entfernte die Decken vom Bett und bedeutete mir, mich mit angezogenen Knien hineinzusetzen. Dann stellte er den Kangree zwischen meine gebeugten Knie und legte die Decken wieder darüber. Darauf wandten wir uns wieder der Frage des Abendessens zu. Ich hatte die gedruckte Preisliste neben meinem Bett und wies auf die Zeile mit »Huhn, Reis, Dal, Chapatti und Salat, RS 10«. Der Chowkidar nickte unschlüssig und ging weg. Er kam sogleich wieder zurück.

»Kein Huhn, Memsahib, dafür schöne Schaffleisch.« Ein scharfer, sengender Geruch ließ ihn unter meine Decken tauchen – gut, daß ich vollständig bekleidet war. Er häufte Asche auf die Glut und stellte den Kangree wieder hin, worauf wir unsere kulinarischen Probleme wieder in Angriff nehmen konnten.

»Das Fleisch gestern abend war ungenießbar«, sagte ich zu ihm.

»Nein, nein, nicht hart, weich, weich«, sagte der Chowkidar. »Meine Verantwortung.«

Das hieß also, daß ich das Doppelte bezahlte, wenn ich es nicht essen mochte, dachte ich zynisch, doch da ich moralisch in der schwächeren Position war, weil ich mit seinem privaten Kangree im Bett lag, kapitulierte ich: »Also gut. Aber keine Knochen.«

»Knochen? Was ist Knochen?« fragte der Chowkidar mit tiefstem Argwohn. Nach einer langwierigen und erschöpfenden Erläuterung, was Knochen waren, hoffte ich, daß er kapiert hatte, und war gespannt, was jetzt wohl kommen würde. Ich war so hungrig, daß ich alles gegessen hätte. Ich hätte es mir denken können – es war das Fleisch von gestern, das »schöne Schaffleisch«, vom Knochen abgelöst und zäher als Schuhleder. Die Chapattis und der Salat aus rohen Zwiebeln waren das einzige, was genießbar war. Diesmal war ich jedoch mutiger und legte mich mit dem Chowkidar an, worauf der Preis der Mahlzeit auf acht Rupien reduziert wurde. Als ich zu Bett ging, nahm ich mir vor, morgen bei jedem Wetter abzureisen, wenn ich hier nicht jämmerlich zugrunde gehen wollte.

Als ich am folgenden Tag um sieben Uhr aufbrach, regnete es nur noch leicht. Der Chowkidar war nirgends zu finden, daher legte ich ihm das Geld hin, das ich ihm schuldete, samt einem kleinen Trinkgeld für die Benutzung des Kangrees, und ging in dem schrecklichen kleinen Basar auf die Suche nach einem Omelett. Als ich das Omelett verdrückt hatte, war der Himmel etwas weniger bedeckt, und der Regen hatte ganz aufgehört. Ich nahm den Anstieg in Angriff. Zu meiner Linken wurden die Abgründe steiler, und die Talsohle rückte noch weiter weg. Zur Rechten war das Gestein auf den Felswänden lose und in ständiger Bewegung. Ich passierte soeben eine Stelle, wo vor kurzem ein Steinschlag erfolgt war und zwei Männer auf Händen und Knien die letzten Trümmer wegräumten, als ich sah, wie sich die Felsen über mir zu bewegen begannen. Zum Glück erstarrte ich nicht vor Schreck, was mich das Leben hätte kosten können, sondern fuhr weiter und schrie den Männern, die sich der Gefahr nicht bewußt waren, zu. Wir brachten uns alle drei mit knapper Not in Sicherheit, während das Gestein hinter uns auf die Straße krachte. Diesmal hätte es mich um ein Haar erwischt. Die häufigen Erdrutsche im weiteren Verlauf des Tages waren dagegen vergleichsweise harmlos. Meist konnte ich mir ausrechnen, ob noch Zeit blieb, um vorbeizukommen – die Notwendigkeit, einen steten Rhythmus beizubehalten, wenn man den ganzen Tag sehr steile Strecken hinauffährt, hat selbst gegen-

über Angst Vorrang. Die Behörden versuchen diese abbröckelnden Hänge durch das Anpflanzen von Bäumen zu
stabilisieren, und wo dies geschehen ist, gratulieren sie sich
selbst mit Inschriften wie: »*Dies war einmal Erdrutschgebiet,
aber wir haben es befestigt – Forstamt Batale*«. Weitere Auf-
schriften am Weg, die mich aufmunterten, lauteten: »*Ver-
liere nicht die Nerven in den steilen Kurven*« oder »*Nur mit
ruhigen Nerven kannst Du den Reiz dieses Tals genießen*«.
Mein Rad war das einzige Gefährt, das sich den Berg hoch
bewegte, alle anderen waren von den Erdrutschen aufgehalten worden. Gelegentlich kamen jedoch Fahrzeuge von
oben, und in einer der »steilen Kurven« brausten mir etwa
zwanzig Armeelastwagen Stoßstange an Stoßstange mit
Vollgas entgegen, während ein Jeep mit noch größerer Geschwindigkeit neben ihnen herfuhr. Ich weiß nicht, wie ich
das überlebte. Ich hatte weder Zeit zum Überlegen noch
Platz, auszuweichen. Irgendwann begriff ich, daß ich mich
soeben haarscharf zwischen dem Jeep und den Lastwagen
durchgezwängt hatte; zitternd vor Schock und Wut blieb
ich kurz stehen.

Nach drei Stunden beständiger Bergfahrt verspürte ich
Hunger und entdeckte ein höhlenartiges Café, das in die
Bergflanke hineingebaut war. Ein schmutzstarrender kleiner Junge machte in einer großen eisernen Schüssel voller
Fett Pfannkuchen. Es waren süße Pfannkuchen, fettig und
sättigend. Ich hätte ein Dutzend davon essen können, doch
nach dreien hörte ich auf. Das war gut so, denn sie verursachten mir später ziemliche Bauchschmerzen.

Dann mühte ich mich wieder ab. Die Steigung nahm
kontinuierlich zu, und die Luft wurde merklich dünner und
schwieriger zum Atmen. Es konnte jetzt nicht mehr lange
dauern, denn meine Karte zeigte mir, daß der Paß 2917 m
hoch lag und ich schon auf über 2700 m Höhe sein mußte.
Seit etwa einer Stunde lag rundherum Schnee. Als ich
anhielt, um ein Foto zu machen, spürte ich die intensive
Kälte. Seit mehreren Stunden hatte ich kein Lebewesen

mehr erblickt. Wer konnte schon in dieser öden, trostlosen Landschaft sein Leben fristen? Mich schauderte beim Gedanken, vielleicht eine Nacht hier oben verbringen zu müssen, wenn irgend etwas schiefging. Die Straße führte in einem scheinbar endlosen Band aus engen Kurven und trügerischen Bergkämmen immer weiter, bis ich glaubte, daß ich das Ende nie erreichen würde. Doch plötzlich war ich oben.

———

11

Die Mogulherrscher, die das Tal von Kaschmir zum Ort ihrer Sommervergnügen gemacht hatten, hätten nicht wie ich spät im März herkommen können, denn in jenen Tagen gab es noch keinen Tunnel, und die letzten paar hundert Fuß dieses Gebirges waren ohne ihn bis Ende Mai unpassierbar. Aus ihren *palankins*, den prächtigen Sänften, in denen die Moguln saßen, fiel ihr erster Blick auf das sagenhafte Tal, auf kristallklare Seen und weite Flächen mit Mandelbäumen, die von Wolken rosafarbener Blüten bedeckt waren, während die ganze Szenerie ringsum von schneebedeckten, vor einem blauen Himmel leuchtenden Gipfeln umschlossen wurde. Dank der modernen Ingenieurstechnik war es mir vergönnt, durch kalten, treibenden Nebel auf einen schwach sichtbaren Morast hinunterzublicken. Es war keine einladende Aussicht. Ich hatte immerhin Glück, wenigstens das zu sehen, denn als ich mich dem Tunneleingang genähert hatte, war ein Soldat hervorgetreten, um mir den Weg zu versperren. »Kein Licht«, hatte er mir barsch zugebrüllt und mich zu einer Kolonne wartender Fahrzeuge gewinkt. Ich konnte sehen, daß es im Tunnel tatsächlich keine Beleuchtung gab. Er ist mehr als zwei Kilometer lang, verläuft aber so schnurgerade, daß das Fünklein Tageslicht am anderen Ende gerade noch sichtbar war. Ich sagte dem Soldaten, daß ich sehr vorsichtig fahren und absteigen würde, wenn das Licht zu trübe wurde, worauf er mich am Arm packte und mich wegzuzerren begann. Ziemlich verärgert schüttelte ich seine Hand ab, was ihn aus irgendwelchen Gründen zur Weißglut trieb. Er hob auf sehr bedrohliche Weise die Faust, doch zum Glück stürzte ein Offizier herbei und zog den Soldaten weg. Während er ihm eine gesalzene Strafpredigt hielt, ergriff ich die Gelegenheit und entwischte in den Tunnel. Ich konnte an nichts anderes mehr denken, als dieser unangenehmen Situation möglichst schnell zu entfliehen. Ich war etwa so weit gelangt, wie das Tageslicht reichte, als hinter mir ein Fahrzeug in den Tunnel fuhr. Der Motorenlärm dröhnte gegen die Tunnelwände. Einen Moment lang geriet ich in Panik und glaubte, die Armee sei hinter mir her, doch dann überlegte ich mir, daß man mich wohl kaum kaltblütig überfahren würde. Also fuhr ich weiter und radelte, so schnell ich nur konnte, in der Mitte der Straße im Scheinwerferlicht des nachfolgenden Fahrzeugs, das mir den Weg beleuchtete. Es gab einen oder zwei kritische Momente, als das Hinterrad auf den unebenen, zerborstenen Bodenplatten ins Schliddern kam, doch schließlich hatte ich es geschafft. Erst jetzt bemerkte ich, daß hinter mir kein Armeefahrzeug fuhr, sondern ein Privatauto, dessen Fahrer meinem Beispiel gefolgt war und sich dem Militär widersetzt hatte. Dann kamen sie einer nach dem andern durch, Personenwagen und Busse, und alle riefen mir im Vorbeifahren »Schabasch« (gut gemacht) zu.

Auf dieser Seite von Kaschmir war es viel kälter, und es wehte ein tückischer, schneidender Wind. Ich hielt mich nicht lange mit der reizlosen Aussicht auf, sondern sauste die sechzehn Kilometer lange Abfahrt hinunter, so schnell es der Straßenbelag erlaubte. Unten gab es ein Touristencafé, wo ich eine kleine Sensation hervorrief, da dort niemand je davon gehört hatte, daß ein Radfahrer über den Banihal-Paß gekommen war. Und so gab es »Schabasch« und Händeschütteln in der ganzen Runde und mehr Angebote für eine Tasse Tee, als ich trinken konnte.

Dies war eine meiner zwei angenehmen Erinnerungen an Kaschmir. Als ich Srinagar erreichte, konnte ich kaum warten, bis ich wieder wegkam. Daran waren nicht nur die unerbittliche Kälte und der pausenlose Regen schuld, obwohl beides bereits reichte, daß ich mich so schnell wie möglich wieder nach Süden absetzen wollte. Srinagar ist eine einzige große Touristenfalle. Überall drängten sich Horden von Schleppern um mich, priesen sofort marktschreierisch ihre Waren an und versuchten mich irgendwohin mitzunehmen, wohin ich nicht gehen wollte. Es schien unmöglich, etwas auszuhandeln, ohne übers Ohr gehauen zu werden – von einem Zimmer zum Übernachten bis zum Abholen meiner Post. Die wenigen europäischen Besucher, die ich dort antraf, hatten alle ähnliche Erfahrungen gemacht und waren gleichermaßen desillusioniert.

Es bestand noch monatelang keine Möglichkeit, nach Ladakh durchzukommen, daher beschloß ich nach drei Tagen, wieder nach Jammu zurückzukehren und die Himalajatäler von Himachal Pradesh von Süden her zu bereisen.

Hinauszukommen war schwieriger, als hereinzukommen. Man teilte mir mit, daß die Straße durch massive Erdrutsche inzwischen völlig blockiert sei und es nur Konvois gestattet würde, mit einer Militäreskorte hinunterzufahren, sobald sie vom Schutt befreit war. Im Touristeninformationsbüro riet man mir, ich solle versuchen, mir einen Platz in einem der Busse im ersten Konvoi zu sichern, der am folgenden Morgen losfahren sollte. In dem riesigen Busdepot, wo ich mich anstellen mußte, begegnete mir Lateef. Ich versuchte gerade, eine Horde aufdringlicher Schlepper abzuschütteln, mein Fahrrad dabei nicht aus der Hand zu lassen und gleichzeitig dem Schalterbeamten die Fahrkarte zu bezahlen, als jemand inmitten der vielen Leute hinter mir fragte: »Weshalb haben Sie es denn so eilig, wieder wegzufahren?« Über meine Schulter sagte ich: »Weil ich es hasse hier, den Nepp, das Wetter, den Dreck, die Schlepper, einfach alles.« Niemand in der Menge äußerte ein Wort. Langsam löste sie sich einfach auf, bis nur noch der Mann übrigblieb, der die Frage gestellt hatte, und das war Lateef – ein adrett gekleideter, freundlich aussehender Mann von etwa fünfunddreißig Jahren. Er fragte, ob er mich zu einer Tasse Kaffee einladen dürfe, bei der wir uns über die »unglückseligen Gefühle« unterhalten könnten, die ich Kaschmir gegenüber hegte. Ich willigte ein, sofern er mir versprach, keinen Versuch zu machen, mir etwas zu verkaufen, und ich den Kaffee selbst bezahlen konnte – ich war wieder in Muslimland und wollte um jeden Preis die weibliche Gleichberechtigung aufrechterhalten. Eigentlich war es eine Erleichterung, jemandem von all den kleinen Ärgernissen und Frustrationen der vergangenen zwei Tage zu erzählen – wie ich unter dem Vorwand »Nur schauen, Memsahib« auf ein Hausboot gelockt und buchstäblich erpreßt worden war; wie ich dem Betrag für eine Mahlzeit zugestimmt hatte und man mir darauf jeweils das Doppelte berechnete und so weiter. Lateef bekundete Entsetzen über meine Abenteuer, obwohl ich kaum glauben konnte, daß er nicht wußte, daß solches hier die Regel war. Er fragte mich, ob ich mit ihm zurückgehen und seine Familie kennenlernen möchte. Wenn es mir zusage, könne ich die Nacht bei ihnen verbringen. Er erklärte, daß ich ihm einen großen Gefallen tun würde, falls ich bereit sei, ihm nach so »unglücklichen Erlebnissen« noch zu vertrauen. Ich hatte eigentlich nichts zu verlieren und willigte ein. Wenn es mir nicht paßte, konnte ich immer noch weggehen.

Lateef lebte auf einem von drei Hausbooten, die im Besitz seiner Familie waren. Mein letzter Argwohn zerstreute sich schnell, als ich seine reizende Familie traf, vor allem die drei entzückenden Kinder, zwei Jungen von zehn und fünf Jahren sowie ein achtjähriges Mädchen. Alle drei sprachen etwas Englisch, denn obwohl sie Muslime waren, besuchten sie die römisch-katholische Missionsschule. Lateefs Frau und seine Mutter konnten kein Englisch, nahmen mich jedoch sehr herzlich auf. Die Frau sagte ihm, daß ich so aussehen würde, als sei mir »bis auf die Knochen kalt«; sie holte Decken, einen Kangree und ein spezielles Kaschmirgewand, um mich darin einzuwickeln. Das Kleidungsstück glich einer Fischerjoppe, nur war es viel länger, weniger eng anliegend und aus einem dicken Deckenstoff gefertigt. Es hatte sehr enge Ärmel, doch meist blieben die Hände einfach darunter versteckt. Erwachsene wie Kinder trugen diese praktische Joppe und darunter ihren Kaschmir-Feuertopf, den Kangree, was allen, auch den kleinen Jungen, ein hochschwangeres Aussehen gab. Ich kann aus eigener Erfahrung bezeugen, daß dies ein sehr passendes und behagliches Gewand für ein kaltes und feuchtes Klima ist.

Das erste Mal seit Tagen war mir wieder herrlich warm. Ich saß auf einem Kissen auf dem mit Binsenmatten bedeckten Fußboden. Das Boot wiegte sich sanft in den Wellen des vorbeiziehenden Verkehrs auf dem See. Während die Frauen Gemüse zubereiteten, machten die Kinder ihre Hausaufgaben. Sie lasen mir alle auf englisch etwas vor und zeigten mir auch ihre anderen Lehrbücher, die ich ziemlich dürftig fand. Ihr Wissensstand war jedoch jenem von englischen Kindern durchaus ebenbürtig, ausgenommen vielleicht in Mathematik, und der kleine, erst fünfjährige Lateef war den meisten englischen Jungen seines Alters sogar weit voraus. Lateef war offensichtlich stolz auf seine Kinder und hatte bereits Pläne für ihre Zukunft geschmiedet. Der ältere Junge war das Kind seiner Schwester und sollte mit Lateefs Tochter verheiratet werden, so daß sie zusammen das Geschäft mit den Hausbooten weiterführen konnten. Der kleine Lateef würde noch ein paar Jahre Unterricht nehmen und dann mit seinem Vater zu arbeiten beginnen. In seinen Plänen war kein Platz für die geringste persönliche Wahl seitens der Kinder, was mich etwas frösteln ließ. Es ließ mich auch frösteln, als er erzählte, daß er es für richtig hielt, wenn Gewohnheitsverbrecher in den Gefängnissen von Bombay zur Abschreckung verstümmelt und geblendet würden. Er konnte nicht verstehen, daß irgend jemand etwas gegen diese Praxis einzuwenden hatte, wo sie doch bestens funktioniere und Bombays Kriminalitätsrate angeblich drastisch gesunken sei. Er wäre natürlich von vielen westlichen Sitten ebenso schockiert gewesen, in erster Linie sicher von der Freiheit der jungen Leute, sich ihren eigenen Ehepartner auszuwählen. Nichts von alledem konnte jedoch das Vergnügen mindern, das ich in seiner Gesellschaft empfand, und ich hörte fasziniert zu, was er mir über sein Arbeitsjahr berichtete.

Im Spätsommer streift Lateef durch die Berge auf der Suche nach Edelsteinen – Saphir, Topas, Lapislazuli und viele andere – und tauscht sie zuweilen mit herumziehenden Tibetern und Nomaden gegen andere ein. Den Winter verbringt er in einer gemieteten Werkstatt in Gujarat, wo er die Steine schneidet und bearbeitet, um im Frühling nach Srinagar zurückzukehren und die fertigen Edelsteine den Schmuckherstellern zu verkaufen. Er sagte, daß die Berghänge, die er aufsuche, sehr weit abseits liegen und den Touristen nicht bekannt seien. Wenn ich eines Tages mit meinem Ehemann hierher zurückkehre, könnten wir alle zusammen dorthingehen. Während mir Lateef seine Edelsteinkollektion zeigte, hatten die Frauen das Abendessen zubereitet, und man geleitete mich zu einem feierlichen Mahl auf ihr Prunkboot, das in der Regel an reiche Touristen vermietet wurde. Ich wäre viel lieber hiergeblieben, um zusammen mit der Familie zu essen, doch die Inder, die normalerweise so gesellig sind und überhaupt keinen Sinn für unsere Auffassung von Privatsphäre haben, betrachten das Essen als eine Beschäftigung, bei der man für sich bleibt. Nach dem Essen holte Lateef eine Sopranblockflöte heraus, das Geschenk eines anderen Reisenden, mit dem er Freundschaft geschlossen hatte. Er spielte sehr gut, auf eine östliche Art und ausschließlich nach dem Gehör. Ich sagte, daß ich ebenfalls Flöte spiele, und bot ihm auf seine Bitte ein kleines Potpourri klassischer Musik aus dem Westen. Der Rest des Abends wurde mit Papier und Bleistift verbracht, um einen sehr gelehrigen Schüler in die Anfangsgründe der westlichen Notenschrift einzuweihen. Ich wußte, daß ich ihm seine Gastfreundschaft am besten damit vergelten konnte, wenn ich ihm nach meiner Rückkehr aus England ein paar Lehrbücher für Blockflöte schicken würde.

Lateef hatte versprochen, mich am Morgen zum Bus zu bringen. Dies erwies sich als ein unschätzbarer Gefallen, denn ich bezweifle, daß ich es ohne seine Hilfe geschafft hätte. Etwa fünfzig Busse sollten mit dem ersten Konvoi losfahren. Der verschlammte Busparkplatz brodelte von Menschen und ihrem Gepäck. Niemand durfte in die wartenden Busse einsteigen, denn die Nummern auf den ausgestellten Fahrkarten stimmten nicht mit jenen der Fahrzeuge überein. Dann kam die Durchsage, daß sämtliche Fahrkarten ausgewechselt werden mußten, was nur unter allergrößten Schwierigkeiten vor sich gehen konnte, weil um den Schalterbeamten ein fürchterliches Gedränge wogte. Ich hielt mich feige abseits und ließ Lateef sich für mich ins Getümmel stürzen. Eine halbe Stunde später hieß es, die neuen Nummern stimmten noch immer nicht überein, also mußten alle wieder zurück, um herauszufinden, welche Nummern wohin paßten. Für mich war das alles ziemlich erheiternd, denn ich konnte mich einfach im Hintergrund halten und es jemand anderem überlassen, sich Sorgen zu machen. Schließlich war das Chaos entwirrt. Alle fanden den richtigen Bus und begannen, ihre Bündel mit Bettzeug und ihre Kisten und Koffer auf die Dachträger zu stapeln. Klugerweise warteten wir bis zuletzt, und nachdem wir den Schaffner schamlos bestochen hatten, wurde das Rad ganz zuoberst verstaut, wo es am wenigsten Schaden nehmen konnte.

Plötzlich und beinahe ohne Vorwarnung machte sich der Konvoi mit nur zwei Stunden Verspätung auf den Weg, so daß keine Zeit für ein letztes Lebewohl blieb. Wieder herrschte überall Lärm und Verwirrung, als fünfzig Busse und die gleiche Anzahl Lastwagen um die Startplätze kämpften. Mein Bus startete ziemlich weit hinten, kämpfte sich jedoch dank des kundigen Fahrers, einem entschlossenen älteren Sikh mit einem hübschen rosa Turban, bis auf den fünften Platz vor. Ich glaube, wir hätten es glatt bis an die Spitze gebracht, wenn der ganze Konvoi nicht bereits nach einer Stunde abrupt angehalten hätte. Das winzige und sehr verschlammte Dorf, wo wir stehenblieben, bestand aus zwei schmutzigen Cafés und zwei Läden, in denen Walnüsse verkauft wurden. Zuerst dachte ich, es handele sich um einen Erfrischungshalt. Wir waren zwar erst eine Stunde unterwegs, doch bereits vor dem Start war sehr viel Energie verbraucht worden, und ich wunderte mich vage, wie zwei Cafés den Bedürfnissen so vieler Passagiere gerecht werden sollten. Darüber hätte ich mir allerdings keine Sorgen machen müssen, denn sechs Stunden später waren wir immer noch dort.

Es dauerte vierundzwanzig Stunden, bevor wir uns wieder auf den Weg machten. Während dieser Zeit waren ich und drei schwarze Damen aus Simbabwe die einzigen, die irgendwie daran interessiert schienen, herauszufinden, was eigentlich los war oder wann wir weiterfahren würden. Alle übrigen akzeptierten die neuerliche Verzögerung mit asiatischem Fatalismus. Nach vorsichtiger Schätzung befanden sich etwa zweitausend Menschen in diesem Konvoi, für deren körperliche Bedürfnisse nur jene beiden Cafés und die schlammige Gegend neben der Straße zur Verfügung standen. Die Cafés hatten keine Toiletten. Als ich spürte, daß ich meine körperlichen Bedürfnisse ebenfalls befriedigen mußte, wollte ich keine Blasenverletzung davontragen, verzweifelte ich fast, denn unter solchen Umständen konnte ich nicht normal funktionieren – ich versuchte es, doch mein Körper weigerte sich mitzumachen. Das eigentliche Problem waren die Kleider. In den voluminösen indischen Gewändern kann man sich hinkauern und einigermaßen Anstand wahren, doch in westlichen Hosen ist man unschicklich allen Blicken ausgesetzt. Ich nahm mir vor, mir für künftige Notfälle einen weiten Rock zuzulegen. Dann begann ich in Richtung Srinagar zurückzugehen und hielt vergeblich nach einem abgeschiedenen Örtchen Ausschau. Es gab nichts, bis ich zu dem Touristencafé kam, das ich auf dem Hinweg besucht hatte. Hier fand ich endlich eine Toilette, die sogar mit »Damen« angeschrieben war. Es war zwar nur ein Loch im Erdboden, doch davor gab es eine Tür.

Als es Nacht wurde, fiel die Temperatur drastisch. Die Damen aus Simbabwe waren überzeugt, daß sie die eiskalte Nacht nicht überleben würden. Ich teilte ihre Bedenken, denn es war wirklich tödlich kalt. Wir gingen zu einem der Cafés hinüber, um nachzuschauen, ob es dort wärmer war. Beide hatten mit löblichem Opportunismus die ganze Zeit offen und mußten ganz schön verdient haben, selbst wenn die meisten Inder ihr eigenes Essen mit sich führten. Ihr fettester Happen jedoch waren wir, denn sie vermieteten uns ein Zimmer zu einem Preis, der selbst für eine Großstadt sündhaft teuer gewesen wäre. Wir feilschten wie wild, vor allem die Damen aus Afrika, da sie bereits mehrere Wochen in Indien herumgereist waren und sich in einem Zustand fortgeschrittener Ernüchterung befanden. »Ein einziger langer Beschiß«, meinten sie, als ich sie fragte, ob sie ihren Urlaub genossen hätten. Sie versuchten, sich näher zu erklären, doch es fehlten ihnen die Worte, und sie konnten nur traurig wiederholen: »Ein einziger langer, langer Beschiß.« Das »Zimmer«, das man uns nach langwierigen Verhandlungen zeigte, lag unter dem Café. Es maß etwa zweieinhalb Meter im Quadrat. Irgendwie waren zwei schmierige Charpoys hineingequetscht worden. An Nägeln in der fleckigen Wand hingen ein paar mitleiderregende Kleidungsstücke, und einer der Charpoys war mit ein paar verwanzt aussehenden Decken versehen. Wir sollten auch einen Ofen kriegen, ein altes Ölfaß, in welches Löcher gebohrt worden waren und in dem so etwas wie Kohlen brannten, die schädliche Rauchschwaden abgaben, die uns vermutlich im Laufe der Nacht erstickt hätten, wenn die Glut nicht schon nach etwa einer Stunde ausgegangen wäre. Der »Ofen« war ein großer Fehler, ganz abgesehen vom Rauch, denn nachdem es dem Boy endlich gelungen war, ihn anzuzünden, was eine Ewigkeit und eine Unmenge Benzin kostete, drängten sich mehrere Busfahrer in den Raum, um sich genüßlich aufzuwärmen, und wir hatten die größten Schwierigkeiten, sie wieder hinauszujagen. Nachdem sich der letzte zum Weggehen überreden ließ, rückten wir einen der Charpoys vor die Tür, um uns vor weiteren Eindringlingen zu schützen, und legten uns schlafen. Die drei schwarzen Damen zogen es vor, sich auf einem einzigen Charpoy zusammenzudrücken, wegen der Wärme und zum Schutz, wie sie sagten. Ich hatte meinen Schlafsack und überließ ihnen gern die verwanzten Decken. Trotz der schrecklichen Kälte brachten sie es nicht über sich, sie zu benutzen.

Um halb sieben Uhr früh wurden wir von unserem Schaffner gerufen und torkelten mit steifen, schmerzenden Gliedern aus unserer kleinen Zelle. Überall verrichteten Leute ihre morgendlichen Waschungen und gurgelten und spuckten mit viel Lärm und Genuß. Das Spucken ist eine jener indischen Sitten, mit der sich Westler nur äußerst schwer abfinden können. Die Inder betrachten es als eine soziale und religiöse Pflicht, als eine Reinigung des Körpers von Schadstoffen, und sie üben diese Pflicht recht häufig aus, besonders am Morgen. Morast und Müll gluckste unter den Füßen. Es war schwierig, sich zum Bus durchzuschlängeln, ohne in Haufen von Exkrementen zu treten. In völligem Kontrast zu dieser schmutzigen Szene war auf den umliegenden Gipfeln in goldener und rosa Pracht der Morgen angebrochen.

Um halb neun war der Konvoi unterwegs und quälte sich zum Paß hoch. Auf der anderen Seite kam er jedoch nicht weit, bis ihn Lawinen am Weiterfahren hinderten. In diesem Stadium setzte ich mich ab, und die Militäreskorte drückte ein Auge zu, als ich losfuhr. Das Hochgefühl, ohne jede Anstrengung in der klaren Luft durch die scheinbar endlosen »steilen Kurven« hinunterzustechen, war herrlich. Nur die gelegentlichen Felsstürze und Stellen, wo einzelne Straßenstücke völlig verschwunden waren, hielten meine ungestüme Fahrt zeitweilig auf. Vor Einbruch der Dunkelheit war ich bei Bischof William in Jammu zurück, bei Temperaturen um die dreißig Grad. Mrs. William meinte, daß ich dünn und müde aussähe, und schlug mir vor, eine Weile bei ihnen zu bleiben, bevor ich weiterreiste. Ich hielt dies ebenfalls für eine gute Idee, vor allem im Hinblick auf die noch immer unbeständigen Wetterverhältnisse im Himalaja. Es fiel mir jedoch schwer, ihr freundliches Angebot anzunehmen, denn Bischof William war jetzt pensioniert, und sie lebten ganz eindeutig in recht beschränkten Verhältnissen. Dank meiner Überredungskünste willigte sie schließlich ein, daß ich mich an den Haushaltskosten beteiligte. Ich bekam Mrs. William und ihre vielen stillen kleinen Wohltaten immer lieber. Ständig war ein Strom kleiner Kinder und Frauen aus den ärmeren Vierteln der Stadt vor der Tür, doch niemand ging mit leeren Händen weg. Viele Leute kamen bloß, um ihr Herz auszuschütten, und auch für diese fand sie immer Zeit. Daneben verbrachte sie Stunden damit, einzukaufen und köstliche Mahlzeiten zuzubereiten, die zum Leidwesen des Bischofs, aber aus Rücksicht auf die Schwäche eines englischen Magens sehr wenig Chili enthielten.

Sie beide hatten viele Schicksalsschläge erlitten und zwei ihrer drei Söhne verloren. Der eine, ihr jüngster und vermutlich der liebste, war wie sein Vater fürs Priesteramt vorgesehen gewesen und mit zwölf oder dreizehn Jahren an einer mysteriösen Krankheit gestorben. Den ältesten, einen zwanzigjährigen Jungen, hatte man eines Nachts erstochen vor dem Tor aufgefunden. Niemand wurde je wegen dieses Verbrechens angeklagt, obwohl es nach allgemeiner Ansicht das Werk fanatischer Muslime gewesen war. Außerdem waren sie durch die Teilung des Landes vom Rest ihrer Familie getrennt worden, weil sie aus einer Gegend stammten, die heute zu Pakistan gehört. Für viele Briten ist es schwierig, die Bedeutung der Großfamilie im Leben der Asiaten richtig zu würdigen, da wir selber in sogenannten »Kernfamilien« leben. Dort wächst ein Kind in einer engen, komplexen Wechselbeziehung mit bis zu hundert verwandten Personen auf. Ich hielt es für einen schönen Beweis ihres Christentums, daß die Williams durch ihre Erlebnisse in keiner Weise verbittert schienen.

In Begleitung des Bischofs war Jammu eine interessante Stadt. Überall, wo wir hingingen, kamen ehemalige Schüler aus seiner Schule zu uns, um zu schauen, ob sie etwas für ihn tun konnten. Eines Tages hatten wir beide etwas in der Bank zu erledigen und gingen kurz vor Schalterschluß zusammen hin. Ich mußte mich vom Bischof trennen und nach oben gehen, um meine Reiseschecks einzulösen, wo ich sehr ruppige und unkooperative Angestellte fand, die mir mitteilten, es sei viel zu spät, um sich noch um Reiseschecks zu kümmern, ich müsse morgen früh nochmals herkommen. Da ich vorhatte, am nächsten Tag nach Delhi zu reisen, war ich nicht sehr begeistert und wollte mit dem Direktor sprechen. Ich hätte mir die Mühe sparen können – Bischof William hatte Schwierigkeiten gewittert und alles bereits ausgebügelt, und die Angestellten, die ebenfalls zu seinen »Ehemaligen« zählten, hätten jetzt nicht zuvorkommender sein können. Mein Geld war in Minutenschnelle gewechselt, doch als es mir ausgehändigt wurde, war der Bischof noch immer nicht völlig zufrieden, denn die Geldscheine waren ziemlich schmierig; er ließ sie gegen knisternde saubere Noten eintauschen.

Er zeigte mir auch die lokalen Gerichtshöfe, die im ehemaligen Harem des Maharadschas untergebracht sind. Hier werden alle Geschäfte in den weitläufigen umzäunten Gärten inmitten der Gebäude abgewickelt, wo sich zu früheren Zeiten die Haremsdamen etwas Bewegung verschafft hatten. Am Rand waren überall kleine Verschläge aufgestellt, wo die Advokaten mit ihren Klienten Fälle erörterten, vom nächsten Verschlag lediglich durch einen feinen Maschendraht getrennt. Gefangene, die mit Handschellen und langen Ketten an ihre Gefängniswärter gebunden waren, schlenderten herum, begrüßten Freunde und diskutierten mit ihren Anwälten. Wie mir ein Mann anvertraute, waren die Anwälte vor allem da, um Richter zu bestechen. Er sagte, daß die wenigsten Streitfälle vor Gericht kommen, sondern mittels Bestechung geregelt werden, und daß dies den Gerichten viel Zeit und Geld erspare.

Auch als ich beschloß, den Zug nach Delhi zu nehmen, um die notwendigen Visa zum Besuch von Nepal und Sikkim zu erhalten, hatte die »Bruderschaft der Ehemaligen« ihre Finger im Spiel – selbst wenn es nur darum ging, eine Fahrkarte zu lösen. Bischof William und ich wurden ins Büro des Stationsvorstehers zum Tee gebeten, während sich jemand um das Geschäftliche kümmerte. Zu jenem Zeitpunkt schien mir das ein ziemlich umständlicher Weg zu sein, eine Fahrkarte zu erhalten, aber da hatte ich auch noch nicht versucht, ohne Hilfe einen Fahrschein für die Rückreise zu erstehen. Das Reisen in Indien ist so billig und strapaziös, daß es mir empfehlenswert schien, erster Klasse zu fahren, doch Bischof William wollte nichts davon hören. Er bestand darauf, daß arme Leute viel freundlicher und netter seien, also reiste ich dritter Klasse. Der Jhellum-Expreß benötigt zwanzig Stunden, um die dreihundertzwanzig Kilometer nach Delhi zurückzulegen – nicht gerade Eilzugtempo, aber an den lokalen Maßstäben gemessen auch keine allzu unbequeme Fahrt. Wir fuhren in der Nacht und verbrachten die Stunden der Dunkelheit ausgestreckt auf übereinander angebrachten, dünn gepolsterten Holzplanken. Kleine Kinder schliefen im Gepäcknetz. Nur die letzten zwei Stunden wurde es wirklich ungemütlich, als sich Einheimische, die in die Stadt fuhren, einen Weg ins Abteil erkämpften und mit Händen und Ellbogen für sich und ihre Besitztümer Platz schafften, was in dieser Hitze sehr nervenaufreibend und noch viel schlimmer war als zu den Stoßzeiten in der Londoner U-Bahn.

Ich hatte nicht erwartet, daß mir Delhi gefallen würde, da mir Großstädte nur selten zusagen. Ich war sowieso nur

»rein geschäftlich« hier und wollte alles so rasch wie möglich erledigen, um schnell wieder in die Berge zurückzukehren. Trotzdem gab es ein paar Lichtblicke, nicht zuletzt der seltsame Ort, wo ich untergebracht war. »Ringo's« ist eine richtige Penne, ein Überbleibsel aus der Flower-Power-Zeit. Das Quartier rangiert nicht sehr weit oben auf der Komfortskala, erinnert jedoch stark an die sanften Wertvorstellungen der sechziger Jahre. Die Herberge ist noch immer ein Mekka für junge Weltenbummler aus Europa, und ich war mit gut zwei Jahrzehnten Abstand bei weitem die Älteste. Nicht daß ich mir fehl am Platz vorgekommen wäre. Die übrigen Gäste waren sehr freundlich und nahmen mich mit Freuden unter ihre Fittiche, um mir zu helfen, das Beste aus meinem Delhi-Besuch herauszuholen. Sie erzählten mir, wo man wirklich gute Eiscreme fand, wie man mit dem »Delhi Belly«, dem berüchtigten Bauchgrimmen, klarkam, und sie gaben mir mancherlei andere Tips, die mir während meines Aufenthalts sehr zugute kamen. Weniger erfreulich waren die spärlichen bleichwangigen Überbleibsel des Hippiekults – gespenstisch graue, eingefleischte Junkies, die für normalen menschlichen Kontakt nicht mehr zugänglich waren.

Viele der jüngeren Gäste reisten zwischen oder nach ihrem Studium eine bestimmte Zeit lang herum, worauf sie in der Regel in ihr Heimatland zurückkehrten und sich dort niederließen. Für andere jedoch war das Weltenbummeln zum Lebensstil geworden, zu einer Sucht, aus der sie sich nicht mehr befreien konnten. Einige zogen schon seit Jahren umher und machten hier und dort eine Weile halt, um ein wenig Geld zu verdienen, damit sie ihre Wanderschaft fortsetzen konnten. Die meisten von ihnen wollten demnächst in ein kühleres Klima flüchten, weil die heiße Jahreszeit in Indien vor der Tür stand. Ich hatte wenig Zeit, alle die Besonderheiten wahrzunehmen, auf die mich meine jungen Fremdenführer hinwiesen, denn ich war damit beschäftigt, innerhalb von achtundvierzig Stunden meine nötigen Visa zu erhalten, meinen Rückflug nach England zu organisieren und mir einen Platz im Zug zurück nach Jammu zu sichern. Die jungen Globetrotter meinten, angesichts der Natur der indischen Bürokratie sei ein solcher Zeitplan unmöglich einzuhalten.

Der zweite Lichtblick kam, als ich am folgenden Morgen aus dem »Ringo's« trat. Der Lichtblick war ein großgewachsener, aufrechter Sikh von etwa sechzig Jahren mit dunklen, blitzenden Augen und einem eindrucksvoll gewachsten Schnurrbart – eine Figur, die den Seiten eines viktorianischen Romans entsprungen sein könnte. Er fuhr eine motorisierte Rikscha und hatte es sich in den Kopf gesetzt, daß ich diese mieten sollte. Ich war ebenso entschlossen, zu Fuß zu gehen.

»Madame, ich kenne Delhi sehr gut. Ich Sie bringe doppelt schnell zu alle gute Orte.«

Ich sagte ihm, daß ich keine Sehenswürdigkeiten besichtigen wollte, doch als ich ihm erklärt hatte, was ich vorhatte, war er noch mehr darauf erpicht, daß ich ihn anheuerte.

»Madame, ich glaube, Sie wirklich brauchen mich. Ich bin Ex-Britisches-Armee und kenne alle diese Orte. Ich glaube, sie mich anstellen für ganze Tag, vielleicht wir erledigen alles.«

Ich dankte ihm für sein Angebot, sagte jedoch, daß ich es mir beim besten Willen nicht leisten könne, ihn einen ganzen Tag zu mieten.

»Kein Problem. Geld nicht wichtig. Sie mir zahlen, was Sie wollen.«

So einigten wir uns also auf einen sehr bescheidenen Preis, und schon ging's los. Bald begann ich mein glückliches Geschick zu würdigen, denn im Gegensatz zu anderen Rikschafahrern, denen ich begegnet war, blieb dieser hier nicht alle paar Meter stehen, um nach dem Weg zu fragen. Trotz des stockenden Verkehrs sausten wir in souveräner Manier durch die Straßen, wichen notfalls auf den Bürgersteig aus und schlugen Abkürzungen durch enge, gewundene Gäßchen ein. Nach erstaunlich kurzer Zeit fuhren wir in einem eleganten Bogen vor dem ersten Regierungsministerium vor. Auch hier stellte mein Sikh seinen Wert unter Beweis, denn er begleitete mich hinein und glättete mir den Weg durch die Minenfelder der Subalternbürokratie. Eins der Probleme in einem Land wie Indien besteht darin, daß die Person, die man sprechen möchte, stets durch einen Schwarm rangniedrigerer Männer abgeschirmt wird. Je weiter unten in der Hackordnung jemand steht, desto entschlossener ist er, seine Wichtigkeit zur Geltung zu bringen und Besucher daran zu hindern, ihr Ziel zu erreichen. Mein Sikh ging phantastisch mit diesen Leuten um. Mit irgendeinem Zaubertrick hatte er sie im Nu in hilfreiche, freundlich lächelnde Wesen verwandelt, die eifrig bedacht waren, mir den Weg zu dem zuständigen Beamten zu ebnen. Wenn ich so eine hochgestellte Persönlichkeit einmal erreicht hatte, lagen alle Schwierigkeiten hinter mir – »Kein Problem«, eine Tasse Tee und noch eine, Komplimente und Artigkeiten. Dasselbe Muster wiederholte sich in allen Ministerien und auch in der nepalesischen Botschaft, obwohl man hier eine Spur arroganter war und mir auch keine Tasse Tee angeboten wurde. Wir fuhren hin und her, und die Rikscha summte wie eine wütende Biene.

Nach nur vier Stunden hatte ich eine Besuchsgenehmigung für Darjeeling und Sikkim in der Hand sowie eine Zusicherung für ein Visum nach Nepal und für Flugkarten, die ich später abholen sollte. Ich fand, daß es höchste Zeit sei, etwas zu Mittag zu essen, und mein Sikh führte mich zu dem Lokal, wo er üblicherweise seine Mahlzeiten einnahm. Es war so etwas wie ein offener Schuppen, in dessen Mitte ein langer Tisch mit Bänken auf beiden Seiten stand. Jeder Gast erhielt ein unterteiltes Tablett aus Chromstahl. In die Abteile wurde Reis, Dal, zwei Sorten Currygemüse, zwei verschiedene Suppen und Chapattis gefüllt. Für etwa zwanzig Pence pro Kopf konnte man essen, soviel man wollte. Kleine, in Sarongs gekleidete Jungen eilten umher und füllten die Teller schnell wieder auf, kaum war man fertig. Es war äußerst preiswert, aber ohne Gabel oder Löffel hatte ich meine liebe Mühe damit. Etwas später merkte ich, daß ich mir einen »Delhi Belly« zugezogen hatte.

Wir hatten jetzt massenhaft Zeit, bevor wir das Visum und die Flugkarten abholen konnten, daher schlug mein Sikh vor, mir einige der Sehenswürdigkeiten zu zeigen. Vielleicht war in Neu-Delhi wirklich nicht viel zu sehen, denn mein Sikh führte mich zu einem großen, staubigen Park und schien entschlossen, die abgelegensten Winkel aufzusuchen. Ich war nicht ganz unvorbereitet, da er mich während der Fahrt einige Male im Rückspiegel anzüglich angegrinst, dabei seinen Schnurrbart gezwirbelt und unsere langen Wartezeiten mit Bemerkungen wie »Madame, ich habe Bewunderung für Sie – Sie sind sehr zusammen mit Ihre Körper« belebt hatte. Deshalb ergriff ich die Initiative und ging voran, bis es wieder mehr Leute gab und der reizende Anblick eines riesigen Brahminochsen, der einen Rasenmäher durchs Gras zog, mich begeistert Fotos knipsen ließ, worauf es Zeit wurde, zurückzufahren und die verschiedenen Dokumente abzuholen. Mein Sikh war sichtlich verstimmt über meine mangelnde Kooperationsbereitschaft. In der Rikscha versuchte er es auf direktere Art und lud mich ein, den Abend mit ihm zu verbringen, »für Massage und entspannt im Gras liegen«. Schlau eingefädelt. Ich mochte ihn wirklich sehr gern und versuchte ihm so freundlich wie möglich zu erklären, daß sein Angebot zwar verlockend sei, solche Aktivitäten für eine verheiratete Frau jedoch einfach nicht drin seien. Er meinte, dies zeige bloß, daß ich »herzlos« sei und noch nie wirklich geliebt hätte.

Zurück im »Ringo's« probierte ich das Heilmittel gegen »Delhi Belly« aus und sann betrübt darüber nach, wie schwierig es doch für eine unbegleitete westliche Frau gleich welchen Alters war, den Subkontinent zu bereisen, ohne amouröse Annäherungsversuche hervorzulocken.

Am Morgen fühlte ich mich schon viel besser. Die Kur hatte geholfen, und ich machte mich voll Energie auf den Weg, um eine Fahrkarte für den Jhellum-Expreß zurück nach Jammu zu ergattern. Meine Freunde im »Ringo's« hatten mich gewarnt, wie schwierig es sei, Fahrkarten zu erhalten, und mir geraten, einen professionellen Schlangesteher anzuheuern. Sie erzählten, daß die Bürokratie an den Fahrkartenschaltern indischer Bahnhöfe die schlimmste sei und die Beamten aus Prinzip maximal zehn Fahrkarten pro Stunde verkauften, was dazu führe, daß Hunderte von Leuten in Ohnmacht fielen, nachdem sie zehn oder mehr Stunden in der Warteschlange gestanden hatten. Gegen eine bescheidene Gebühr übernahmen Schlangesteher das Warten, der Haken war nur, daß sie mehrere Tage im voraus benachrichtigt werden mußten und ich keine Zeit dazu hatte. Eine weitere Erschwernis war, daß sich Europäer zuerst ein Formular in einem anderen Stadtviertel besorgen mußten, bevor sie sich überhaupt in der Schlange anstellen konnten. Ich war dazu unterwegs, als ich meinen Sikh-Rikschafahrer wiedersah. Er lächelte übers ganze Gesicht und wollte mich unbedingt davon überzeugen, daß er nicht sauer auf mich sei. Er fuhr mich zu dem Amt und weigerte sich, eine Bezahlung anzunehmen, und so verabschiedeten wir uns in aller Freundschaft.

Dort warteten etwa fünfzig junge Europäer auf ihr Formular. Zwei von ihnen waren Anthropologinnen, die in einem abgelegenen Dorf in Sind ihre Studien gemacht hatten. Sie kannten auch Jean und Robin Lankester, bei denen ich in Karatschi gewohnt hatte, und waren gebeten worden, in Kaschmir nach mir Ausschau zu halten. Wir verbrachten eine interessante Wartezeit und verglichen unsere Erfahrungen mit Pakistan. Anschließend gingen wir zusammen zum Bahnhof, wo ich feststellen mußte, daß die Beschreibung des Chaos und die Schwierigkeiten, die mir die Gäste im »Ringo's« prophezeit hatten, keineswegs übertrieben gewesen waren. Es war wie eine Szene aus Dantes »Inferno«, mit Tausenden von Leuten, die hektisch hin und her hasteten, und mit langen Schlangen voll Verzweifelter und Resignierter. Auf dem Boden lagen Leute, die entweder in Ohnmacht gefallen oder vielleicht sogar ihr Leben ausgehaucht hatten. Es schien unmöglich, herauszufinden, wohin man sich wenden mußte, da es hier mehrere Stockwerke mit endlosen Reihen von Fahrkartenschaltern gab, wobei anscheinend jeder bloß mit einem einzigen spezifischen Zug an einem ganz bestimmten Datum befaßt war. Meine Gefährtinnen sprachen Hindi, doch auch dies half nichts, da niemand da war, der Auskunft geben konnte. Schließlich fanden wir durch reinen Zufall das richtige Fenster für meinen Zug. Die Schlange davor war höchst einschüchternd. Das, was man uns über die zehn Fahrkarten pro Stunde berichtet hatte, traf wirklich zu. Noch nie war mir mein Fahrrad so sehr als das ideale Transportmittel erschienen wie jetzt. Dann fiel uns ein, daß wir an anderen Fahrkartenverkaufshäuschen Schilder mit der Aufschrift »Nur für Amtsträger und Damen« gesehen hatten. Wir hielten es für einen Versuch wert, stellten uns vorne neben die Spitze der Menschenschlange hin, und wenn jemand Einwände machte, sagten wir in bestimmtem Ton: »Das ist die Schlange ›Nur für Damen‹«. Es klappte. Ich erhielt eine Fahrkarte. Das einzige Hindernis, das man mir noch in den Weg legte, war die Aufforderung, das Fahrgeld bis auf die kleinste Münze genau abgezählt bereitzuhalten, denn es sei nicht Aufgabe des Fahrkartenverkäufers, Wechselgeld herauszugeben. Da keine Möglichkeit bestand, herauszufinden, wie hoch der Fahrpreis war, bevor ihn der Beamte nannte, fanden wir dies ziemlich schikanös. Anschließend wiederholte sich dieselbe Prozedur für die Fahrkarten meiner Begleiterinnen. Bevor wir den Bahnhof verließen, sahen wir höchst erfreut, daß unsere Parallelschlange »Nur für Damen« noch immer existierte und sich Inderinnen und Europäerinnen dort angestellt hatten. Es schien uns nur gerecht, daß dies so war.

12

Ich hoffte auf etwas ruhigere Zeiten, als ich auf dem Weg ins Kulu-Tal durch eine idyllische Berglandschaft radelte, doch trotz all der friedfertigen Lebensphilosophie dauert der Friede in Indien selten lange. Der erste Zwischenfall an diesem Tag erfolgte bereits wenige Stunden nachdem ich dem Bischof und Mrs. William Lebewohl gesagt hatte. Es war etwa halb elf Uhr. Die Sonne stand schon hoch, und es war drückend heiß. Ich hatte beide Wasserflaschen ausgetrunken und hielt Ausschau, wo ich sie wieder auffüllen konnte, als ich in einem kleinen Dorf am Weg ein Standrohr entdeckte. Mehrere junge Mädchen füllten dort ihre Wasserkrüge, bespritzten sich gegenseitig, kicherten und schienen es lustig miteinander zu haben. Als ich auftauchte, verstummten sie und wichen zurück. Obwohl ich ihnen mehrmals zulächelte, faßten sie kein Zutrauen und zeigten keine Reaktion. Ich wusch mir den Schweiß und Schmutz vom Gesicht und füllte meine Wasserflaschen. Währenddessen riefen die Mädchen um Hilfe. Vermutlich wagten sie nicht wegzurennen, damit ich nicht etwa ihre großen Wasserkrüge aus Messing stahl. Ihr Gebrüll rief mehrere Frauen auf den Plan, doch auch sie reagierten nicht auf mein Lächeln. Bevor ich weiterfahren konnte, kam ein Mann herbeigerannt. Er schwang eine Hacke und war offensichtlich bereit, sich mit mir zwielichtigem Wesen auf einen Kampf einzulassen. Zum Glück reagierte wenigstens er auf mein Lächeln, das inzwischen wohl schon ein wenig starr geworden sein mußte. Er ließ die Hacke fallen, kam her und schüttelte mir die Hand – eine unübliche Geste für einen Hindu, denn nach ihren Kastengesetzen machen sie sich rituell unrein, wenn sie von jemandem aus einer niedrigeren Kaste berührt werden. Alle Nichthindus stehen außerhalb des Kastensystems, daher können Hindus ihnen nicht ungestraft die Hand schütteln, nicht einmal der Königin. Während der Besatzungszeit wurden die Briten stillschweigend der Padre-Kaste zugeschlagen, doch dies erfolgte aus rein praktischen Gründen und machte sie keine Spur weniger »unrein«. Der hackenschwingende Hindu war vermutlich ein Unberührbarer. Er wollte mich um keinen Preis gehen lassen, sondern schien mich einzuladen, ins Dorf zu kommen und eine Erfrischung zu mir zu nehmen. Dies alles wurde mit lebhafter Mimik vorgebracht. Die kleinsten Mädchen hatten sich inzwischen soweit gefaßt, daß sie mir ein bezauberndes schüchternes Lächeln zuwarfen, doch die Frauen betrachteten mich noch immer voll tiefstem Argwohn, daher hielt ich es für besser, wieder weiterzufahren.

Eine Stunde später merkte ich, daß ich meine Straßenkarte verloren hatte. Es war keine besonders gute Karte, doch es war die einzige, die erhältlich gewesen war, und außerhalb von Delhi war unmöglich Ersatz zu finden. Ohne sie war ich verloren, denn meine britische Karte war zwar genauer, hatte aber einen sehr kleinen Maßstab und enthielt keine wichtigen Einzelheiten wie Rasthäuser und Straßen, die seit der Teilung des Landes gebaut worden waren. Also drehte ich um und suchte sorgfältig beide Straßenseiten ab. Eine halbe Stunde später hielt ein Lastwagen mit kreischenden Bremsen vor mir an. Mehrere Männer sprangen heraus und rannten auf mich zu, wobei einer mit meiner Karte winkte. Sie schienen entzückt, mir mein Besitztum zurückgeben zu können, und wollten keine Belohnung entgegennehmen. Wie sie in ihren Besitz gekommen waren oder woher sie wußten, daß die Karte mir gehörte, konnte ich nicht herausfinden.

Zur Mittagszeit befand ich mich wieder in dem Dorf, wo mir zwei Wochen zuvor der hitzköpfige Sikh eine Strafpredigt wegen der Unzulänglichkeiten meines Landes gehalten hatte. Es schien mir schon viel länger her, weil inzwischen so viel passiert war. Ich nahm eine gute Mahlzeit im Touristencafé ein und beeilte mich, nach Chakki zu kommen, wo meine Karte ein Rasthaus anzeigte. Es war heiß und schwül – kein guter Nachmittag zum Radfahren. Zudem war ein starker Gegenwind aufgekommen, was ein größeres Handicap ist als jeder Berg, der vor einem liegt, denn bei einem Berg weiß man wenigstens, daß man einmal den Gipfel erreicht. Wenn man einen sehr kleinen Gang einlegt, kann der Anstieg sogar angenehm sein. Ein Gegenwind ist jedoch erbarmungslos. Er raubt einem alle Lust am Fahren, und man muß sich jeden Meter mit grimmiger Ausdauer erkämpfen. Als ich nach fünfzig Kilometern gegen diesen Wind das Rasthaus von Chakki erreichte, war ich mehr als reif für eine Pause und mehrere Liter Tee.

Der Ort lag hübsch und abgelegen zwischen bewaldeten Feldern. Ein kleines Bächlein lief vorbei – genau das Richtige für eine friedliche Nacht. Der Chowkidar erwies sich allerdings als einer von der Sorte, die es als ihre Pflicht erachten, Touristen abzuweisen. Es schien niemand anderes hier zu wohnen, also konnte unmöglich jedes Zimmer belegt sein, doch er wollte mich unter keinen Umständen durch die Tür lassen, schlug immer wieder die Arme auf und ab und sagte so etwas wie »schuu, schuu«. Ich war fest entschlossen, mich nicht von der Stelle zu rühren. Ich hatte sowieso nicht mehr viel Energie übrig, daher setzte ich mich einfach in den Garten und dachte sehnsüchtig an heißen Tee, während mir der Schweiß langsam auf der Haut trocknete. Ich mußte etwa eine halbe Stunde so dagesessen und versucht haben, unbeteiligt auszusehen, was mir recht schwer fiel. Es machte sich jedoch bezahlt, denn der Chowkidar gab sich eher geschlagen als ich und kam wieder zum Vorschein. Er sah sehr verärgert aus und winkte mir mürrisch zu, ihm zu folgen. Ich nahm an, daß er mich zu jemandem bringen wollte, der mehr Autorität als er besaß, und ging lammfromm mit. Er führte mich zu einer etwa achthundert Meter entfernten Holzhütte, über deren Tür »Büro Unteringenieur (Bauwesen)« geschrieben stand. Von da an ging alles sehr angenehm zu, wenn man davon absieht, daß jeder, der auch nur entfernt etwas mit Bauarbeiten zu tun hatte, sich ins Büro quetschte, um einen Blick auf diese merkwürdige britische Frau zu werfen, die mit dem Fahrrad im Himalaja herumfuhr. Es waren sehr nette und liebenswürdige Männer, so ganz anders als die üblichen Menschenmengen von Indern. Sie organisierten Tee, brachten Kekse und Süßigkeiten, meinten, daß ich erhitzt und müde aussähe und man mich nicht den ganzen Weg zum Büro hätte gehen lassen sollen. Der arme Chowkidar wurde gehörig ausgescholten und tat mir richtig leid. Nachdem alle Männer Gelegenheit gefunden hatten, mich zu noch mehr Essen und Tee zu nötigen, schickte der Unteringenieur sie hinaus, damit er mit mir reden könne. Als erstes sagte er mir, er sei Christ und ich könne ihm vertrauen. Dann fragte er freundlich, ob ich Geld bei mir hätte. Ich versicherte ihm, daß ich mehr als genug besaß, doch ich konnte sehen, daß er mir nicht glaubte – wie so vielen Leuten fiel es ihm schwer, sich vorzustellen, daß jemand mit dem Fahrrad herumreist, obwohl er sich ein anderes Transportmittel leisten könnte. Ich zeigte ihm einige meiner Reiseschecks, um ihm zu beweisen, daß ich gut bei Kasse war. Ich war sehr gerührt, daß er mir offensichtlich helfen wollte, wenn ich mich als mittellos erwiesen hätte.

Danach durften alle wieder hereinkommen. Wir tranken noch mehr Tee, aßen Kuchen und schwatzten. Sie sagten mir, daß ich diese Nacht ihr Gast sei und sie keine Widerrede hören wollten. Man schickte nach dem Chowkidar und gab ihm Anweisungen, wie ich untergebracht und verpflegt werden sollte. Alles wurde extra für mich übersetzt. Dann wurde ich von einem halben Dutzend Männer zum Rasthaus zurückeskortiert. Einer schob das Fahrrad. Es war ungewohnt, aber doch sehr vergnüglich, so sehr verhätschelt zu werden. Der Chowkidar war wohl nicht halb so erfreut, denn als das Abendessen kam, bestand es nicht aus

Fleisch, Gemüse und Reis, wie es die Bauleute befohlen hatten, sondern aus einem gekochten Ei, das in einer Pfütze Wasser mit Curry schwamm.

»Dalhousie«, so hatte ich irgendwo gelesen, »ist das Simla des kleinen Mannes – ein Southend unter den Kurorten im Bergland, kein Brighton.« Diese eher abwertende Beschreibung hatte mich derart fasziniert, daß ich hinfahren und es mir ansehen wollte, denn meine Karte zeigte, daß es nur etwa eine halbe Tagesreise von meiner Route entfernt lag. Karten sind jedoch flach und können höchst trügerisch sein, was Entfernungen in gebirgigem Gelände betrifft. Es kostete mich acht Stunden harte Arbeit, bis ich Dalhousie erreichte, das am Ende eines siebzig Kilometer langen, sehr steilen Anstiegs thront. Wegen der phantastischen Aussicht auf die großen Himalajagipfel im Norden lohnte sich die Mühe, doch als Vergnügungsort hätte ich Southend bei weitem vorgezogen. Als Lord Dalhousie, zu jener Zeit Vizekönig von Indien, die Mittel für den Ausbau zum Erholungsort bereitstellte, stand das Kolonialreich in voller Blüte; Bankbeamte mit ihren Ehefrauen und andere Angestellte, die weiter unten auf der sozialen Rangleiter angesiedelt waren als jene, welche sich in Simla erholten, kamen hierher, um der schrecklichen Hitze unten in den Ebenen zu entgehen. Es ist nur wenig übriggeblieben, was an jene Tage erinnerte, nur ein paar alte Emailschilder, die in einigen Geschäften für längst vergessene Whiskysorten und Schokoladenmarken warben. Der Ort wirkt schmuddelig, und die Militärcamps sind unübersehbar. Von indischen Bankbeamten und ihren Ehefrauen war kein Anzeichen zu erblicken – vielleicht kamen sie später in der Saison hierher. Ich wohnte in der großen, wunderschön gelegenen Jugendherberge, wo es lediglich zwei weitere Gäste gab, beides Europäer. Wir aßen zusammen in dem Restaurant, das man uns empfohlen hatte. Es war das einzige, das offen hatte, und überhaupt nicht empfehlenswert.

Am folgenden Tag machte ich mich schon sehr früh auf

den Rückweg und fuhr in der frischen, klaren Luft eines Himalajamorgens den Berg hinunter. Eine Stunde lang sauste ich bergab und genoß die stürmische Fahrt und die kühle Luft, die mich umfächelte. Ich sah keine Menschenseele, nur gelegentlich einen jungen Hirten, der seine Schafe hütete. Als der Berghang flacher wurde und meine Geschwindigkeit abnahm, erkannte ich auf einmal, wie wunderschön diese Gegend mit ihren seltsamen, verwitterten Felssäulen und den weiten Blumenwiesen war. Rundherum erhob sich der Gesang der Vögel im Chor. Diese Szenerie änderte sich abrupt, als ich nach Osten ins Kangra-Tal einbog. Zur Linken ragt eine große Wand aus eisbesetztem Fels in den Himmel, während das niedrigere Shivalik-Gebirge im Süden von dichten Wäldern verborgen wird. Ein seichter, mit Felsblöcken durchsetzter Fluß, der mit dem Erreichen der Talsohle seine ungestüme Eile aufgegeben hat, fließt sanft neben der Straße entlang.

Ich hielt für ein Picknick an und ergänzte die an einer Haltestelle am Weg gekauften Chapattis mit den aus Jammu mitgebrachten Walnüssen, Apfelsinen und der Marmelade. Inzwischen wußte ich, wie nötig es war, für unvorhergesehene Fälle ausreichend Proviant mitzuführen. Obwohl der Subkontinent von unzähligen Orten, wo man etwas zu essen kriegen kann, übersät ist und selten mehr als ein paar Meilen zwischen zwei Straßencafés liegen, servieren diese Bruchbuden ein sehr beschränktes Menü, das für Mägen, die es nicht vom frühen Kindesalter an gewohnt sind, mit Unmengen von Chili fertig zu werden, völlig ungeeignet ist. Und weil diese Hütten verseucht sind und jeder Hygiene spotten, besteht ständig ein ernstliches Gesundheitsrisiko. Ein kleiner Kochherd hätte das Problem gelöst, wenn Brennstoff erhältlich gewesen wäre. So wie die Dinge standen, schloß ich einen Kompromiß und aß ausschließlich Omeletts oder gekochte Eier, weil diese frisch zubereitet werden konnten, dasselbe galt für Chapattis und Tee. Früchte und Nüsse waren sicher, denn ich konnte sie schälen oder knacken. Dies alles bildete jedoch nicht gerade die ideale Kraftnahrung, um auf einem Fahrrad in gebirgigem Gelände lange Strecken zurückzulegen.

Je weiter östlich ich kam, desto breiter wurde das Kangra-Tal. Dörfer und kleine Städte gab es immer häufiger. Sie wirkten meist schmutzig und standen in scharfem Kontrast zu ihrer idyllischen Umgebung. Die schlammigen Straßen waren mit toten Hunden und aufgedunsenen Rattenkadavern übersät. An einem dieser Orte widerfuhr mir ein besonders unangenehmer Zwischenfall, der meiner Reise ein vorzeitiges Ende hätte setzen können. Es geschah um die Mitte des Nachmittags. Der Tag war heiß und schwül geworden, und ich hatte nicht beabsichtigt, hier anzuhalten, doch als ich vorbeifuhr, trat ein Mann aus einem kleinen Café und winkte mir mit einer Flasche Mineralwasser zu. Ich bremste. Bevor ich vom Rad gestiegen war, wurde ich von einer Menge Männern und Jugendlicher umzingelt. Keiner sagte etwas. Sie standen bloß da, kauten langsam Betelnüsse und spuckten den roten Saft von Zeit zu Zeit in den Staub vor mir aus. Ein fetter Jugendlicher hatte sich gegen den vorderen Teil des Rads gedrückt und kratzte sich zwischen den Beinen, während er mir frech ins Gesicht grinste. Die Flasche war inzwischen geöffnet und wurde im Kreis von Hand zu Hand geworfen, bis einer plötzlich mit ihr nach mir stieß, als ob er mir einen Schlag damit versetzen wollte. Zur gleichen Zeit packte jemand das Fahrrad am Gepäckträger und verdrehte es. Ich stürzte in den Dreck, zerbrach meine Sonnenbrille und schürfte mir das Bein auf, obwohl ich das im Moment gar nicht merkte. Bis zu diesem Augenblick war ich vor Furcht wie gelähmt gewesen, doch als ich zu Boden fiel, geriet ich vor Wut derart in Rage, daß ich sie alle hätte umbringen können. Ich hörte sie über mir lachen und grölen und verspürte einen unsäglichen Haß. Doch in der kurzen Zeit, die ich benötigte, um mich und das Rad wieder aufzurichten, war der Zorn verraucht, und ich wußte, daß ich handeln mußte, um dieser häßlichen Szene ein Ende zu setzen, bevor sie tragisch ausging. Dann war mir, als würde alles wie im Traum geschehen. Ich konnte ihre offenen, höhnischen Münder mit den vom Betel gefleckten Zähnen sehen, was den Anschein erweckte, als würde Blut hervortropfen. Ganz wie eine mittelalterliche Bärenhetze, dachte ich, oder ein Hahnenkampf. Dann erinnerte ich mich an ein Gemälde vom Spanischen Bürgerkrieg, auf dem Leute erschossen worden waren – auch ihre Münder standen offen, aber mir fiel der Name des Malers nicht mehr ein, und es machte mir Sorgen, daß ich mich nicht richtig konzentrieren konnte. Durch diesen seltsamen, traumhaften Zustand hörte ich meine eigene Stimme, eiskalt, ruhig und gebieterisch, als würde ich vor einer Klasse mit widerspenstigen Achtjährigen stehen. »Ich gehe jetzt einen Polizisten holen«, sagte die Stimme. Ich erinnere mich, wie ich trotz meines tranceartigen Zustands dachte: »Jetzt ist alles aus«, denn in diesem Moment schien dies eine sehr schwache und unangemessene Drohung zu sein. Doch sie wirkte. Die unverschämten Männer wichen zurück, und ich schob das Rad resolut durch die Lücke, die sie frei ließen. Dabei versuchte ich krampfhaft, mich nicht besonders zu beeilen und ihnen meine Angst nicht zu zeigen, die mich jetzt zum allerdümmsten Zeitpunkt wieder zu überfluten begann. Rückblickend glaube ich, daß dies der gefährlichste Augenblick des ganzen Geschehens war, denn wenn ich damals weggehastet wäre oder das kleinste Zeichen von Furcht gezeigt hätte, wären sie wohl wie eine Hundemeute über mich hergefallen und es hätte vielleicht zu einem weiteren ungelösten Fall geführt, bei dem eine Frau aus dem Westen spurlos verschwand. So wie die Dinge lagen, wartete ich, bis ich genügend Abstand hatte, sprang aufs Fahrrad und radelte von dannen, so schnell es mir meine zitternden Beine erlaubten. Das wilde Geheul, das hinter mir erschallte, bewies mir, daß die momentane Lähmung gewichen war.

Dieser Zwischenfall hatte mich ziemlich mitgenommen.

Angst und Wut wechselten in mir ab, doch durch die Anstrengung, die Pedale im Kreis zu treten, beruhigte ich mich allmählich, und die Erhabenheit des Kangra-Tals übte ebenfalls einen lindernden Einfluß aus. Den ganzen restlichen Tag machte ich mir Gedanken und versuchte zu ergründen, weshalb man mich angegriffen hatte, bis ich zu dem Ergebnis kam, daß ich entweder ein Katalysator für ihre schwelenden Aggressionen gewesen war oder daß sie aufgrund irgendwelcher früherer Erfahrungen einen Haß auf Westler entwickelt hatten. Zum Glück erreichte ich das Rasthaus ohne weitere alarmierende Zwischenfälle. Es war zwar ein ziemlich gräßlicher Ort, doch das Personal war freundlich, was im Augenblick sehr viel wichtiger für mich war.

Der nächste Tag war sehr hart, da ich quer über mehrere Hügelketten fahren mußte und die Straße immer wieder steil auf und ab führte, ohne daß ich richtig vorwärtskam. Zudem hatte ich einen weiteren Anfall von »Dünnpfiff«, was alles noch anstrengender machte. Dies ist normalerweise schon unangenehm genug, besonders beim Radfahren, doch wenn man durch den Subkontinent radelt, ist es eine mittlere Katastrophe. Man kann schlicht nirgendwo hingehen. Die Inder kauern sich überall hin, wie es gerade kommt, doch ein Westler braucht nur daran zu denken, und schon taucht jemand auf, steht da und guckt zu. Die Inder haben selber keine Hemmungen, weshalb sollte also jemand anderes gehemmt sein? Aha, da kauert sich eine hin, wie interessant, da pfeifen wir mal schnell einen oder zwei Freunde her, damit sie auch was davon haben. Sie sind keineswegs pervers oder gar boshaft gesinnt, doch in ihrem Leben passiert nicht sehr viel Spannendes, und es mangelt ihnen eindeutig an Einfühlungsvermögen. Allen, die sich mal in einer ähnlich mißlichen Lage befinden sollten, möchte ich folgenden kleinen Tip geben: Unter den Straßen, besonders den Bergstraßen, liegen überbaute Abzugskanäle, damit das Regenwasser abfließen kann. Man schlüpfe in einen von ihnen hinein, und alles ist in Ordnung, denn sie sind zu eng, als daß sich noch jemand anderes hineinzwängen könnte. Es empfiehlt sich jedoch, nicht allzu lange herumzutrödeln, damit nicht einer auf die Idee kommt, auf die andere Seite der Straße zu flitzen, um von hinten zuzugucken.

Nach vielen Zwischenhalten gelangte ich schließlich zum Rasthaus in Jodinarnagar. Ich erinnerte mich an die Kur für den »Delhi Belly« und bat den netten alten Chowkidar um ein paar Bananen und etwas Yoghurt. Er sah völlig entgeistert aus und brachte mir Papier und Bleistift, damit ich meine Bitte aufschreiben konnte. Später sah ich, wie er das Blatt Papier einem jüngeren Mann zum Lesen gab. Beide zerbrachen sich die Köpfe, dann kamen sie zurück, um mir mitzuteilen, daß sie keine Ahnung hätten, was Yoghurt sei. Jetzt war ich an der Reihe, mir den Kopf für eine Erklärung zu zerbrechen. »Milch«, sagte ich. Der junge Mann kapierte, denn er sprach ein wenig Englisch. Dann mußte ich mir etwas einfallen lassen, um den Begriff »sauer« zu vermitteln, genau wie bei einer Scharade. Sie errieten es sehr rasch. »Ah, Milchquark, kennen wir.« Nach kurzer Zeit trug der Chowkidar stolz ein Tablett ins Zimmer, auf dem eine reizende kleine, silberne Teekanne stand. »Quark«, verkündete er mit der Würde eines englischen Butlers. Es war wirklich ein dünnes, leicht bitteres Yoghurt, das erstaunlich gut schmeckte, als es mir endlich gelungen war, es aus der Teekanne herauszubekommen. Danach schlief ich ein. Als ich um halb sechs Uhr am folgenden Morgen erwachte, fühlte ich mich schon viel besser und hatte einen Bärenhunger.

Der frühe Morgen, bevor der Verkehr einsetzt und die Hitze zu drücken beginnt, ist immer die angenehmste Tageszeit in Indien. An diesem Morgen war ich besonders froh, rechtzeitig aufgebrochen zu sein, denn vor mir lag ein sehr steiler Anstieg auf einer einspurigen Straße. In einer Stunde war ich von neunhundert auf über zweitausend

Höhenmeter geklettert. Hier oben herrschte dicker Nebel. Mitleiderregende kleine Kinder von neun oder zehn Jahren gingen schwankend am Straßenrand, tief gebückt unter großen Lasten von Brennholz. Sie hatten keine Schuhe und zitterten vor Kälte, und jedes Kind war von einem gräßlichen Husten befallen. Meine Lungen waren ebenfalls arg mitgenommen. Ich war mir nicht sicher, ob ich ohne Frühstück noch viel weiter kam, da ich tags zuvor so wenig gegessen hatte. In diesem Moment mußte ich absteigen, um einen Lastwagen vorbeizulassen. Ich stand auf einem Rastplatz dicht vor einer kleinen Verkaufsbude. Vor mir auf einem Regal lag ein Stapel Eier. Im Nu war ein Feuer entfacht, auf dem mein Frühstück zu brutzeln begann. Die nächsten sechshundert Meter Höhenunterschied waren viel leichter zu bewältigen, danach folgte eine fünfundzwanzig Kilometer lange belebende Talfahrt. Sie hatte ihre Tücken, denn die Straße war immer noch einspurig und bot nur sehr wenige Ausweichmöglichkeiten. Im Asphalt gab es große Löcher, und außer von Lastwagen wurde sie auch von allerlei Haustieren benutzt. Um das Ganze noch ein bißchen spannender zu machen, ließ sich auf den umliegenden Berggipfeln ein Donnergrollen vernehmen. Regenwolken begannen sich zusammenzuziehen. Bald war ich jedoch wieder unten auf etwa siebenhundertfünfzig Meter Höhe. In Mandi, einem Verkehrsknotenpunkt, herrschte heller Sonnenschein bei einer Temperatur von um die dreißig Grad. Es war gut, daß ich diesen Ort rechtzeitig zum Mittagessen erreicht hatte, denn hier gab es ein Touristencafé, wo man Speisen servierte, die ich normalerweise nicht gerade als besonders luxuriös eingestuft hätte, wie Wurst, Eier und Kartoffelchips. Hier jedoch schienen sie mir wie das reinste Festmahl, und der Gipfel des Luxus war, beim Essen an einem richtigen Tisch mit Plastikbezug zu sitzen.

Am ersten Straßenstück hinter Mandi, das wieder bergauf führte, wurde gebaut. Heerscharen von kleinen Menschen mit mongoliden Gesichtszügen rackerten sich mit Schubkarren, Schaufeln und Hämmern ab. Darunter waren ganz kleine Kinder und sogar Säuglinge. Einige wurden von jungen Frauen auf dem Rücken getragen, andere lagen in Körben unter großen, schwarzen Regenschirmen, während ein Erwachsener neben ihnen kauerte und an einem Haufen Steine herummeißelte. Ich war fasziniert von dieser Szene und fragte einen Inder, der die Aufsicht zu führen schien, wer diese Leute seien. Er sagte mir, daß es Nepalesen waren, die familienweise hierher kamen, um die Gebirgsrouten instand zu halten. Männer wie Frauen verdienten den Gegenwert von fünfundvierzig Pence am Tag, die Kinder je nach Größe etwas weniger. Längs der Straße standen überall die groben Zelte aus geflochtenen, an Stökken aufgehängten Binsenmatten, in denen sie wohnten. Diese Leute hatten nichts Mitleiderregendes an sich. Sie sahen stämmiger und wohlgenährter aus als viele Inder, die ich gesehen hatte – ein fröhlicher und gelassener Menschenschlag. Merkwürdig fand ich nur, daß ein so armes Land wie Indien, wo jedes Jahr so viele Menschen verhungern, ausländische Arbeitskräfte importieren muß, um die Straßen zu unterhalten.

Nach etwa fünfzehn Kilometern Fahrt auf einem heißen, staubigen und unasphaltierten Teilstück führte die Straße in ein steiles, enges Tal, durch das ein Bergbach hinunterdonnerte. Auch über meinem Kopf donnerte es krachend. Große, verzweigte Blitze hüpften über den Himmel. Wie aus dem Nichts hatten sich in kürzester Zeit wirbelnde graue Wolken aufgetürmt. Es war ungeheuer eindrucksvoll, aber auch ziemlich beängstigend. Ich hoffte, daß jemand auf einem Fahrrad sich nicht als idealer Blitzableiter erweisen würde. Der Regen kam in plötzlichen scharfen Schauern und hörte ebenso unvermittelt wieder auf. In Sekundenschnelle war ich naß bis auf die Haut. Es lohnte sich gar nicht, meinen Regenschutz anzuziehen; zudem herrschte trotz der Regengüsse noch immer eine drükkende Hitze. Dann gab es plötzlich einen Temperatursturz, und was jetzt vom Himmel fiel, war nicht mehr Regen, sondern murmelgroße Hagelkörner. Ich duckte mich unter dem Bombardement, das immer stärker und dessen Hagelkörner immer größer wurden. Ich hatte keine Zeit mehr, in den Satteltaschen nach meinem Regenschutz zu kramen, er hätte mir sowieso nicht viel genützt. Ich brauchte ein Dach über dem Kopf, und zwar rasch. In etwa fünfzig Meter Entfernung stand ein Schuppen. Als ich mich zu ihm hinkämpfte, waren zwei Männer daran, sich einzuigeln und die offene Seite mit Brettern zu vernageln. Sie zogen mich und das Fahrrad ohne großes Zeremoniell hinein und setzten ihre Arbeit fort. Als ich mich soweit erholt hatte, daß ich eine Bestandesaufnahme machen konnte, sah ich, daß ich aus unzähligen Schnitten stark blutete. Ich hatte unheimliches Glück gehabt, einen Unterstand zu finden, denn Menschen und Tiere fanden in diesen unberechenbaren Hagelstürmen häufig den Tod, da die Körner die Größe von Tennisbällen erreichen können. Der Sturm dauerte etwa zwanzig Minuten. Inzwischen machten die beiden Männer Tee und kochten Wasser für mich, damit ich meine Wunden auswaschen konnte.

Etwa drei Kilometer weiter traf ich auf eine lange Kolonne stillstehender Fahrzeuge. Als ich mich zur Spitze vorgekämpft hatte, sah ich, daß ein großer Erdrutsch die Straße blockierte. Auf dem Geröll standen wieder nepalesische Straßenarbeiter zu zweit an einer Schaufel und schufteten wie wild, um den Berg abzutragen. Dazu banden sie ein Seil knapp über dem Schaufelblatt an, und einer zog, während der andere stieß, was zumindest die Anzahl der Beschäftigten verdoppelte. Willige Hände halfen, das Fahrrad über das Hindernis zu schleppen. Als ich auf der anderen Seite an den wartenden Fahrzeugen vorbeifuhr, konnte ich sehen, daß viele Leute neidische Blicke auf mein überlegenes Transportmittel warfen.

Wegen dieses und mehrerer anderer Erdrutsche weiter

oben hatte ich die Straße wieder einmal ganz für mich allein, was mir sehr gelegen kam, denn das Tal hatte sich zu einer wahrhaft spektakulären Schlucht verengt, und der Fluß stürzte in großen Stromschnellen und Wasserfällen abwärts. In den steilen Uferböschungen der flacheren Partien stand hin und wieder ein Tempel. Es war überaus reizvoll, langsam weiterzufahren und alles genießen zu können, ohne auf den Verkehr achten zu müssen.

Ich beendete den Tag in einem miserablen Rasthaus in einer schmutzigen kleinen Stadt am Fuß des Kulu-Tals. Doch in einer Nacht, in der es unablässig stürmte, war jede Unterkunft willkommen. Das Kulu-Tal ist auch unter dem Namen »Tal der Götter« bekannt – angesichts der Art und Weise, wie hier mit Blitz und Donner herumgeschleudert wurde, schien mir diese Bezeichnung durchaus angemessen. Als ich nach einer unruhigen, hungrigen Nacht erwachte, sah ich, daß es noch immer wie aus Kübeln goß, obwohl das luftige Spektakel zu Ende war. Auch in mein Zimmer floß Wasser. Das andere Bett war völlig durchnäßt, und die Pfützen auf dem Fußboden waren so tief, daß sie ein ansehnliches Planschbecken abgegeben hätten. Wie immer es draußen mit dem Wasser stand, es war höchste Zeit, von hier wegzukommen.

Vorher erhielt ich jedoch noch Besuch. Es war ein junger Elektriker aus dem Nebenzimmer, der am Tag zuvor ins Rasthaus gekommen war, um das Licht zu reparieren. Mit dem antiquierten elektrischen System ließ sich jedoch nichts Vernünftiges mehr anfangen. Er war von der Nacht überrascht worden und suchte jetzt etwas Zerstreuung. »Sie kommen mit«, befahl er herrisch. »Tee trinken«, fügte er hinzu. Sein Tonfall paßte mir gar nicht, doch Tee schien sehr verlockend, daher willigte ich ein, ihn in ein Café zu begleiten. Es war keine Glanzidee, denn er zählte zu jenen Indern, deren Gesprächsbeitrag sehr leicht in einen streitsüchtigen Patriotismus ausartet. Er legte auch gleich los: »Warum Sie kommen Indien?« Unzufrieden mit meiner

Antwort spuckte er seine Frage ein zweites Mal aus: »Aber warum Sie kommen Indien?« Diesmal wartete er nicht einmal eine Antwort ab, sondern wechselte abrupt das Thema. »Indien sehr arme Land. Britannien sehr reiche Land.« Ich stimmte ihm zu, wie dies offenbar von mir erwartet wurde. »Indische Leute sehr wenig wissen, sehr simpel, sehr gute Leute.« Mir fielen gar nicht wenig Inder ein, die ich getroffen hatte und die in keine dieser Schubladen paßten, doch ich hielt es für einfacher, zustimmend zu nicken. Sein nächster Ausbruch kam daher höchst unerwartet: »Warum für Sie nicht mögen indische Leute? Indische Leute Spiegel von Natur.« Er hielt eine Weile inne, um diesen Gedanken auszukosten, dann begann er mich zu belehren, wie töricht ich sei, auch nur daran zu denken, bei diesem Regen weiterzufahren. »Bleiben besser mit mir, etwas essen, sprechen. Ich erzähle Sie von Indien. Sie werden sehr gern haben.« Doch in dieser Hinsicht hatte ich keine Bedenken, ihm zu widersprechen.

Ich fuhr in Shorts und Windjacke los. Um die Schuhe hatte ich mir Plastiksäcke gebunden – die ideale Ausrüstung bei Regenwetter, denn am Ziel brauchte man nichts zu trocknen. Es regnete und regnete. Der nahe Fluß führte jetzt Hochwasser und überschwemmte das Ufer, auf den Straßen stand jedoch nicht annähernd soviel Wasser wie bei den Überschwemmungen, die ich in Pakistan erlebt hatte. Es war sehr kalt, und meine Hände wurden klamm und geschwollen. Meine nackten Beine verursachten mir erstaunlicherweise kein Unbehagen, wahrscheinlich weil sie sich so schnell im Kreis bewegten. Eine Stunde später hatte der Hinterreifen einen Platten. Da es erst die dritte Reifenpanne nach mehr als dreitausend Kilometern war, konnte ich mich eigentlich nicht beklagen, um so mehr, als es kurz vor einem geeigneten Ort zum Frühstücken passierte. Die Dorfbewohner waren entzückt über diese neuartige Unterhaltung und boten mir den Schutz einer gedeckten Veranda an, wo ich die Reparatur ausführen konnte. Es war ein zweifelhaftes Vergnügen, denn die meisten männlichen Dorfbewohner drängelten sich neben mich auf die Veranda, um besser zuschauen zu können und im Trockenen zu bleiben. Aus Mangel an Platz und wegen meiner steifen, geschwollenen Finger brauchte ich eine Ewigkeit.

Mitten am Nachmittag begann sich die Wolkendecke zu heben und ebenso geschwind aufzulösen, wie sie sich vierundzwanzig Stunden zuvor gebildet hatte. Als ich die Stadt Kulu erreichte, schien die Sonne, und überall stieg Dampf auf. Meine gute Laune stieg ebenso. Sie wurde noch besser, nachdem ich eine ganz passable Mahlzeit verdrückt hatte, die ein charmanter Tourismusbeamter für mich organisierte. Er arrangierte auch, daß ich im Rasthaus Nagar Castle wohnen konnte. »Spezielle Rasthaus, Nummer eins«, versicherte er mir. »Nur vielleicht Sie dort nicht können«, fügte er rätselhaft hinzu. Ich dachte, daß er möglicherweise taktvoll darauf anspielte, es könnte meine Mittel übersteigen, weil das Haus so speziell war und ich nur eine arme Radfahrerin. Doch nachdem er nach den richtigen Worten gesucht hatte, erklärte er: »Sehr viel hohe Straße, vielleicht Sie können nicht dort. « Nach all den Bergen, über die ich schon gefahren war, machte ich mir in dieser Hinsicht keine Sorgen. Ich versicherte ihm, ich »könne sehr hohe Straße«, und radelte mit einer kurzen Notiz für den Chowkidar los.

Drei Stunden später dachte ich, daß der Tourismusbeamte vielleicht doch recht gehabt hatte. Ein enger, schlammiger und unglaublich steiler Pfad schien endlos weiterzuführen. Irgendwo hoch über mir, in den Wolken versteckt, war Nagar Castle, doch ich hatte wenig Hoffnung, es je zu erreichen, denn ich hatte keinen Funken Energie mehr. Die strapaziöse Fahrt und die unzureichende Ernährung der letzten paar Tage hatten ihren Tribut gefordert. Ich stand da, schweißgebadet und absolut unfähig, einen einzigen Schritt weiterzugehen. Vier zerlumpte kleine Bengel machten sich an mich heran und guckten mir zu. Es waren tibetische Jungen aus dem Flüchtlingslager, das ich am Fuß des Berghangs passiert hatte. Einer von ihnen nahm seine Mütze ab und zeigte mir, was sie enthielt. »Magic mushroom«, sagte er. »Sie kaufen?« Ich wußte, daß »Magic mushrooms« eine sehr starke psychedelische Pilzdroge war, denn die Reisenden im »Ringo's« hatten mich davor gewarnt und mir gesagt, daß sie sehr leicht mit gewöhnlichen Pilzen zu verwechseln seien – mit dramatischen Folgen. Sobald ich die Jungen überzeugt hatte, daß ich ihre Pilze nicht wollte, waren sie für mich ein Geschenk des Himmels, denn sie waren versessen darauf, ein bißchen Geld zu verdienen, und halfen mir, das Fahrrad zum Schloß hinaufzuschieben. Als wir oben ankamen, war ich am Rand der Erschöpfung und nicht mehr fähig, viel von meiner neuen Umgebung wahrzunehmen – nur vage Eindrücke von einem festungsähnlichen Ort mit ungeheuer dicken Mauern, der in schwindelnder Höhe thronte. Ich wurde in ein großes, trüb beleuchtetes Zimmer geführt und legte mich sogleich ins Bett.

13

Mitten im Tal fließt ein jadefarbener Fluß, der stellen-weise über weiße Felsen stürzt. Bäume säumen die Ufer, in neues, zartes Frühlingslaub gekleidet. Die oberen Berghänge sind mit dunkelgrünen Pinienwäldern bestanden, über denen die weißen Gipfel emporragen; die weiter unten liegenden bilden einen Flickenteppich aus winzigen Feldern und Terrassen. Braunhäutige Menschen in leuchtend bunten Kleidern und mit goldenen Ringen in Ohren und Nase waren dort an der Arbeit. Einige führten primitive, von Ochsen gezogene Pflüge, andere trugen große Weidenkörbe in der Form eines Füllhorns auf dem Rücken.

Von der Veranda von Nagar Castle aus konnte ich auf dieses Schauspiel hinunterblicken, wie es die Herrscher dieses Tals vor sechshundert Jahren getan hatten. Am Fuß des Schlosses drängte sich ein mittelalterliches Dorf mit steilen, gewundenen Gäßchen und Holzhäusern. An den wenigen ebenen Plätzen standen Hinduschreine und Tempel. Auf der einzigen größeren ebenen Fläche neben dem Schloß frönten die einheimischen Männer einem Spiel, bei dem sie mit Münzen warfen und das kein Ende nehmen wollte. Ich schaute diesem Spiel lange Zeit zu, aber es schien mir zu schwierig, seine komplizierten Regeln nur durch Beobachtung zu verstehen.

Es war ein bezaubernder Ort, um sich eine Weile auszu-ruhen und wieder etwas zuzunehmen. Die Gesellschaft von Adam machte mir den Aufenthalt noch angenehmer. Ich lernte ihn kennen, als ich aus meinem Zimmer auf die Veranda trat, nachdem ich rund um die Uhr geschlafen hatte: ein schlaksiger Junge mit rasiertem Kopf, der schlotternd in einer Ecke kauerte und zuschaute, wie die Morgendämmerung die Talhänge im Westen rosa färbte.

»Hallo«, sagte er. »Hab gesehen, wie Sie gestern abend mit Ihrem Rad hergekommen sind. Darf ich es mir mal ansehn?« Nachdem er es mit »sagenhaftes Ding« tituliert hatte, waren wir gleich Freunde, und er lud mich zu einer Tasse Tee in sein Zimmer ein. Da er erst etwa zwölf Jahre alt war, erwartete ich, irgendeine erwachsene Person vorzufinden, doch er war ganz allein und machte sich auf kompetente Art daran, Tee aufzugießen. In den nächsten Tagen lernte ich die Lebensgeschichte dieses englischen Jungen kennen. Seine Eltern hatten sich getrennt, als er etwa sechs war. Er war in England bei seiner Mutter geblieben, während sein Vater in Indien herumreiste. Er sei zu Hause und in der Schule sehr unglücklich gewesen, erzählte er, und mit dem neuen Partner seiner Mutter sei er nicht gut ausgekommen. Sein Vater, der in der Zwischenzeit in einem indischen Aschram, einem Meditationszentrum zum praktischen Studium der Hindu-Philosophie, die Religion entdeckt hatte, war nach Hause zurückgekehrt, um ihn zu besuchen. Als er sah, daß Adam so unglücklich war, nahm er ihn nach Indien mit, wo er mit ihm im Aschram lebte. Dort hatte auch Adam die Religion entdeckt, daher der rasierte Kopf. Sie wohnten jetzt nicht mehr im Aschram, denn wie er mir erzählte, sei ihre Bekehrung vollendet. Sie hätten sich darin geübt, sich von jeglicher Aggression zu befreien, und da weder er noch sein Vater von Natur aus aggressiv seien, hatte es sie weniger Zeit gekostet als die meisten anderen. Sein Vater hatte eine neue Freundin, die Adam sehr nett fand. Die drei reisten zusammen zwischen Holland und Indien herum und verdienten sich ihren Lebensunterhalt mit dem Verkauf verschiedenster Dinge, vor allem mit östlichem Schmuck. Von Zeit zu Zeit gingen die beiden Erwachsenen weg, und Adam war wie jetzt sich selbst überlassen. Er fand das gut so, denn es fördere seine Eigenständigkeit. Adam träumte davon, so schnell wie möglich auf eigenen Füßen zu stehen. Dann wollte er das Leben eines Eingeweihten von Schiwa führen, zusammen mit einem Saddhu mit Dreizack und Bettelschale die Wälder durchstreifen, Haschisch rauchen und religiöse Erfahrungen sammeln.

Die wenigen Tage, die ich in Nagar Castle verbrachte, begleitete er mich überall hin und hatte wie jeder Junge in diesem Alter sehr viel Spaß daran, seine Kenntnisse der Sprache und der lokalen Gepflogenheiten an die Frau zu bringen. Er zeigte mir, wie man Puja ausübt, die Hindu-Gebete in den lokalen Tempeln, deren Priester ihn alle mit großer Ernsthaftigkeit behandelten. Auch in den kleinen Teestuben kannte man ihn, wo er mit einer Autorität, die einer langen Gewohnheit entsprang, »Special Chai« bestellte, der mir mehr zusagte als normaler Tee. An den Abenden, die sehr kalt wurden, sobald die Sonne untergegangen war, saßen wir in seinem Zimmer, das wärmer war als meines, weil es ein Feuer hatte. Hier kochte er Gemüse, Eintopf und Reis, was sehr viel besser schmeckte als das Essen, das der Chowkidar servierte. Ich gewann Adam sehr lieb, machte mir jedoch etwas Sorgen über seine mangelnde Ausbildung. Er konnte nicht einmal ansatzweise lesen und trotz all seiner Hindi-Wendungen kein richtiges Gespräch in dieser Sprache führen und sich so auch nicht unter die indischen Jungen seines Alters mischen. Mir schien, daß er in der engen Kultur der ständigen Weltenbummler isoliert war und aufwachsen würde, ohne irgendwo dazuzugehören, bis er einmal wirklich ein Anhänger Schiwas wurde.

Mein nächstes Ziel war, den obersten Teil des Kulu-Tals zu erkunden. So nahm ich also Abschied von Adam und von Nagar Castle und radelte auf einer lieblichen, hügeligen Nebenstraße nach Manali. Eigentlich ist dies eher ein schmaler Weg als eine richtige Straße, doch so entgeht man etwas den vielen Kindern, die gelernt haben, von den Touristen zu betteln. In der Hauptsaison wird dieses Tal zu einer regelrechten Autobahn mit Busladungen von Besuchern, darunter vielen reichen Europäern, die den reizenden

Knirpsen mit ihrem breiten Grinsen und den ausgestreckten Händchen voller Entzücken eine Münze nach der anderen zuwerfen. Diese unbedachte Großzügigkeit hat gravierende Folgen und macht sowohl den Behörden als auch den Eltern der Kinder Sorgen. Die so mühelos erworbenen wenigen Rupien bilden für diese einfachen, hart arbeitenden Menschen ein kleines Vermögen. Die Kinder beginnen bald, das Betteln als eine Existenzform anzusehen, und kehren der Lebensweise ihrer Eltern den Rücken. Indien hat bereits viel zu viele Bettler, und sobald Kinder einmal professionell darin werden, sind sie nicht mehr entzückende kleine Knirpse, sondern aufdringliche Störenfriede, die man nur sehr schwer wieder los wird.

Die meisten Leute an der Straße waren freundlich und winkten und lächelten, als ich vorbeifuhr. Ich bewunderte den offenen Gesichtsausdruck und die aufrechte Haltung auch der alten Frauen beim Gehen. Häufig trugen sie in den für diese Gegend charakteristischen konischen Körben große Lasten auf dem Rücken, und wenn ich anhielt, um sie zu fotografieren, posierten sie stolz und ohne einen Versuch, das Gesicht zu verbergen, wie es Frauen andernorts so oft getan hatten. Die Dörfer, durch die ich fuhr, waren sehr attraktiv. Die Häuser, aus Holz gebaut, erinnern ein wenig an Schweizer Chalets; sie haben alle eine tiefe Veranda, auf welcher Webstühle aufgestellt sind. Wenn ich anhielt, um den leuchtend farbigen Stoff zu bewundern, der hier gewoben wird, winkte man mich jedesmal hoch, damit ich alles von nahem betrachten konnte, doch niemand versuchte, mir etwas zu verkaufen. Das heißt, in den Dörfern versuchte es niemand. Irgendwo dazwischen tauchten wieder kleine Jungen auf und boten halluzinogene Pilze an.

Als ich nach dieser gemütlichen und bezaubernden Fahrt Manali erreichte, merkte ich, daß ich in ein Mekka für Touristen geraten war. Die Hauptstraße wird von Hotels und Speiselokalen gesäumt, und alles ist viel reinlicher und luxuriöser als in dieser Gegend üblich. Da die Touristensaison durch die jüngste Schlechtwetterperiode noch im Verzug war, konnte ich einigermaßen sicher sein, den Ort ganz für mich allein zu haben. So hatte ich auch die Aufmerksamkeit der vielen Schlepper für die lokalen Hotels exklusiv für mich allein. Sie stürzten sich höchst erfreut gleich hordenweise auf mich. Das beste Mittel zur Verteidigung war wie immer, einen von ihnen in Dienst zu nehmen. Schnell wählte ich mir den Lautstärksten aus.

»Ich Agent für beste Platz von Manali. Sie nicht mögen, dann ich führe Sie zu andere Platz. Alles sehr gut, sehr sauber. Sie schauen, Sie mögen.«

Als er sah, wie mein Widerstand langsam schmolz, kam er zur Sache:

»Was Sie mögen, hm? Stadt sehr laut, ich glaube, sie mögen lieber draußen. Ich bringe Sie zu sehr gute, saubere Platz. Nicht zu viel Geld. Sie mögen.«

Er war ganz offensichtlich ein Profi, der die Bedürfnisse seiner Klienten im Handumdrehen abschätzen konnte. Wir zogen los, zum nördlichen Stadtrand. Hier lagen verstreut viele neue Häuser, die alle erst kürzlich erbaut worden waren. Sie trugen rustikale Schilder auf englisch mit Namen wie »Singende Winde« oder »Höhensitz«. Ich wählte eins von den dreien aus, die mir angeboten wurden. Sie schienen alle demselben lokalen Syndikat zu gehören und unterschieden sich praktisch in nichts. Alle waren sauber und billig und boten eine herrliche Aussicht auf die hohen Berggipfel am Ende des Tals. Ich trug das Fahrrad hoch und richtete mich ein.

An der Veranda vor meinem Eckzimmer, das auf zwei Seiten Aussicht bot, wohnte eine junge Deutsche, die einzige andere Touristin in Manali. Wir kamen ins Gespräch, als ihre kleine Tochter über die Veranda gekrabbelt kam, um den Neuankömmling zu inspizieren. Sie war kürzlich von Dharamsala hergekommen, wo sie »zu Füßen des Dalai-Lama« gesessen hatte. Ihr Leben sei völlig verfahren, erzählte sie mir. Der Dalai-Lama hatte sich als die einzige

Lösung für sie angeboten, nur hätten sich jetzt weitere Komplikationen ergeben, und sie habe sich losreißen müssen, um mit sich selbst ins reine zu kommen. Sie berichtete mir, daß Dharamsala voll von jungen Leuten aus dem Westen sei, die den Dalai-Lama als ihren spirituellen Führer betrachteten. Ich war fasziniert. Vor meinem inneren Auge sah ich einen Schwarm Hippies, die meditierend im ewigen Schnee saßen. Sie meinte, so sei es nun auch wieder nicht, im übrigen sei die Hippie-Bewegung vorbei, und die wenigen Übriggebliebenen seien hartgesottene Junkies. Die Leute, die jetzt nach Dharamsala reisten, gehörten keiner Gruppierung an, sondern kamen aus eigenem Antrieb, nur um dem Dalai-Lama nahe zu sein. Allein schon seine Nähe würde spirituellen Frieden bringen, sagte sie, aber das ließe sich nicht so einfach erklären. Später am Abend aß sie im selben Restaurant wie ich. Ein hübscher, junger Inder begleitete sie und das Kind. Die Kleine spielte zufrieden mit ihrem Essen, doch die beiden Erwachsenen saßen bloß da und starrten einander traurig an. Ich konnte mir denken, daß er eine der besagten »Komplikationen« sein mußte.

Nicht weit von Manali entfernt liegen einige der schönsten Dörfer, die ich im Himalaja sah. Die Häuser sind zweistöckig und hauptsächlich aus Holz gebaut. Jedes verfügt über einen kunstvoll geschnitzten Balkon rund ums Obergeschoß. Große Steinplatten bedecken die flach geneigten Dächer mit ihren weit hervorragenden Dachtraufen. Auch die Straßen sind hier mit großen Steinplatten gepflastert und tief eingesunken, so daß jedes Haus auf einem erhöhten Podest steht, das von Steinmauern abgestützt und mit Mandelbäumen bepflanzt ist. Die Verbindung aus zarten, rosafarbenen Blüten, Gestein und verwittertem Holz mit dem Panorama der schneebedeckten Berge im Hintergrund war das reinste Entzücken.

Ich radelte tagelang durch diese Dörfer, sog den Sonnenschein des Frühlings in mich auf und labte mich an gutem Essen. Auf den ersten Blick hatte es den Anschein, als hätte sich hier seit Jahrhunderten nichts verändert. Die Leute gehen noch immer einer uralten Form von Landwirtschaft mit ebenso alten Arbeitsgeräten nach. In manche Dörfer waren aber Familien aus dem Westen gezogen, bis jetzt jeweils nur eine oder zwei, doch es sah ganz so aus, als würden noch weitere folgen. Ich hätte gern gewußt, wie sich ihr völlig anderer Lebensstil auf die einheimische Bevölkerung auswirkt. Würde diese allmählich verdrängt werden? Würden ihre Häuser zu Ferienhäusern reicher Städter, wie es in vielen schönen Gegenden Großbritanniens geschehen war? Hoffentlich nicht!

Anderswo im Tal gab es viele tibetische Flüchtlinge, die auf kargem Boden ein kümmerliches Dasein fristeten und in derart unzulänglichen behelfsmäßigen Baracken wohnten, daß ich mir nicht vorstellen konnte, wie sie darin den Winter überlebt hatten. Im ganzen Himalaja stehen diese traurigen Tibeterlager als stummer Vorwurf gegen ein rohes und unmenschliches Vorgehen. Für Indien bilden sie ein weiteres Problem in einem anscheinend hoffnungslosen Kampf gegen die Armut.

An meinem letzten Tag radelte ich das Tal in Richtung Rohtang-Paß hoch, soweit ich fahren konnte. Hätte ich meine Reise einen Monat später unternommen und wäre die Saison nicht derart im Verzug gewesen, hätte ich diesen Weg von Ladakh her herunterkommen müssen. Diese Straße steigt auf über viertausendzweihundert Meter an, und ich bezweifelte, daß sie dieses Jahr überhaupt passierbar würde. Je höher ich kletterte, desto unwirtlicher wurde das Gelände und desto häufiger waren die Lager der Tibeter. Dann befand ich mich über der Endmoräne in Schneefeldern, wo sich nur noch ein frisch freigelegtes Straßenband steil zwischen hohen Schneewällen emporwand. Es sah aus, als würde ich eine Bobbahn emporradeln, doch da ich ohne Gepäck fuhr, war es nicht allzu anstrengend. Trupps von tibetischen Frauen waren emsig beschäftigt, mit Schaufeln und Schubkarren die Straße freizuhalten. Sie trugen mehrere Lagen Kleider und Halstücher, während ich es in Shorts und einem dünnen Hemd extrem heiß fand. Die Sonne schien strahlend hell aus einem grell-blauen Himmel, und ohne Sonnenbrille hätte mich das Schneegeflimmer blind gemacht. Den Tibeterinnen waren hellorangene Schutzbrillen ausgehändigt worden, die einen sehr merkwürdigen Kontrast zu ihren langen, schwarzen Röcken bildeten. Von diesen Frauen abgesehen, hatte ich ab dem letzten Tibeterlager seit Stunden weder einen Menschen noch ein Fahrzeug erblickt. Als ich um eine der vielen endlosen Kurven bog, endete die Straße unversehens vor einer sechs Meter hohen Mauer aus kompaktem Schnee. Eine ziemlich große Gruppe Tibeterinnen machte gerade Teepause. Sie ruhten sich auf den Kehrseiten ihrer Schaufeln aus oder saßen in den Schubkarren. Als sie mich sahen, sprangen ein paar von ihnen auf und begannen Schneebälle in meine Richtung zu werfen. Ich wußte nicht, ob sie mich vom Weiterfahren abhalten wollten oder ob dies ein Zeichen von spielerischer Freundlichkeit war. Hier oben befanden wir uns auf etwa zweitausendneunhundert Metern, wo die dünne Luft langsam eine euphorische Wirkung erzeugt, und vielleicht fühlten sie sich einfach glücklich, genau wie ich auch.

Ich knipste einige Bilder, bevor ich mich wieder an die Rückfahrt machte. Als ich die Kamera wegstecken wollte, fiel sie zu Boden und begann die Straße hinunterzugleiten, wobei sie rasch in Fahrt kam. Sechshundert Meter lang behielt sie einen großen Vorsprung, da ich wegen der dicken Eisschicht auf der Straße vorsichtig fahren mußte. Als ich sie einholte, schien sie trotz ihrer Sausefahrt keinen Schaden erlitten zu haben und funktionierte den Rest der Reise weiterhin perfekt.

Es fiel mir nicht leicht, das Kulu-Tal zu verlassen, und nur die Vorstellung von Busladungen voller Touristen, die sich bald darüber ergießen würden, bewog mich schließlich zum Gehen. Ich hielt immer wieder an, um einen letzten Blick zurückzuwerfen, und jeder Anblick schien noch reizender als der vorherige. Erst die kleinen Jungen, die an der Straße ihre Pilze verkauften und mit lauter, heiserer Stimme »Hippie, Hippie« riefen, brachten mich schließlich dazu, energisch in die Pedale zu treten. In Kulu legte ich einen Halt ein, um für die abgelegenen Täler, die vor mir lagen, Vorräte einzukaufen.

In wenigen Stunden hatte ich eine Distanz zurückgelegt, die mich beim Anstieg drei Tage gekostet hatte. Ich war wieder am Eingang zu der Schlucht, wo ich von dem unberechenbaren Wetter überrascht worden war. Im milden Sonnenschein sah sie längst nicht so dramatisch aus, und aus dem dichten Verkehr auf der Straße konnte ich schließen, daß alles Geröll der Lawinen weggeräumt worden war. Die Fahrzeugkolonnen bereiteten mir diesmal kein Problem, denn an dieser Stelle überquerte ich den Fluß und fuhr auf einer viel schmaleren Straße weiter, die anfangs allerdings noch mehr kostbare Höhe verlor und dann in einen langen, steilen Anstieg hoch zum Jalori-Paß münden würde – so hoffte ich wenigstens. Mit meiner unzulänglichen Karte konnte ich mir nie ganz sicher sein, wohin die Straßen führten, und häufig war ich froh, einen Kompaß bei mir zu haben, um die grobe Richtung zu überprüfen. Was den Paß betraf, so gab es eine weitere Unsicherheit. Er führte auf über dreitausend Meter Höhe und konnte ebensogut geschlossen sein, da die Schneegrenze noch immer auf etwa zweitausenddreihundert Meter herunterreichte. Falls er sich nicht überqueren ließ, hätte dies einen Umweg von mehreren hundert Kilometern bedeutet. Ich rief mir wieder in Erinnerung, daß man Optimist bleiben muß, wenn man herumreisen will.

Den ganzen heißen Tag legte ich mich ins Zeug. Die Landschaft war völlig andersartig: nackter brauner Fels und tiefe, braune Flüsse. Als ich am Mittag für ein Picknick anhielt, wählte ich mir einen ruhigen Fleck mit Aussicht auf einen Tempel am Flußufer. Er schien weit weg von jeder menschlichen Behausung zu liegen, doch bevor ich zu essen angefangen hatte, kam ein kleines Mädchen mit einer Hasenscharte herbei. Es setzte sich nicht weit weg von mir hin und starrte mich ungerührt an. Ein junges Pärchen war ebenfalls wie aus dem Nichts aufgetaucht und wühlte ungeniert in meinen offenen Satteltaschen herum. Ich fühlte mich eindeutig belästigt. Das Mädchen zu vertreiben war nicht sehr schwierig: Ich drückte ihm einfach eine kleine Münze in die Hand und drehte es um, worauf es völlig zufrieden wegtrottete. Die anderen beiden waren eine Sache für sich. Der junge Mann machte mir immer wieder Zeichen, als ob er durch gewölbte Hände rauchen würde. Später erfuhr ich, daß er dadurch mir entweder Haschisch anbot oder mich darum bat. Zu jenem Zeitpunkt hatte ich nicht die leiseste Ahnung, worauf er aus war. Mir lag viel mehr daran, die junge Frau davon abzuhalten, meine Besitztümer zu durchwühlen. Schließlich fand ich es einfacher, wegzufahren und ein friedlicheres Plätzchen zu suchen.

Den Rest des Tages sah ich niemanden mehr. Die wenigen Dörfer in diesem unfruchtbaren Tal waren winzige Nester und klebten weit oben an den Berghängen. Steile Pfade führten zu ihnen hoch, die sich oft an jäh abfallenden Felsklippen entlangzogen. Ziegen grasten im dünnen Gestrüpp der erodierten unteren Hänge und wirbelten Steine und Staub auf die Straße hinunter. In tief eingeschnittenen Rinnen verfingen sich Luftwirbel und bliesen noch mehr Staub hoch. Bald war ich von einer dicken Staubschicht bedeckt, und es fühlte sich an, als hätte ich zusätzlich ein paar Kilogramm davon verschluckt.

Ich war froh, als ich endlich Banjar erreichte und sah, daß dort tatsächlich ein Rasthaus existierte. Es war prächtig gelegen, und es kostete mich einige Mühe, bis ich oben war. Ein griesgrämiger Chowkidar führte mich zur Rückseite des Hauses und wies auf etwas, was wie ein Kuhstall aussah. Es mußte ursprünglich als Unterstand für Pferde gebaut worden sein. Jetzt waren es widerliche kleine Zellen, deren jede ein mit toten Käfern und anderem Unrat bestreutes Bett enthielt. Nur wenige hatten mehr als die Rudimente einer Tür, und alle sahen aus, als wären sie seit langem nicht mehr benutzt worden. Immerhin gewährten sie mir Obdach, und ich bezahlte frohgemut, als der Chowkidar die Hand ausstreckte. Er ging zu seinem Quartier am Ende des Gartens, wo er von einer alten Frau, die uns mit großem Interesse nachspioniert hatte, sogleich in eine Diskussion verwickelt wurde. Es klang so, als würden sie sich sehr heftig streiten, doch da viele Unterhaltungen in Indien in einem lauten, herrischen Tonfall geführt werden, war ich nicht weiter beunruhigt. Mich interessierte viel mehr, welche der kleinen Zellen am wenigsten scheußlich war und wo ich einen Ort finden konnte, um mich zu waschen. Auf meiner Suche kam ich zur Vorderseite des Hauses. Hier lag eine gedeckte Veranda, von der mehrere anständige Schlafzimmer wegführten, die alle unbelegt waren. Während ich so dastand und mich fragte, weshalb ich nicht eins dieser Zimmer kriegen konnte, erschienen der Chowkidar und die alte Frau. Der Chowkidar war anscheinend entschlossen, jeder eventuellen Bitte zuvorzukommen. »Zimmer für V. I. P. «, schnauzte er mich an, breitete vor einer der Schlafzimmertüren die Arme aus und schüttelte heftig den Kopf. Ich war pikiert, daß man meinen Wert hier offensichtlich so gering einschätzte, reckte mich und sagte mit fester Stimme: »Ich bin VIP« Zu meiner Überraschung schien die alte Dame Partei für mich zu ergreifen. Sie lächelte mir zu und nickte. Die Verteidigung des Chowkidar fiel zusammen. Fast augenblicklich war ich im hübschesten Zimmer einquartiert und bekam ein Teetablett sowie einen Eimer heißen Wassers zum Waschen. Ich beschloß, in Zukunft stets auf meinen VIP-Status zu pochen, da dies enorme Vorteile mit sich brachte und Chowkidars es offensichtlich nicht gewohnt waren, für vom Reisen verschmutzte weibliche Wesen auf Fahrrädern sorgen zu müssen.

Bevor ich am folgenden Morgen weiterfuhr, versuchte ich vom Chowkidar zu erfahren, ob der Jalori-Paß offen war. Sein Englisch war jedoch noch dürftiger als meine wenigen Worte Hindi, und auch in Mimik war er nicht sehr bewandert. Als einziges konnte ich in Erfahrung bringen, daß die Straße kolossal steil sei. Dies war auch wirklich der Fall, wie ich sogleich bemerken sollte. Ich war froh, daß ich mich dazu gezwungen hatte, das unappetitliche Essen im Rasthaus zu verdrücken, damit ich die notwendige Kraft hatte, um die ersten Hänge zu erklimmen. Ich haßte es, den Tag mit einem steilen Anstieg zu beginnen, bevor meine Muskeln Zeit gefunden hatten, auf einem flacheren Teilstück warm zu werden. Zudem war die Straße mit Schlamm und Kies bedeckt, was das Fortkommen zusätzlich erschwerte. So kroch ich bergauf. Ich kam nur langsam voran und mußte häufig anhalten, um den verklumpten Schlamm zwischen den Schutzblechen und Reifen wegzukratzen. Nachdem ich mich etwa zwei Stunden abgerackert hatte, erreichte ich ein Dorf, wo ein Bus stand, um den sich viele Leute geschart hatten. Ich hielt bei dem Schuppen daneben an, um ein Glas Tee zu trinken und mich nach dem Bergpaß zu erkundigen. Bald wurde die Frage von allen Anwesenden hitzig diskutiert. Nach etwa zehn Minuten trat ein Sprecher vor, um mir das allgemeine Urteil bekanntzugeben.

»Wir glauben, er ist nicht offen«, sagte er. »Aber vielleicht Sie können dort kommen mit Fahrrad.«

Dies klang ganz ermutigend. Doch dann fuhr er fort: »Wir glauben, Sie dort nicht kommen ganz allein, aber vielleicht wenn Sie haben zwei starke Männer zu helfen, dann Sie kommen hinüber.«

Ich fragte ihn, wo ich solche Männer finden konnte.

»Hier«, erwiderte er. »Sehr gute Männer, Träger für Sie, bringen Sie sicher hinüber«, und zwei junge Männer wurden nach vorn geschoben. Ich fragte, was ihre Dienste kosten würden, und man nannte mir eine Summe von etwa fünf Pfund, was für jeden einem Lohn von mehreren Tagen entsprach. Es wäre mir nie in den Sinn gekommen, um den Preis zu feilschen, was ein großer Fehler war, wie ich später erkennen mußte.

Wir brachen sogleich auf. Die beiden schoben das Fahrrad, und alle anderen jungen Männer und Buben aus dem Dorf begleiteten uns den ersten Kilometer. Sie schlugen ein horrendes Tempo an, so daß ich nur mit Mühe mitkam. Immer wieder mußten wir anhalten, um die Räder vom Schlamm zu befreien, was einen der Träger sehr verstimmte. Er schien der Anführer der beiden zu sein und sprach ein bißchen Englisch. »Schnell, schnell«, drängte er mich immer wieder, während ich mit einem Zweig den Schlamm wegkratzte. »Sehr weit. Schnell, schnell.« Schließlich meinten sie, daß wir rascher und leichter vorwärtskämen, wenn sie das Rad trugen. Daher schnallte ich die Satteltaschen los, und wir konstruierten eine Trageschlinge für sie. Beide hatten eine Last von etwa vierzehn Kilogramm zu schleppen, für einen Träger also sehr wenig, dafür aber etwas umständlicher als ein Rucksack. Dann beschlossen sie, die Straße zu verlassen und eine Abkürzung einzuschlagen, die vertikal durch eindrucksvolle Pinienwälder hochführte, deren Wurzeln hervorstanden und eine Art natürliche Leiter bildeten. Wir kletterten in einem solchen Tempo hoch, daß ich glaubte, das Herz würde mir vor Anstrengung zerspringen. Alle hundert Meter ließen wir uns zu Boden fallen und schnappten keuchend nach Luft. Ich wußte nur zu gut, daß dies eine idiotische Methode war, um solche Steilhänge zu bezwingen, und wir mit einem gleichmäßigeren Rhythmus, aber weit weniger Anstrengung dieselbe Strecke zurückgelegt hätten. Außerdem widerstrebte es mir, durch eine so schöne Landschaft zu hasten, ohne Zeit zu finden, sie richtig zu genießen, doch es gelang mir nicht, dies den beiden Trägern zu vermitteln, die immer mürrischer wurden, je länger die Kletterei dauerte.

Immer wieder kreuzten wir die Straße und erreichten schließlich eine Stelle, wo es keine Abkürzung mehr gab, denn die Straße lag jetzt höher als ihre Umgebung. Hier inszenierten die Träger ihren ersten Sitzstreik.

»Nicht gehen weiter«, sagte der Sprecher.

»Ich kehre nicht um«, sagte ich. »Nicht nach all den Strapazen bis hierher.«

»Rasthaus hier. Sie bleiben hier, vielleicht kommen durch, wenn Straße frei, vielleicht morgen.« Ich machte ihn darauf aufmerksam, daß ich auch ohne ihre Hilfe hierhergekommen wäre, wenn ich mich an die Straße gehalten hätte. Ich hatte sie angestellt, um das Fahrrad durch den Schnee oben am Paß zu tragen, und erklärte ihnen, daß ich sie andernfalls nicht bezahlen würde.

»Wir nicht Ihre Diener«, sagte der mürrische Träger wütend. »Wir gehen zurück. Sie zahlen jetzt.«

Als ich sah, daß sie sich durch Argumente nicht bewegen ließen, lud ich die Satteltaschen wieder aufs Rad und begann es die Straße hochzuschieben. Sofort sprangen sie auf und folgten mir. Nach kurzer Zeit nahmen sie stillschweigend ihre Last wieder auf. Wir gingen wortlos eine kleine Strecke weiter, bis wir auf einen Trupp tibetischer Straßenarbeiter stießen, die fröhlich an einer Schneemauer herumschaufelten. Soweit ich abschätzen konnte, war es wenig mehr als ein Kilometer bis zum Gipfel, und die Steigung sah sehr sanft aus. Zu meiner Überraschung machten die Träger keine Einwände, sondern stapften Schritt für Schritt durch den sechs Meter hohen Schnee, welcher die Straße bedeckte – vermutlich, weil die Tibeter ihnen zuschauten. Doch kaum waren sie außer Sicht, inszenierten sie einen weiteren Sitzstreik.

»Nicht weitergehen. Wir kalt.«

An der Oberfläche war der Schnee geschmolzen. Hin und wieder sanken wir bis zu den Knien ein, doch die Sonne brannte von einem klaren Himmel. Was auch der Grund sein mochte, die Kälte war es nicht. Ich machte ihnen deutlich, daß ich nur mit Shorts und einem kurzärmeligen Hemd bekleidet war und ausgiebig schwitzte.

»Fuß kalt«, sagten sie und deuteten anklagend auf den dünnen Streifen der Tennissocken, die über dem Rand meiner Radfahrerschuhe hervorschauten. Dann zogen sie ihre Hosenbeine hoch, um mir zu zeigen, daß sie keine Socken hatten. Ich könnte nicht behaupten, daß es mir deswegen aus Mitleid das Herz zugeschnürt hätte. Inzwischen hatte ich längst gemerkt, daß alle ihre Pausen und all ihr Gejammer lediglich darauf angelegt waren, mir mehr Geld zu entlocken. Ich war entschlossen, nicht darauf einzugehen, denn ich befürchtete, daß sie andernfalls immer mehr verlangen würden. Für solche Strecken hatte ich ja ganz viele Plastiktüten bei mir. Plastikbeutel, in den Stiefeln getragen, halten die Füße warm und trocken, wenn man durch Schnee oder matschiges Gelände geht. Viele Bergsteiger und Träger kennen diese Methode. Ich demonstrierte den beiden ihre Anwendung, wobei ich mir wünschte, daß ich früher daran gedacht hätte, denn meine Socken waren bereits durchnäßt. Die Träger wiesen mein Angebot verächtlich zurück. Um Zeit zu sparen, lieh ich ihnen meine beiden Paar Ersatzsocken, die sie akzeptierten. Sie zwängten ihre um einiges größeren Füße hinein, so gut es eben ging. Danach versuchten sie es mit verschiedenen anderen Maschen, vor allem damit, wie gefährlich dieses Unternehmen sei, was völliger Unsinn war, denn wir brauchten uns nur oben auf dem Kamm zu halten, unter welchem die Straße verlaufen mußte. Aus der großen Anzahl Fußspuren war zudem ganz klar ersichtlich, welchen Verlauf die Route nahm – gelegentlich lag sogar Bonbonpapier auf dem Schnee. Es gab auch keine Berghänge über uns, von denen sich Lawinen lösen konnten. Wir schienen uns auf dem Gipfel der Welt zu befinden. Es war wunderschön hier oben. Die Bergspitzen, die uns umringten, glänzten blau wie Saphire, und unter uns erstreckten sich die ungeheuer weiten Pinienwälder, so daß selbst die murrenden Träger von all der Erhabenheit eine kurze Weile zum Schweigen gebracht wurden.

Auf dem Gipfel auf 3109 Metern Höhe stand ein einfacher Tempel für Kali, die Gefährtin von Schiwa. Darunter führten zwei kleine Jungen von etwa sieben und neun Jahren in einer Art Höhle ein Teehaus. Sie waren von ihrem Dorf auf der anderen Seite eine Strecke von etwa fünfzehn Kilometern hochmarschiert, und ich glaube, daß wir an jenem Tag ihre einzigen Kunden waren.

Als letztes hatten mir die Träger angedroht, auf dem Gipfel umzukehren und mich den Weg hinunter allein suchen zu lassen. Dies wäre äußerst schwierig für mich gewesen, denn auf dieser Seite lag ebensoviel Schnee, und der Hang war beträchtlich steiler. Da die beiden kleinen Jungen jedoch zuschauten, brachen sie ohne weitere Einwände auf und rannten mit halsbrecherischer Geschwindigkeit den Abhang hinunter, während ich ihnen halb rutschend, halb fallend nacheilte. Schon nach kurzer Zeit begann der Straßenbelag fleckenweise durch den Schnee zu schimmern. Wiederum setzten sich die Träger hin. Ich hatte endgültig die Nase voll, denn ihr ständiges Gemurre war mir von Herzen zuwider.

»Straße zurück sehr gefährlich«, stöhnte der Mann, der Englisch sprach. »Wir kommen nicht Dorf heute nacht.«

Auch das war purer Unsinn. Wir hatten fünf Stunden gebraucht, um bis hierher zu gelangen. Der Rückweg führte fast ständig bergab, unbeladen mußten sie ihn in zwei oder höchstens drei Stunden schaffen. Ich bezahlte ihnen den vereinbarten Preis, worauf sie das Geld prompt in den Schnee warfen und gleich darauf wieder zusammenrafften, weil der Wind es wegzuwehen drohte. Sie zeigten wenig Lust, mir meine Socken zurückzugeben, doch ich brauchte sie dringend, da ich in diesen abgelegenen Gegenden keinen Ersatz auftreiben konnte. Ich schenkte ihnen statt dessen meine Plastikbeutel, die ihnen viel mehr nützen würden, denn die Socken waren bereits tropfnaß.

Sie standen regungslos da und schauten mir zu, wie ich mich durch den letzten Schnee kämpfte, der mit jedem Schritt klebriger wurde. Etwa eine halbe Stunde verbrachte ich abwechselnd damit, das Rad zu tragen oder hinter mir her zu ziehen, dann war ich unterhalb der Schneegrenze. Es war herrlich, wieder allein zu sein und endlich meine Umgebung genießen zu können. Überall standen Rhododendronbüsche fast zwanzig Meter hoch in einem Meer aus scharlachroten Blüten. Die Straße war aufgerissen und zu kaputt zum Fahren, daher ging ich zu Fuß und labte mich am Duft von Pinienharz und feuchten, vermoderten Blättern. Plötzlich erinnerte ich mich, daß heute Ostern war. Daheim würden alle auf irgendeine Weise feiern. Doch trotz des Ärgers mit den Trägern hätte ich mit niemandem tauschen wollen – noch nie hatte ich einen Ostertag in einer so gloriosen Umgebung verbracht.

14

Es gab kein Anzeichen menschlicher Behausungen, als ich den oberen Talabschnitt hinuntermarschierte, doch plötzlich tauchte eine Horde zerlumpter kleiner Jungen auf, die einzeln oder zu zweit durch die Bäume schlüpften. Sie rannten schnurstracks zu mir hoch, ohne jede Schüchternheit, ohne aufdringlich zu werden, und lächelten süß, wie um mich willkommen zu heißen. Das Fahrrad wurde betätschelt und sanft gestreichelt, als wäre es ein Pferd. Danach wanderten sie feierlich neben mir her, während ich meinen Weg talabwärts fortsetzte, und hielten sich an mir oder an einem Teil des Fahrrads fest. Dabei riefen sie ihre Kameraden, die ich nicht sehen konnte, bis auch sie durch die Bäume hergerannt kamen, um sich uns anzuschließen. In kurzer Zeit waren wir eine richtige kleine Prozession geworden. Ich konnte die Versuchung, unter solchen Umständen großzügig mit Geld um sich zu werfen, sehr gut verstehen, denn es waren wirklich entzückende Kinder, auf nichts anderes aus, als das einzigartige Erlebnis auszukosten, mit einer fremden Dame und ihrem Fahrrad die Straße hinunterzuwandern. Ich hätte sie gern für das Vergnügen belohnt, das mir ihre Gesellschaft verschaffte, doch ich hielt mich zurück, denn ich hatte gesehen, was solche Gaben mit den Kindern in Kulu gemacht hatten. Allmählich löste sich die Prozession auf, bis nur noch ein kleiner Begleiter übrigblieb. Er nahm den Ehrenplatz ein, da er sich an der anderen Seite des Lenkers festhielt, und wollte ihn nicht leichtfertig preisgeben. »Rasthaus?« fragte ich ihn. Er sagte etwas auf Hindi und wies nach vorn. Wir gingen noch ein bißchen weiter, dann kam mir der Gedanke, ihn auf den Sattel zu heben. Noch nie habe ich ein Kind so stolz und zugleich so ängstlich gesehen. Ich hoffte, daß einige seiner Freunde ihm zuschauten, denn das war eindeutig seine Sternstunde. Er schien erleichtert, aber auch ein bißchen traurig, als wir schließlich zum Rasthaus gelangten – solche Vergnügen sind stets mit einem gewissen Streß verbunden. Bevor er mich verließ, führte er noch einen reizenden kleinen indischen Salam aus.

Ich bog um die Ecke in die Auffahrt, dachte dabei vergnügt an die Kinder zurück und fragte mich, ob wohl der Chowkidar zugegen war, als unvermittelt ein Schwall englischer Stimmen auf mich losprasselte. Ich konnte meinen Ohren kaum trauen, schaute hin und sah auf dem kleinen, grünen Rasen eine stattliche Anzahl unverwechselbar englischer Landsleute, die Tee tranken und miteinander schwatzten. Ich konnte es kaum fassen. Mit Ausnahme des jungen Adam hatte ich seit Wochen keine Engländer mehr gesehen, und dieser wilde, abgelegene Fleck war der allerletzte Ort, wo ich erwartet hätte, eine solche Szene vorzufinden. Ich war derart schüchtern und verwirrt, daß ich am liebsten an ihnen vorbeigeschlichen wäre. Fairerweise muß gesagt werden, daß es für sie ein fast ebenso großer Schock gewesen sein mußte, denn sie hatten wohl kaum erwartet, eine einsame Engländerin mit einem Fahrrad aus dem Schnee auftauchen zu sehen. Als wir uns gefaßt hatten, stellten wir uns gegenseitig vor. Es war eine englische Reisegruppe auf einem teuren und vorzüglich organisierten Wanderurlaub im Himalaja, begleitet von Mauleseln und ganzen Scharen von Trägern. Eigentlich hätten sie gar nicht hier sein sollen, doch der Schnee hatte sie aufgehalten, und nun warteten sie, bis ihre Packtiere nachkamen.

Da die Gesellschaft das Rasthaus mit seinen zwei Schlafzimmern ganz in Beschlag genommen hatte, wurde ich eingeladen, bei ihnen unterzuschlüpfen. Ich war ihnen sehr dankbar dafür, denn nachdem ich meinen anfänglichen Schock überwunden hatte, fand ich es höchst angenehm, auf die üblichen abendlichen Auseinandersetzungen mit einem widerborstigen Chowkidar verzichten zu können.

Glockengeläute unterbrach das Gespräch, und eine Kolonne Maulesel, begleitet von lächelnden Trägern, trottete
auf den winzigen Rasen. Sie wurden mit lautem Hurra
begrüßt, und alle drängten sich vor, um ihr Gepäck anzunehmen. Ich hätte gern gewußt, weshalb sie sich so beeil-
ten, und bald entdeckte ich, daß es darum ging, an ihre
Whiskyvorräte heranzukommen. Ich hatte beinahe schon
vergessen, wie fein ein Drink vor dem Essen schmeckt.
Während wir tranken und uns unterhielten, waren die Träger damit beschäftigt, die Zelte aufzustellen und das
Abendessen zu kochen. In der kurzen Zeit, die wir benötigten, um ein bescheidenes Quantum Alkohol zu verdrücken,
war alles bereits organisiert. Das war vermutlich auch gut
so, denn ich hatte meine letzte Mahlzeit vor vierzehn Stunden zu mir genommen und war mit dem Trinken sowieso
völlig aus der Übung. Das Essen war köstlich, für mich
wenigstens. Der Rest der Gesellschaft kam frisch aus dem
dekadenten Westen und fand weniger Geschmack daran.
Die meisten machten sich Sorgen wegen der mangelnden
Hygiene in der Küche, während ich selbst im stillen gedacht hatte, wie unglaublich sauber alles sei. Entweder
waren meine Maßstäbe rapide gesunken, oder ich hatte
mich inzwischen schon so ans Leben in Asien akklimatisiert. Was es auch war, es bewirkte ein warmes Glühen in
mir, und ich fühlte mich ganz wie eine kampferprobte Wel-
tenbummlerin.

Wie ein Kind auf einem Schulausflug kostete ich jede
Einzelheit dieses unerwarteten Festmahls aus – Kaffee nach
dem Essen, Schokolade, in einem Zelt schlafen, ein fröhlicher Träger, der mich am Morgen mit einem Krug voll
heißem Tee aufweckte, und danach ein richtiges Frühstück.
Die größte Freude aber war, mich wieder mal fließend
unterhalten zu können.

Ich wurde mit großem Trara verabschiedet, das von den
Dorfkindern aufgenommen und nachgeahmt wurde, so
daß ich unter hallenden Hurrarufen das Tal hinabfuhr. Der

miserable Zustand des Wegs forderte jedoch meine ganze Aufmerksamkeit, es ging sehr steil abwärts, und die Oberfläche bestand aus Sand und Flußsteinen. Auf der rechten Seite fielen schwindelnde Abgründe völlig ungeschützt in eine Schlucht hinunter. Es war eine äußerst gefährliche Fahrt. Jedesmal, wenn ich bremste, ließ der Sand das Hinterrad alarmierend gegen den Abgrund schliddern. Das richtige Gelände für eine Panne, dachte ich, und kaum gedacht, geschah es auch schon. Reifenpannen sind nicht weiter schlimm. Am unangenehmsten daran ist, daß man bei der Reparatur schmutzige Hände bekommt. Ich machte mich wohlgemut ans Werk, bis ich entdeckte, daß meine beiden Tuben mit Gummilösung hart und unbrauchbar geworden waren. O Schreck. Wo zum Kuckuck würde ich in diesem abgelegenen Erdwinkel Gummilösung finden, wo es hier nicht einmal Fahrräder gab? Ich hatte noch einen Ersatzschlauch, der für diese Reparatur ausreichte, doch bei einer weiteren Panne saß ich ganz schön in der Klemme. Über den Daumen gepeilt, mußte ich noch etwa sechshundertfünfzig Kilometer stark zerklüftetes Gelände durchqueren, bevor ich Dehradun erreichte, die erste Stadt, wo ich möglicherweise ein Fahrradgeschäft finden konnte. Ich nahm mir vor, äußerste Vorsicht walten zu lassen, und setzte meine Talfahrt fort, bis ich von meinem luftigen Standort auf zwölfhundert Metern Höhe auf siebenhundertsechzig Metern den tiefsten und heißesten Ort jener Gegend erreichte.

Ich hatte eigentlich nicht geplant, in diesem Dorf einen Halt einzulegen, doch eine ungeheuer dicke Frau sah mich heranradeln und kam herangewatschelt, nachdem sie sich aus einem Korbsessel gekämpft hatte. Sie hielt mich mit der Hand am Arm zurück und winkte mir, ihr zu folgen. Ich wurde in ein kleines Café geführt. Die Frau bedeutete mir, mich an einen Tisch zu setzen, dann verschwand sie im rückwärtigen Teil des Gebäudes und kam kurz danach wieder mit einem Tablett zum Vorschein, auf dem sich Reis,

Gemüse und Dal türmte. Mir blieb nichts anderes übrig, als zu essen. Sie setzte sich unterdessen an die Eingangstür, um neugierige Dorfbewohner fernzuhalten. Als ich fertig war, machte sie mir Zeichen, daß ich sie bezahlen solle. Ich hielt ihr eine Handvoll Wechselgeld hin. Sie las ein paar Münzen im Gegenwert von etwa zwölf Pence heraus und watschelte dann wieder die Straße hoch zu ihrem Sessel zurück. Wenn Reisende so dünn gesät waren, war dies wahrscheinlich der einzige Weg, zu Kundschaft zu kommen.

Von hier begann die Straße unheimlich steil anzusteigen, doch zumindest hatte sie wieder einen anständigen Belag, was die Gefahr für die Schläuche verringerte. Stundenlang wand ich mich durch die Haarnadelkurven, quälte mich im kleinsten Gang hinauf und fühlte mich mehr und mehr entmutigt und müde. Ich wußte nicht, warum, bis ich auf meine Uhr sah und feststellte, daß ich rund sechs Stunden gefahren war, ohne haltzumachen. Ich hatte die Entfernung arg unterschätzt. Es schien unmöglich, das Rasthaus zu erreichen, wo ich geplant hatte, die Nacht zu verbringen. Deshalb erkundigte ich mich im nächsten Dorf, ob nicht eines näher lag, was offensichtlich der Fall war. Mehrere männliche Einheimische begleiteten mich, um mir den Weg zu zeigen. Der Chowkidar wollte zuerst nichts davon wissen, mich im Rasthaus übernachten zu lassen. Alle Zimmer seien mit Ärzten belegt, die hier zu Besuch seien, sagte er, doch die Einheimischen waren ganz auf meiner Seite, und nach einem längeren hitzigen Disput erhielt ich Bescheid, daß ich die Nacht auf dem Sofa im Wohnzimmer verbringen könne. Als die Ärzte zurückkehrten, bestanden sie darauf, zusammenzurücken, damit ein Schlafzimmer für mich frei wurde – sehr zum Ärger des Chowkidar, wie es schien.

Es war eine vergnügte Schar Männer und Frauen, die im Rahmen eines Gesundheitsfürsorgeprojekts in einigen der abgelegeneren Dörfer herumreisten. Ihre Arbeit sei bloß ein Tropfen auf einen heißen Stein, meinten sie. In der kurzen Zeit ihres Einsatzes konnten sie nur wenig erreichen, doch sie genossen die Unterbrechung ihrer Spitalroutine sichtlich. Für die überwiegende Zahl der Menschen im Himalaja ist eine medizinische Versorgung schlicht nicht erhältlich, und angesichts der Probleme Indiens sahen die Ärzte keinen Weg, wie sich das zu ihren Lebzeiten ändern könnte. Viele Leute in den Städten seien in einer noch viel mißlicheren Lage, meinten sie, und wenigstens sei die Luft hier oben gut.

Die nächsten Tage durchstreifte ich die Täler und Hügel dieser herrlichen Gegend. Jeden Tag ging es über tausend Meter hinauf und hinunter, zuweilen durch Wälder mit hohen Pinien, die sich kilometerweit erstreckten, manchmal durch Wildnisse mit tiefen Schluchten und tosenden Bergbächen. Wegen des schlechten Zustands der Wege und Straßen ging ich ebenso oft zu Fuß wie mit dem Rad. Häufig mußte ich angeschwollene Flüsse durchwaten, welche die Wege kreuzten. Dann mußte ich umständlich die Satteltaschen abschnallen und mit ihnen über die Flußsteine stelzen, zurückkehren, das Rad schultern und den Fluß ein zweites Mal überqueren. Das alles erlaubte kein sehr schnelles Vorwärtskommen, doch das störte mich nicht im geringsten, denn ich verspürte keinen Drang, durch eine so wundervolle Szenerie zu hasten. Überall standen exotische Blumen in Hülle und Fülle, und immerzu bildeten die schimmernden Berggipfel den Hintergrund.
In den abgelegensten Dörfern, durch die ich streifte, hatte ich den Eindruck, als sei ich die einzige weiße Frau, die die Leute hier je erblickt hatten, obwohl die Sonne meine Haut inzwischen in ein dunkles Mahagoni verbrannt hatte. Sie starrten mich völlig ungläubig an, als würden sie ihren eigenen Augen nicht trauen. Es war höchst verwirrend, aber keineswegs beängstigend, denn ich hatte nie das Gefühl, sie seien mir feindlich gesinnt.

Die einzigen Menschen, die ich zwischen zwei Dörfern sah, waren kleine Grüppchen nepalischer Straßenarbeiter. Auch sie schienen keine Eile zu haben, sondern fanden stets Zeit, sich in der Sonne eine Pause zu gönnen oder mit ihren Kleinkindern zu spielen. Wenn ich an einem Hindernis auf sie traf, einer eingestürzten Brücke oder einem Erdrutsch zum Beispiel, halfen sie mir hinüber. Sie schienen es sich als eine Ehre anzurechnen, das Fahrrad zu schieben – vielleicht eine Abwechslung zu ihren Schubkarren. Wenn sie Tee brauten, boten sie mir bisweilen eine Tasse an. Ich mußte mich zuerst an den Geschmack gewöhnen, denn sie würzten ihn mit Butter und Salz, doch es war eine willkommene Gelegenheit, mich eine Weile zu ihnen zu setzen. Sie schienen ganz zufrieden mit ihrem Los, lächelten dauernd und waren sehr freundlich zu mir. Obwohl sie mit Freuden zugriffen, wenn ich ihnen Bananen und Weinbeeren anbot, bettelten sie nie. Sie starrten mich auch nicht an und zeigten nicht solch eine übertriebene Neugier wie die indischen Dorfbewohner.

Jeden Abend stieß ich auf ein Rasthaus, genau dort, wo ich es zu finden hoffte. Sie waren sich alle ziemlich ähnlich: dasselbe einfache Nachtlager mit einem Bett, dieselben kaum genießbaren Mahlzeiten, alle Häuser jedoch so prachtvoll gelegen, daß ich mich immerhin an einigen der herrlichsten Landschaften der Welt gelabt hatte, auch wenn ich hungrig zu Bett ging. Nur zwei dieser Rasthäuser ragten heraus. Das eine lag in einem recht großen Dorf und war bedeutend stilvoller eingerichtet als der Durchschnitt. Man hatte mich in eine geräumige Wohnung geführt, wo ich zu meiner freudigen Überraschung statt des üblichen Arrangements mit Wassereimer und Krug eine Dusche entdeckte, die tatsächlich funktionierte. In der Vorfreude auf diesen Genuß hatte ich soeben begonnen, mich zu entkleiden, als der Chowkidar plötzlich wieder unter der Tür stand – Inder klopfen nie an, sondern sind einfach da, ganz wie ein Dschinn.

»Memsahib, schnell kommen«, sagte er aufgeregt.

Ich knöpfte hastig mein Hemd wieder zu und fragte ihn, was los sei.

»Nichts los, Memsahib. Ingenieur Stellvertreter will Sie sehen.«

Meinetwegen konnte der stellvertretende Ingenieur warten, bis ich mich gewaschen und umgezogen hatte, doch der Chowkidar war anderer Meinung und tat dies mit viel heftigem Kopfschütteln kund.

»Sie später waschen. Ingenieur Stellvertreter sehr VIP-Mann. Er sagt, Sie kommen jetzt.«

Im Bewußtsein meiner von der Reise befleckten ausgebeulten Shorts, meines nicht weniger mitgenommenen Hemds und einer Tagesration Schweiß und Schmutz folgte ich dem Chowkidar, um diese erlauchte Person zu treffen. Weiter vorn auf der Veranda stieß er eine Tür auf, verbeugte sich tief zum Gruß und winkte mir einzutreten. Auf den ersten Blick vermeinte ich in eine Orgie von Betrunkenen geraten zu sein. Das Zimmer war sehr trüb beleuchtet, denn alle Rolläden waren heruntergezogen. Männer räkelten sich in bequemer Haltung auf dem Fußboden, hielten ihre Gläser umklammert und kicherten. In der Mitte des Raums thronte wie ein Pascha ein Mann, der sich auf einem Doppelbett zurückgelehnt hatte und der stellvertretende Ingenieur sein mußte. Auch er hielt ein Glas in der Hand, mit dem er in einer ziemlich fahrigen Willkommensgeste herumwedelte. Er hatte einen sanften Schluckauf.

»Wie geht es Sie, englische Lady?« erkundigte er sich höflich zwischen dem allgemeinen Gekicher und seinem eigenen Schluckauf, den er einigermaßen würdevoll unter Kontrolle hielt. »Wir trinken Rum. Sie Engländer trinken sehr gern Rum, ich glaube. Sie sind so nett und nehmen Drink mit indische Männer.«

Dies war eindeutig ein Befehl. Ein Stuhl wurde nahe ans Bett gezogen, damit ich mich setzen konnte, und man reichte mir ein sehr großes Glas mit einer dunkelbraunen

Flüssigkeit. Es schmeckte anders als alles, was ich je zuvor getrunken hatte. Vielleicht stellten sie diesen Rum selbst her. Ich behandelte ihn mit äußerster Vorsicht.

Die Inder haben eine merkwürdige Einstellung zum Alkohol. Er ist nicht verboten wie in Pakistan, aber auch nicht überall erhältlich. Sie scheinen das Trinken als ein verbotenes Vergnügen zu genießen, ähnlich wie kleine Jungen das Rauchen. Daß eine Engländerin zugegen war, gab dem Ganzen womöglich noch einen zusätzlichen Reiz, oder vielleicht wollten sie auch nur nett zu mir sein. Leider war ich nicht in der richtigen Stimmung, um mich mit ihnen zu amüsieren. Es entsprach nicht gerade meiner Vorstellung von Gemütlichkeit, an einem heißen, sonnigen Nachmittag hinter heruntergezogenen Rolläden in einem Zimmer voller kichernder Männer zu sitzen und eine Salve hemmungsloser Fragen über mich ergehen zu lassen.

»Wie alt sind Sie?« – »Wieviel kostet Ihr Fahrrad?« – »Was Sie verdienen in England?« – »Was Ihr Mann verdienen in England?«

Es gab kein Entrinnen. Aus Angst vor den Folgen wagte ich nicht, den Krug mit Rum zu leeren, und da der stellvertretende Ingenieur die absolute Entscheidungsbefugnis darüber hatte, wer im Rasthaus bleiben durfte, konnte ich auch nicht riskieren, ihn zu beleidigen. So saß ich still da, nippte gelegentlich am Rum und nickte beifällig zu so dubiosen Ansichten wie »Indien und Großbritannien sind die zwei einzige Demokratien in der Welt, oder nicht?« und »Niemand hat so gute Regierung wie Amerika«.

So ging es weiter, bis ich nach zwei Stunden von der Ehefrau des stellvertretenden Ingenieurs gerettet wurde, die hergekommen war, um ihren berauschten Mann nach Hause zu bringen. Ich hatte ihn jedoch nicht zum letzten Mal gesehen, denn mehrere Stunden später kehrte er mit seiner Frau und seinen sechs Töchtern zurück. »Ich habe gebracht Familie für sehen berühmte englische Fahrrad«, verkündete er, während sie ohne alle Förmlichkeiten hereinmarschierten. Zum Glück hatte ich mich bereits einige Zeit zuvor geduscht und war ganz bekleidet. Das »berühmte englische Fahrrad« stand, in einzelne Stücke zerlegt, im Badezimmer und wurde gerade einer Reinigung unterzogen. Unbeeindruckt drängten alle hinein, um die verschiedenen Teile zu begutachten, in die Hand zu nehmen, ihr mutmaßliches Gewicht zu schätzen und so weiter. Dann gingen sie barmherzigerweise wieder weg, und ich konnte all die verstreuten Einzelteile einsammeln und wieder zusammensetzen.

Die ersten fünfzehn Kilometer am folgenden Tag führten einen steilen Berg hoch – das letzte Andenken an Himachal Pradesh, denn dahinter liegt Uttar Pradesh. Die nächsten dreißig Kilometer ging es wieder bergab, doch Sand und Flußsteine bremsten meine Fahrt. Ich machte mir inzwischen ernstlich Sorgen wegen des Zustands meiner Reifen. Der eine war ebenso wie der Ersatzreifen völlig abgefahren, und der dritte, den ich aufs Hinterrad montiert hatte, weil dieses stärker strapaziert wurde, war nur unwesentlich besser. Nach einer Weile brauchte ich mir nicht mehr in Erinnerung zu rufen, Vorsicht walten zu lassen, denn die Straße hörte auf, eine Straße zu sein, und verwandelte sich in ein ausgetrocknetes Flußbett. Ich mußte das Rad häufig tragen und war schon glücklich, wenn ich es eine Strecke schieben konnte. So ging es fast den ganzen Tag weiter. Höchst selten fand sich ein Abschnitt, wo ich wieder aufsitzen konnte. Auf einem von diesen trat die Katastrophe ein, die ich befürchtet hatte. Ich bekam einen Platten.

Man kann ein schwerbeladenes Fahrrad mit Platten nicht einfach durch die Gegend schieben, ohne den Reifen zu zerstören und das Rad zu beschädigen. Da ich den Schlauch nicht flicken konnte, weil ich noch keine Gelegenheit gefunden hatte, frische Gummilösung aufzutreiben, war guter Rat teuer. In einer weniger abgelegenen Gegend hätte ich vielleicht auf eine Mitfahrgelegenheit hoffen können, doch ich hatte den ganzen Tag keine Spur von irgendeinem Fahrzeug gesehen. Dann erinnerte ich mich an eine merkwürdige Geschichte über einen Missionar in Sind, die ich irgendwo gelesen hatte. Er war in einer ähnlichen Notlage gewesen, hatte es jedoch geschafft, nach Hause zu fahren, nachdem er seinen Reifen mit Bananenschalen vollgestopft hatte. Bananenschalen gab es hier keine, aber vielleicht funktionierte es auch mit Gras oder etwas Ähnlichem. Ich fand auch kein Gras, und so opferte ich eins meiner Hemden, alle meine Unterwäsche und meine Ersatzsocken. Es gelang mir, den Reifen prall genug auszustopfen, um ihn spazierenzuführen, ohne ihn weiter zu beschädigen.

Inzwischen war mir klargeworden, daß ich das vorgesehene Nachtlager heute nicht mehr erreichen würde, doch meine Karte zeigte mir, daß nicht weit entfernt ein Waldrasthaus liegen mußte. Es wurde trotzdem sechs Uhr, bis ich dort ankam. Ich war vor Erschöpfung wie betäubt und ziemlich ausgedörrt, da ich seit dem frühen Morgen weder ein Dorf noch Wasser gefunden hatte. Das Rasthaus war zugesperrt. Niemand war da. Mir blieb nichts anderes übrig, als weiterzugehen und zu hoffen, irgendwo in der Nähe den Chowkidar zu finden. Nach etwa eineinhalb Kilometern stieß ich auf ein paar Hütten. Eine war ein Teehaus, vor dem das übliche Kontingent einheimischer Männer herumlümmelte, Tee trank und auf Abwechslung wartete. Als ich erschien – eine Abwechslung erster Klasse! –, riefen sie aufgeregt noch die Männer heraus, die drinnen saßen. Alle scharten sich um mich, um mich gebührend zu beglotzen und am Fahrrad herumzutatschen und herumzuknuffen.

»Rasthaus«, begann ich. Der Troß nickte heftig im Chor und wies den Hügel hinauf. »Kein Chowkidar«, war mein nächster Gesprächsbeitrag. Das stieß auf blanke Verständnislosigkeit, bis ich es mehrmals wiederholt hatte. Dann dämmerte es auf den versammelten Gesichtern. »Ach ja«, sagte ein Alter, der ein Loch in die Lenkstangenpolsterung gekratzt hatte, um zu schauen, woraus sie bestand. »Chowkidar hier drin.« Nach wenigen Augenblicken wurde ein Jugendlicher von mehreren Männern herausgezerrt. Ich erkannte schon auf den ersten Blick, daß er nicht zu jener Sorte von Chowkidars zählte, die Reisende willkommen hießen. Er bedachte mich mit einem angewiderten Grinsen und verschwand wieder im Haus. Die anderen Männer hörten auf, am Fahrrad herumzufingern, und stürzten ihm nach. Bald war ein heftiger Streit im Gang. Durchs Fenster konnte ich sehen, daß sich der junge Chowkidar taub stellte und sich damit begnügte, Löcher in die Luft zu starren, als wäre er über das alles erhaben. Den Männern begann die Puste auszugehen, daher ging ich hinein, um ebenfalls meine Meinung zu äußern. Ich sagte ihm, daß ich dort übernachten müsse, weil ich mit einem platten Reifen nicht weiterfahren könne, und daß ich überdies ein Anrecht darauf hätte, im Rasthaus zu wohnen. Ich sei eine VIP-Memsahib aus England, setzte ich hinzu, eingedenk der Tatsache, wie vorzüglich diese Bezeichnung in anderen Rasthäusern gewirkt hatte. Bei diesem Jungen jedoch fiel sie auf unfruchtbaren Boden. Er starrte bloß weiterhin auf höchst irritierende Weise Löcher in die Luft. Ich weiß nicht, ob er überhaupt Englisch verstand, denn der alte Mann schien sehr energisch zu übersetzen. Schließlich gab ich es auf und ging weg. Es wäre gut, wenn alle Chowkidars besser instruiert würden, welches ihre eigentliche Funktion war, dachte ich mir.

Die Straße machte einen weiten Bogen, um ein Flußbett zu überqueren, und nach etwa einer halben Stunde befand ich mich dem Teehaus gleich gegenüber am anderen Flußufer. Die ganze Schar stand draußen und winkte mir heftig zu, wieder umzudrehen. Vermutlich war es den Männern gelungen, den Chowkidar zum Nachgeben zu überreden. Da es bald Nacht wurde, war keine Zeit für falschen Stolz, und ich ging eilig denselben Weg zurück. Ich hätte gern

Tee getrunken und etwas gegessen, bevor ich die Straße zum Rasthaus hochging, doch der Alte, der Englisch sprach und meine Sache vertreten hatte, bedeutete mir, daß wir uns beeilen müßten, der Chowkidar sei bereits vorausgegangen.

Als wir beim Rasthaus ankamen, wurde ich in einen winzigen Raum geführt, in dem nur eine Holzpritsche und ein Tisch standen. Der Chowkidar, noch immer sehr mürrisch, machte mir Zeichen, ihm in eine kleine Küche zu folgen, wo er aus einem Eimer einen kleinen Metalltopf mit Wasser füllte und ihn mir dann reichte. Wortlos verriegelte er die Küchentür hinter sich mit einem großen Vorhängeschloß und stakste wieder den Pfad hinunter. Der alte Mann blieb noch einen Augenblick stehen, um mir von einem Bus zu erzählen, der sehr früh am Morgen losfuhr, dann ging auch er. Ich ließ hastig ein paar Sterilisiertabletten in das schmutzige Wasser im Topf fallen. Während ich wartete, bis die vorgeschriebenen dreißig Minuten verstrichen waren, machte ich mich daran, zu erkunden, was für Annehmlichkeiten dieser Ort bot. Ich brauchte nicht sehr lange, um zu entdecken, daß nichts dergleichen vorhanden war, kein Licht, keine Toilette, kein Ort, wo man sich waschen konnte, und kein Wasser, was am allerschlimmsten war. Ich hatte herausgefunden, daß mein Körper bei einem so hohen Energieverbrauch unter Temperaturen um die dreißig Grad fünf bis sieben Liter Flüssigkeit pro Tag benötigte. Im Topf, den mir der Chowkidar gegeben hatte, befanden sich etwa drei Deziliter Wasser, und ich fragte mich, ob ich es aushalten würde, bis er zurückkehrte, um das Abendessen zu kochen. Ich ging in mein Zimmer zurück, trank das faulig schmeckende Wasser und fiel unverzüglich völlig ermattet in Schlaf.

Zwei Stunden später erwachte ich. Ich fühlte mich richtig krank. Heftiger Durst quälte mich. Niemand war da. Es sah ganz so aus, als würde kein Chowkidar zurückkehren, um mir eine Mahlzeit zuzubereiten. Ich glaubte nicht, daß ich die Nacht überleben würde, ohne etwas zu trinken, und überlegte hin und her, was ich unternehmen könnte. Meine frühere Durchsuchung hatte nichts zutage gefördert. Das einzige Wasser hier schien der halbvolle Eimer in der verriegelten Küche zu sein. Ich tastete in meinem Gepäck nach dem Kerzenstummel herum, den ich noch besaß, und zündete ihn an, während ich über das Problem nachgrübelte. Es war höchste Zeit für eine Verzweiflungstat. Ich hob die Kerze auf und inspizierte das Vorhängeschloß. Die Spitzhacke, die neben der Tür lag, kam mir wie gerufen. Mit ihr stemmte ich das Schloß auf. Im Wasser schwamm allerlei Unrat. Ich war ziemlich schockiert über mich, daß ich hier einfach so eingebrochen war. Zudem befürchtete ich, daß der Chowkidar jeden Moment zurückkehren und mich auf frischer Tat ertappen konnte. Trotz allem mußte ich mich zurückhalten, um nicht über das Wasser herzufallen und es bis zum letzten Tropfen auszutrinken. Ich sprach mir gut zu, vernünftig zu sein, ging in mein Zimmer zurück, holte meine Wasserflaschen, füllte sie auf und fügte Tabletten zum Sterilisieren hinzu. Dann schloß ich die Tür und hängte das Vorhängeschloß wieder an seinen Platz. Als ich den Bügel hinunterdrückte, klickte er zu meiner Überraschung ein. Ich hatte ihn also doch nicht zerbrochen.

In meinem Zimmer wartete ich ungeduldig die Zeit ab, welche die Tabletten brauchten, um zu wirken. Dann zwang ich mich, in kleinen Schlucken zu trinken. Der Geschmack war zum Glück so widerlich, daß er mich davon abhielt, alles auf einmal hinunterzustürzen. Sofort fühlte ich mich etwas besser. Nach einer halben Stunde konnte ich die letzten wenigen Weintrauben essen, die ich bei mir hatte. Da ich mich noch längst nicht gut fühlte, beschloß ich, eine Schlaftablette zu nehmen, weil ich hoffte, daß ein langer, ununterbrochener Schlaf eine Besserung bewirken würde.

Kurz bevor ich einschlief, hatte ich den Eindruck, daß irgendwo ein Radio wimmerte und ich ganz in der Nähe

Stimmen von indischen Männern kichern hörte. Im sicheren Wissen, daß Fenster und Tür verriegelt waren, sank ich in Morpheus' Arme. Der nächste Eindruck acht Stunden später stammte von einem lauten Schnarchen ganz in meiner Nähe. Im fahlen Licht, das durch die Fensterläden drang, konnte ich gerade erkennen, daß meine Uhr kurz nach fünf zeigte. Ich fühlte mich zwar ziemlich verklebt und schmutzig und hörte immer noch dieses merkwürdige Schnarchen in meinem Kopf (wie ich meinte), doch sonst hatte ich mich wieder einigermaßen erholt. Ich kleidete mich an und trat hinaus, um den Morgen dämmern zu sehen. Als ich die Tür öffnete, offenbarte sich, woher das Schnarchen stammte. Nur wenige Zentimeter vor meiner Tür standen zwei Charpoys ganz nahe zusammengerückt, auf denen drei junge, nur mit Unterhosen bekleidete Männer eng beieinander lagen. Einer von ihnen war der Chowkidar. Ich mußte sie aufgeweckt haben, als ich die Türe öffnete, denn es folgte ein verlegenes Gekicher, und eine Decke wurde hastig bis über alle drei Köpfe hochgezogen. Während ich zum Ende des Grundstücks hinunterging, flüchteten sie einer nach dem andern ins Hauptgebäude hinüber. Ich konnte mir nicht vorstellen, weshalb sie sich entschlossen hatten, direkt vor meiner Tür zu schlafen. Vielleicht wollten sie mich vor möglichen Plünderern schützen oder, noch wahrscheinlicher, mich daran hindern, mit dem Besitztum des Rasthauses Reißaus zu nehmen. Es blieb ein weiteres ungeklärtes Rätsel auf meiner Indienreise.

Sobald sich die jungen Männer angezogen hatten, machten sie mir Zeichen, sie hinunter zum Teeschuppen zu begleiten. Ich ließ etwas Geld in meinem Zimmer zurück als Entschädigung für das Wasser, das ich mir angeeignet hatte, und hoffte, daß der Chowkidar merken würde, wofür es war.

Trotz der frühen Stunde war fast das ganze Kontingent von Einheimischen auf den Beinen, um zuzuschauen, wie der Bus eintraf. Er kam nur einmal pro Woche und hatte deshalb Neuigkeitswert. Ich fand nicht einmal Zeit für ein Glas Tee, bevor er in Sicht kam. Gut, daß ich vom Schnarchen der Jungen geweckt worden war, sonst hätte ich ihn glatt verpaßt, und nur der Himmel weiß, wie ich dann mein armes, ramponiertes Fahrrad dahin transportiert hätte, wo ich Gummilösung finden konnte. Willige Hände halfen, das Rad oben auf den Bus zu hieven, wo ein kleines Geländer das Gepäck am Herunterfallen hinderte. Dort oben saßen bereits mehrere Männer, daher gedachte ich ebenfalls auf dem Dach mitzufahren, nicht zuletzt deshalb, weil ich so das Fahrrad besser beschützen konnte, denn die Inder gehen mit dem Eigentum anderer Leute zuweilen sehr nachlässig um. Nach meiner Eskapade mit dem Wasser von gestern abend war ich allerdings bezüglich des Eigentums anderer ebenfalls ziemlich nachlässig geworden und durfte mich gerechterweise über diese Einstellung bei anderen Leuten eigentlich nicht beklagen.

Die Zuschauer fanden meinen Entschluß, auf dem Dach mitzufahren, höchst spannend und amüsant. So blieb es auch während der ganzen Fahrt, wohl deshalb, weil in der Regel nur die ärmeren Bauern dort oben saßen oder dieser Platz vielleicht den Kastenlosen vorbehalten war. Nach meinen bisherigen Erfahrungen mit überfüllten Bussen in Pakistan, wo die Leute rauchten, husteten, überall hinspuckten und sich um den viel zu begrenzten Platz rangelten, fand ich es an der frischen Luft unendlich viel angenehmer. Es war auch höchst aufregend, denn der Bus jagte um die Haarnadelkurven, und die tiefen Äste, die knapp über unsere Köpfe fegten, drohten uns über Bord zu werfen.

Wir hielten häufig an, um neue Passagiere aufzunehmen und andere aussteigen zu lassen. Männer kraxelten die fest angebrachten Leitern zum Dach hinauf und hinunter und schleppten Säcke mit Landesprodukten mit sich. Es war keineswegs einfach, das Fahrrad vor Beschädigungen zu bewahren, vor allem die Räder. Die Gruppe hier oben war jedoch sehr freundlich gesinnt und viel rücksichtsvoller als der Durchschnitt. Nach jedem Halt gruppierten wir uns um und rückten zusammen, um Platz für die Neuankömmlinge zu schaffen. Die eigentliche Gefahr war der Schaffner, ein großgewachsener Mann, der die wenig beneidenswerte Aufgabe hatte, von den neu Hinzugekommenen das Fahrgeld zu kassieren, während der Bus in Bewegung war. Daß ihm das nicht eben leichtfiel, war an seinem verzweifelten Gesichtsausdruck abzulesen, wenn er sich vom oberen Ende der Leiter aufs flache Dach warf und auf irgendwem oder irgend etwas landete, was zufällig gerade im Weg lag. Er schien nicht sehr populär zu sein, denn niemand war gewillt, ihm zu helfen und ihm das Fahrgeld weiterzureichen. So mußte er wohl oder übel über das ganze Dach kriechen und sich an allem und jedem festklammern und abstützen, während der Bus über den fürchterlichen Straßenbelag schwankte und rumpelte.

Ich hatte mit etwa hundertzehn Kilometern bis Dehradun gerechnet, doch das Land war so sehr von Felsschluchten und tiefen Einschnitten zerklüftet, daß sich die Straße oft kilometerweit um die Berge winden mußte, um einen einzigen Kilometer in die gewünschte Richtung weiterzukommen. Obwohl meine Route der Linie des Himalaja folgte, mußte ich zuerst beinahe auf Meereshöhe hinunter, um nach Nepal zu gelangen, denn bis jetzt existiert noch keine in westöstlicher Richtung verlaufende Straße, die höher liegt. Der nächste Zugang nach Nepal ist rund elfhundert Kilometer weiter südöstlich. Die meiste Zeit würde mich mein Weg durch die sengenden Ebenen von Uttar Pradesh führen. Schon jetzt wurde die Luft spürbar heißer und staubiger, während sich der Bus seinen Weg durch das Vorgebirge nahm. Ich dachte mit wachsender Nostalgie an die kühlen Hochlandtäler zurück, die ich hinter mir gelassen hatte.

Den ganzen Tag quälte sich der Bus weiter in Richtung

Dehradun, zum Oberlauf des Ganges. Mit jedem Kilometer stieg die Temperatur. Um vier Uhr nachmittags schlängelten wir uns durchs Shivalikgebirge, die niedrigste Bergkette des Himalaja, hinunter. Vor uns lag Dehradun. Da ich mich zwei Tage lang nicht hatte waschen können und mir mein Magen wegen Unterbeanspruchung am Rückgrat zu kleben schien, freute ich mich schon auf den Komfort eines guten Hotels.

15

In Nordindien war Hochsaison zum Heiraten. Dies entdeckte ich, sobald der Bus Dehradun erreicht hatte und
mein Fahrrad und ich bequemerweise gleich vor dem Touristeninformationsbüro abgesetzt worden waren.

»Das allerbeste Hotel, bitte«, bat ich den liebenswürdigen
Herrn, denn ich spürte, daß ich mir nach all der Mühsal und
den Widerwärtigkeiten der vergangenen zwei Tage das
Beste vom Besten verdient hatte. Er empfahl mir eins
gleich gegenüber. Es war besetzt. Also zurück ins Büro, wo
mir der hilfsbereite Mann versicherte, das sei »kein Problem«, er werde einfach bei den anderen guten Hotels her-
umtelefonieren: »Viele sehr gute Hotels in Dehradun.« Es
schien tatsächlich eine Menge davon zu geben, denn er rief
mindestens zwanzig an. Alle waren besetzt.

»Kein Problem«, meinte er und schickte einen Jungen
weg, um Tee zu holen. »Vielleicht nicht so gute Hotel nicht
voll.« Er telefonierte weiter. Ich war sehr beeindruckt von
seiner Hartnäckigkeit, doch alles fruchtete nichts.

»Tut mir sehr, sehr leid«, sagte er. »Ich glaube, alle Hotels
voll. Macht nichts, Sie müssen ja irgendwo schlafen. Bleibt
nur Lodge übrig. Ich bringe Sie hin. Kommen Sie.«

Wir ließen das Rad in der Obhut des Jungen zurück. Er
führte mich über die Straße und eine lange, steile Treppenflucht hoch, die zwischen Ladengeschäften eingeklemmt
war. Ich folgte ihm mit Bangen, denn der Ort hatte ziemlich gräßlich geklungen. Oben befanden wir uns auf einem
flachen, mit Fliesen belegten Dach, auf dem sich zwei Reihen mit Kabinen aus Beton gegenüberstanden. Sie sahen
ein wenig wie Badehäuschen an einem englischen Strand
aus. Eine von ihnen war noch frei, und er führte mich
hinein. Es war nicht schlimmer als das Zimmer im »Rin-

go's« in Delhi. Es enthielt ein Bett mit Matratze, Tisch und Bank. Hinter einem halbhohen Mäuerchen war ein Loch im Fußboden (mit Spülung), und tief unten, in Reichweite der linken Hand, wenn man sich hinkauerte, war ein Kaltwasserhahn angebracht. Ein Eimer und ein Ventilator vervollständigten die Einrichtung. An westlichen Maßstäben gemessen, war das Ganze ziemlich schmuddelig, an indischen jedoch durchaus erträglich, und im Vergleich zur Unterkunft von gestern abend konnte ich mir beinahe einreden, daß dies halbwegs dem Luxus entsprach, den ich mir so sehnlich gewünscht hatte. Der Besitzer zeigte sich sehr hilfsbereit und organisierte jemanden, der das Fahrrad hochtrug und mir einen Eimer heißes Wasser brachte. Er erklärte mir auch, weshalb alle Hotels voll waren. Dies sei eine besonders verheißungsvolle Zeit für Hochzeiten, meinte er, und die Leute in Indien heirateten gerne an einem heiligen Ort, wo die Wasser des Ganges vom Himalaja herunterflossen. Da solche Hochzeitsgesellschaften leicht bis zu hundert Gäste zählten, machen Städte wie Dehradun, Haridwar und Rishikesh, die in dieser Gegend liegen, ein Bombengeschäft in der Heiratssaison.

Vielleicht muß man zuerst zwei Tage lang in Hitze und Staub zugebracht haben, ohne sich waschen zu können, um das köstliche Vergnügen eines Eimers voll heißen Wassers richtig zu würdigen. Nachdem ich mich gewaschen hatte, waren meine Kleider an der Reihe, einschließlich jener, die im Innern des Reifens so hervorragende Arbeit geleistet hatten. Trotz der Strapazen hatten sie keinen Schaden genommen. Ich setzte aus den Gepäckriemen eine Wäscheleine zusammen und ließ alles trocknen, während ich hinausging, um mir die Stadt anzuschauen.

Nach der Stille der Berge kam mir der Ort sehr hektisch vor, voller Straßen mit Läden, die vorne offen waren, und mit viel lärmigem Verkehr, der sich mit einem unmäßigen Hupkonzert einen Weg bahnte. In den geschäftigen wie in den ruhigen Straßen pinkelten überall Männer in die Gullys oder gegen eine Mauer, und es roch penetrant nach Urin. Wirklich abstoßend war jedoch die Anzahl der Ratten, die anscheinend ungestraft in Läden und Restaurants hinein- und hinaushuschten. Ich hatte irgendwo gelesen, daß jährlich ein Fünftel der Ernte Indiens von Ratten gefressen wird, was ich angesichts der vielen Exemplare in Dehradun ohne weiteres glaube. Trotzdem widerten sie mich nicht so stark an, daß sie mich davon abgehalten hätten, die verschiedensten Leckereien zum Essen einzukaufen, wobei ich mich allerdings vergewisserte, daß alles, was ich erstand, geschält, geknackt oder gewaschen werden konnte. Ich fand auch etwas Gummilösung und kehrte in meine Lodge zurück, um Reparaturen vorzunehmen. In meiner Betonzelle war es so heiß, daß die Wäsche bereits trocken war, obwohl ich nur eine Stunde weg gewesen war. Der Ventilator brachte etwas Kühlung, doch die Elektrizität setzte jede halbe Stunde aus. Als ich das Fahrrad endlich fertig hatte, war ich schweißgebadet und benötigte dringend eine weitere Dusche aus dem Eimer.

An diesem Abend hatte ich mir das beste Essen versprochen, das Dehradun zu bieten hatte, und so machte ich mich auf den Weg zu einem gepflegten Restaurant, das mir mein Freund vom Touristeninformationsbüro empfohlen hatte. Hier machte ich mich über eine große Portion Huhn Biryani mit allerlei appetitlichen Zutaten her und trank dazu Unmengen von frischgepreßtem Limonensaft. Es war ziemlich lange her, seit ich eine anständige Mahlzeit zu mir genommen hatte. Die letzten zwei Tage hatte ich nur von Früchten und Nüssen gelebt. Ich mußte mich allerdings geschlagen geben, bevor ich mich halbwegs durchgekämpft hatte, und als ich versuchte, noch einen weiteren Bissen hinunterzukriegen, setzte der Anblick großer, brauner Kakerlaken, die über den Fußboden huschten, meinem Appetit endgültig ein Ende.

Auf dem Rückweg zu meiner Lodge war in den dunklen Straßen äußerste Vorsicht geboten, damit ich nicht versehentlich auf irgendeine der vielen Gestalten trat, die sich auf den Bürgersteig gebettet hatten. Es war noch immer sehr heiß und blieb es auch die ganze Nacht, was das Schlafen schwierig machte. Der Ventilator, der anhielt und sich wieder in Bewegung setzte, wie es die unstete Elektrizität so wollte, half auch nicht viel. Ich hatte genug von Dehradun gesehen. Morgen würde ich weiterfahren.

Erst als ich die heilige Stadt Haridwar erreichte, konnte ich zum erstenmal einen Blick auf den Ganges werfen. Der mehr als ein Kilometer breite, höchst eindrucksvolle Strom war von *ghats* gesäumt, den Badeplätzen mit Ufertreppen, wo Pilger bis zu den Schultern im Wasser standen und beteten. Der Fluß sah kühl und einladend aus, doch da ich keine Hindu bin, glaubte ich mich ihnen nicht anschließen zu dürfen, und so erfrischte ich mich mit Limonensaft und Soda. In der Stadt wimmelte es von Priestern in leuchtenden Roben. Viele von ihnen wurden in Fahrradrikschas herumgefahren. Ein riesiger, fetter, in bauschige Roben gekleideter Saddhu, das Haar zu einem Knoten aufgesteckt, hielt einen großen Dreizack und sah aus wie ein stattlich thronender Neptun. Daneben gab es auch Asketen mit wirren Haaren und bemalten Gesichtern, die mit Bettelschale und Wanderstab einherschritten.

Ich suchte das Touristeninformationsbüro auf, um zu erfahren, ob sie eine modernere Landkarte hatten als die, welche ich in Delhi gekauft hatte, und um mich nach der Lage der Rasthäuser in dieser Gegend zu erkundigen. Der Geschäftsführer war ein richtiger Chauvinist, der nichts mit dem verhaßten anderen Geschlecht zu tun haben wollte. Er verkehrte nur über einen jungen Mann aus Neuseeland mit mir, der zufällig zur gleichen Zeit im Büro anwesend war. Unser ziemlich bizarrer Wortwechsel ergab nichts Nützliches an Informationen oder Landkarten. Bevor der Chef wegging, sagte er zu dem jungen Mann: »Sagen Sie ihr, sie nicht soll radfahren auf Nebenstraße nach Raninagar. Dort ist Wald voll wilde Tiere auf Weg.«

Am liebsten hätte ich ihm erwidert, daß wilde Tiere nach meinen diversen Erlebnissen mit den Männern des Subkontinents keinen Schrecken mehr für mich bargen. Bob, der Neuseeländer, zeigte sich von dieser Vorstellung sehr amüsiert, doch wir waren uns einig, daß es wohl kaum die richtige Antwort für den Tourismusbeamten war, obwohl er mir in keiner Weise weiterhalf. Statt dessen ging ich mit dem Neuseeländer eine Tasse Tee trinken, und wir tauschten Ansichten über Indien aus.

Ich überquerte den breiten Ganges, der in der drückenden Hitze des Tages noch schöner und einladender aussah. Bald kam ich zu den Wäldern, wo man mich vor wilden Tieren gewarnt hatte, doch es zeigte sich kein Schwanz. Wenn dort wirklich etwas so Aufregendes wie ein Tiger lauern sollte, würde er uns räuberischen Menschen mit Sicherheit lieber aus dem Weg gehen. Von viel unmittelbarerem Interesse war ein Rasthaus, das ich vorfand, wo auf der Karte keins verzeichnet war. Es war ein recht elegantes Haus mit einem hübschen Garten, nur konnte ich leider nicht hinein, denn der Chowkidar war für den Rest des Tages weggegangen und hatte den Schlüssel mitgenommen. Der *mali*, der nach dem Garten schaute, war jedoch ein findiger Kopf. Nachdem er Tee organisiert hatte, ging er weg, um Hilfe zu suchen. Bald kehrte er mit einem jungen Mann aus einem benachbarten Forstlager zurück, der es irgendwie fertigbrachte, die Tür aufzumachen. Ich wurde eingeladen, das Forstcamp zu besuchen, sobald ich gebadet und mich ausgeruht hatte, um etwas über ihre Arbeit zu erfahren, und mit dem jungen Mann und seiner mit ihm frisch verheirateten Frau das Abendessen einzunehmen.

Leider war es beinahe dunkel geworden, als er mich abholte, und so sah ich fast nichts davon, wie im Lager gearbeitet wurde. Dafür verbrachte ich einen höchst angenehmen Abend mit dem jungen Paar. Arju war der Verantwortliche für das Camp. Er hatte vier Jahre an der Universität und weitere drei Jahre mit praktischen Studien verbracht, um sich auf seine Aufgabe vorzubereiten, obwohl man dies von seinem Äußeren kaum für möglich gehalten hätte, denn er sah nicht älter aus als einundzwanzig. Seine Heirat war natürlich arrangiert worden. Seine Frau wirkte noch wie ein Kind, doch laut Arju war sie schon siebzehn. Sie hatte nur sehr wenig Schulbildung genossen und sprach kein Englisch, daher führte Arju das Gespräch allein, während sie ruhig und anmutig in den zwei Zimmern ihrer winzigen Hütte herumging und das Abendessen zubereitete. Aus der Art, wie seine Augen ihren Bewegungen folgten und sie ihm schüchtern über die Schulter zulächelte, war offensichtlich, das sie sehr glücklich miteinander waren. Den Wald zu bestellen, wie Arju seinen Beruf nannte, war ebensosehr Teil seiner Religion wie ein Mittel, sich seinen Lebensunterhalt zu verdienen. Er versuchte, dem nachzuleben, was für mich das Schönste am Hinduismus ist: der Liebe zu allem Lebendigen, Ahimsa, die eine völlig vegetarische Lebensweise erfordert, dem Gebot, nichts willentlich zu verletzen oder zu beschädigen, nicht einmal eine Fliege, und der Bereitschaft, in allem und jedem das Absolute zu erblicken. Mit seinem sanften und völlig unprätentiösen Wesen war Arju ein sehr eindrucksvoller junger Mann.

Als er mich später zum Rasthaus zurückbegleitete, erlebte ich eine ganz bezaubernde Vorstellung. Die Luft über unseren Köpfen war voll kleiner, tanzender Lichter, wie winzige Sterne oder Lichter am Weihnachtsbaum, die zwischen den Ästen Verstecken spielten. Zum allerersten Mal in meinem Leben sah ich Glühwürmchen! Während der Nacht brach über uns ein gewaltiges Gewitter los. Der Donner krachte ohne Unterlaß, so daß ich nicht schlafen konnte und am Fenster stand, um den großflächigen Blitzen zuzuschauen, welche die Dunkelheit entzweirissen. Und immerzu tanzten die Glühwürmchen.

Am nächsten Morgen fuhr ich in einer stürmischen Sintflut weiter, doch schon nach wenigen Kilometern hatte ich

den Regengürtel hinter mir gelassen, der sich auf das Wald-
gebiet beschränkt haben mußte, und befand mich in einer
trockenen, staubigen Zone. Rundherum lagen Zuckerrohr-
felder. Bald begannen Zuckerraffinerien die Luft mit ihrem
Gestank zu verpesten. Völlig verschmutzte und verwahr-
loste Dörfer tauchten auf. Wegen der Horden von Männern jeden Alters, die mich anstarrten und sich um mich
drängten, sobald ich zögernd einen Fuß auf den Boden
setzte, wagte ich in keinem Dorf anzuhalten, weder fürs
Frühstück noch fürs Mittagessen. Gewisse Teile von Uttar
Pradesh sollen zu den rückständigsten und notleidendsten
Gebieten von ganz Indien gehören, und diese Gegend sah
tatsächlich schlimmer aus als alles, was ich bisher gesehen
hatte. Die Kinder litten oft unter schmerzhaften Gebrechen und Verunstaltungen wie eiternden Wunden, Hasen-
scharten oder Geschwülsten im Gesicht, und die meisten
wirkten unterernährt und waren erbärmlich gekleidet.
Schon ganz kleine Jungen gingen dem grausam harten
Rikschagewerbe nach, und überall wankten Kinder jeglichen Alters unter Lasten, die viel zu schwer für sie waren.
Das Ausmaß der nackten Armut Indiens ist hier überwältigend. Es wurde eine bedrückende Fahrt.

Moradabad, eine Stadt, wo man vor allem Messing herstellt, ist kein sehr hübscher Ort, besitzt jedoch ein recht
anständiges Hotel – das einzige hier, wie mir ein Mann
versicherte, der netterweise angehalten hatte, um mir den
Weg zu zeigen. Ich war froh, daß ich es gefunden hatte,
denn die Nachmittagshitze war mehr, als ich ertragen
konnte. Ich befand mich jetzt wieder auf Meereshöhe. Die
Temperatur lag weit über dreißig Grad und stieg täglich an.
Bis ich Nepal erreichte und wieder in höhere Regionen
kam, war es geraten, morgens frühzeitig loszufahren und
zu versuchen, mein Tagespensum bis zum Mittag zurückzulegen. Mit diesem Vorsatz wollte ich früh schlafen
gehen, doch daraus wurde nichts. Im Hotel wohnte ein
Reporter, der der Auffassung war, meine Ankunft sei ein

Knüller, den er für die nationalen Zeitungen ausschlachten konnte. So wurde ich ausgiebig interviewt und kam schließlich erst um Mitternacht ins Bett. Ich schlief sowieso nicht gut, denn es war drückend heiß. Der Ventilator hielt im Takt mit den Stromausfällen immer wieder an, worauf er sich erneut in Bewegung setzte, und wenn ich endlich einschlummerte, hatten mich stechende Insekten schnell wieder wach.

Obwohl ich mich gänzlich unausgeruht fühlte, war es eine Erleichterung, in der relativen Frische des frühen Morgens loszuradeln. Sobald ich die Umgebung der Stadt mit ihren offenen, stinkenden Abzugsgräben, den gräßlichen Slumsiedlungen und den Wolken von Fliegen hinter mir hatte, fuhr ich durch eine liebliche Landschaft mit offenen Feldern und von Jacarandabäumen gesäumten Straßen, wo es nach reifendem Korn, Früchten und Blüten duftete. Die Ernte war in vollem Gang. Man konnte sich ohne weiteres vorstellen, daß die Zeit hier seit Jahrhunderten stillgestanden hat und die Ochsenkarren, welche gemächlich über das weite Land rumpelten, das einzige Transportmittel auf Rädern waren. Dies ging so weiter, bis etwa um acht Uhr die gar nicht lieblichen Lastwagen in Erscheinung traten, ihre übelkeiterregenden Ausdünstungen zu der wachsenden Hitze mengten und die Illusion in Stücke zerbrach.

Um elf Uhr war ich in Bareilly angelangt, ließ mir in der Stadt ein frühes Mittagessen schmecken und hörte den Ansichten eines indischen Offiziers am Nebentisch zu, der über die Zustände in seinem Land vom Leder zog. Indien befinde sich in einem moralischen Verfallszustand, meinte er. Die Polizei sei ein lächerlicher Mob, der seine Waffen auf die eigene Regierung gerichtet halte; alle hätten nur noch Spott und Verachtung für sie übrig, da sie nicht mehr fähig sei, auch nur den Anschein einer zivilen Kontrolle aufrechtzuerhalten. Die Armee müsse überall einspringen, trotzdem habe sie kein echtes Mitspracherecht in der Politik des Landes. Die einzige Hoffnung für Indien sei ein

Militärputsch, behauptete er. Dann könnten sie die Bedrohung durch Pakistan an ihrer Westgrenze ein für allemal aus der Welt schaffen, bevor sie sich daran machten, ihrem geplagten Land endlich Disziplin und Ordnung zu bringen. Der Journalist von gestern abend hatte ähnliche Ansichten geäußert, obwohl er nicht auf einen Militärputsch als Lösung für Indiens Probleme gehofft hatte.

In Bareilly machte ich meinen ersten Fehler an diesem Tag: Ich blieb nicht dort. Die Stadt war keine Spur attraktiver, als es Moradabad gewesen war, und roch ebenso schlecht, und da ich mich nicht übertrieben müde fühlte, beschloß ich, mich zu sputen und bis zum nächsten Rasthaus weiterzufahren, das auf der Karte in nur zweiunddreißig Kilometer Entfernung eingezeichnet war. Falls es dort kein Zimmer gab, war ein zweites dreizehn Kilometer weiter eingetragen. Auf dem Land war es so unendlich viel angenehmer als in den Städten, daher schien mir die Mühe lohnenswert. Die zweiunddreißig Kilometer waren relativ leicht zu bewältigen, obwohl die Temperatur am Nachmittag allmählich auf sechsunddreißig Grad anstieg. Erst als ich die Stelle erreichte, wo das erste Rasthaus liegen sollte, das sich aber offenbar in Luft aufgelöst hatte, merkte ich, wie nahe ich an meine körperlichen Grenzen gekommen war. Die dreizehn Kilometer zum nächsten Ort kamen mir unendlich lang vor. Alles tat mir weh, aber irgendwann war ich am Ziel. Doch wo das Rasthaus hätte stehen sollen, war eine Polizeiwache. Ich wußte, daß ich die fünfundzwanzig Kilometer zur nächsten Stadt unmöglich schaffen würde, daher fragte ich den Polizisten am Tor, ob er in dieser Gegend ein Rasthaus kenne.

Das war mein zweiter Fehler – ich hätte nie und nimmer bei einer Polizeiwache um Hilfe nachsuchen sollen. Bevor ich mich versah, war ich hinter dem Tor gelandet und wurde zur Nachmittagsbelustigung für etwa dreißig undisziplinierte und gelangweilte Männer, die alle mehr oder weniger schlampig bekleidet waren. Ich erhielt eine Tasse

Tee und saß inmitten einer Wolke von Fliegen da, während sie an meinem Fahrrad herumfummelten und bloß albern kicherten, als ich sie bat, es in Ruhe zu lassen. Langsam begann ich den Frust des Armeeoffiziers über diese Hüter des Gesetzes zu verstehen. Die Vorstellung, daß solche Männer Respekt einflößen konnten, schien geradezu abwegig. Als ihre ebenso undisziplinierten Kinder auf dem Schauplatz erschienen, um ihren Anteil an Touristenbelästigung beizusteuern, hatte ich endgültig die Nase voll. Ich wünschte ihre Hilfsangebote zum Teufel und fuhr weg, während die ganze Horde kicherte und mir »Halt! Halt!« nachrief.

Die Wut hatte mich mit neuer Energie aufgeladen, doch ich war noch keinen Kilometer geradelt, als ich von einem höherrangigen Polizisten auf einem Motorrad zur Seite gewinkt wurde. Er sagte, er sei der Polizeichef und verlange zu wissen, weshalb ich so überstürzt losgefahren sei, obwohl mir zu warten befohlen worden war. Voller Entrüstung erwiderte ich unerschrocken, daß ich die Rüpelhaftigkeit und Dummheit seiner Leute satt gehabt hätte und überhaupt nicht einsehen würde, weshalb sie eine Engländerin wie mich herumkommandieren sollten, da ich nichts Verkehrtes gemacht hatte. Darauf änderte er seinen Ton. Er entschuldigte sich für seine Männer und sagte, es seien leider beschränkte, ungebildete Kerle. Ich solle sie mir aus dem Kopf schlagen und nur ihn im Gedächtnis behalten, denn er sei da ganz anders und wisse, wie man sich einer Dame gegenüber benehmen müsse. Dann hielt er einen Lastwagen an und befahl dem Fahrer, mich und mein Fahrrad die vierundzwanzig Kilometer bis Shajahanpur mitzunehmen. Ich konnte die Mitfahrgelegenheit nicht gut abschlagen und war eigentlich sehr froh darum, doch es war mir peinlich, dem armen Fahrer von einem Polizeichef aufgedrängt zu werden. In der Fahrerkabine gab es noch weitere Passagiere. Einer von ihnen, ein junger Mann Anfang Zwanzig, versuchte mich zu bewegen, ihn zu adoptieren.

Der einzige Weg, diesem »schrecklichen Land« zu entfliehen, bestehe darin, von einer englischen oder amerikanischen Familie adoptiert zu werden, meinte er. Es war nicht das erste Mal, daß mir ein solches Ansinnen gestellt wurde, und sollte auch nicht das letzte Mal sein. Für all diese jungen Männer schien England ein reiches Land mit unbegrenzten Möglichkeiten, und sie glaubten, daß ihre Probleme und Frustrationen mit einem Schlag verschwinden würden, wenn sie nur endlich dort wären. Es wäre ein völlig nutzloses Unterfangen gewesen, sie davon zu überzeugen, daß das England ihrer Träume schlicht nicht existierte.

Der dritte Fehler an diesem Tag war, mich nach Shajahanpur hineinzuwagen. Der Lastwagen hatte mich am Stadtrand abgesetzt. Ich war ins Stadtzentrum geradelt, um ein Hotel zu suchen, doch kaum hatte ich den Fuß auf den Boden gesetzt, als ich auch schon von einer Horde Jugendlicher umringt war. »Mob« wäre die passendere Bezeichnung, denn ihr Verhalten zeigte jene Art rücksichtsloser Gruppenaggression, wie man sie bei einer Bande von Schlägertypen findet, die auf Rabbatz aus sind. Sie grinsten höhnisch, knufften und rempelten mich von allen Seiten an. Die Situation war recht beängstigend, und ich sah keine Möglichkeit, wie ich ihr entrinnen konnte. Zum Glück hatte ein junger Mann, der etwas älter als die meisten Jugendlichen war, meine mißliche Lage erkannt und sich durch die Menge gedrängt, bis er neben mir stand. Er forderte mich auf, mich dicht hinter ihm zu halten, und schaffte es irgendwie, uns mit Drohungen und Püffen eine Gasse zu bahnen. Sobald wir freie Bahn hatten, packte er ein Fahrrad und schrie mir zu, so schnell wie möglich hinter ihm her zu fahren. Das mußte man mir nicht zweimal sagen. Ich hätte ihn jederzeit leicht überholen können, denn meine Angst verlieh mir Flügel. Der Mob war uns jetzt dicht auf den Fersen; die meisten waren zu Fuß, doch einige hatten Fahrräder, und ein Grüppchen fuhr einen kleinen Lieferwagen. In einer schmalen Straße holte die Bande auf, und schon streckten sich Hände aus und versuchten, mich am Arm zu packen. Irgendwie brachte ich das Kunststück fertig, mein Gleichgewicht zu bewahren und weiterzufahren, während der Lieferwagen zurückfiel, weil ihn ein Hindernis aufhielt. Wir hetzten weiter und bogen um unzählige Ecken, bis der Lärm unserer Verfolger hinter uns erstarb. Dann hielten wir an, um Atem zu schöpfen. Mein Retter fragte, wohin ich gehen wollte. Er könne es nicht wagen, mich allein zu lassen, da der Mob herumstreifen und nach mir suchen würde. Auf die Frage, weshalb sich die Jugendlichen so benahmen, zuckte er bloß mit den Achseln. Er wisse es auch nicht; wahrscheinlich hätten sie gerade nichts Besseres zu tun. In dieser Gegend gebe es sehr viele »böse, gewalttätige Männer«.

Es gab vier Hotels in der Stadt. Keines von ihnen wirkte besonders einladend, und alle waren belegt. Während wir sie abklapperten, hatte der Mob zweimal aufgeholt und die Jagd wieder aufgenommen. Wir waren beide völlig erschöpft und wußten nicht recht weiter. Dann fiel mir ein, daß heute Sonntag war, daher fragte ich den jungen Mann, ob es in dieser Stadt eine christliche Kirche gab. Es gab tatsächlich eine. In der Hoffnung, daß dort jemand war, der uns weiterhelfen konnte, machten wir uns auf den Weg. Noch einmal erspähte uns der Mob und setzte uns hechelnd wie eine Hundemeute nach. Als wir durchs Tor des Kirchhofs den Weg hinauf sausten, waren sie dicht hinter uns. Sie machten einen Heidenlärm, der es leicht mit dem Gesang aufnehmen konnte, welcher durch die offenen Fenster und Türen scholl. Als wir die Tür erreichten und atemlos auf der Treppe zusammenbrachen, traten mehrere Kirchgänger heraus, die den Krach gehört hatten. Sie gingen entschlossen gegen die Rowdys vor, die sofort zurückwichen und Reißaus nahmen. Darauf wandten sie sich uns zu und verlangten eine Erklärung für die ungebührliche Störung ihres Sonntagsgottesdienstes. Jetzt, wo die Gefahr vorbei war, brachte ich kein Wort heraus und zitterte am ganzen Leib. Mein junger Retter mußte alles erklären, während ich nur dastand, zu Boden starrte und versuchte, das Weinen zu unterdrücken. Ich konnte dem jungen Mann nicht einmal richtig danken, denn er ging weg, bevor ich mich einigermaßen gefaßt hatte.

Zwei Mitglieder der Gemeinde waren Lehrer in einem nahe gelegenen Technikum, das von einer amerikanischen Methodistenmission geführt wurde. Sie sagten, daß es dort ein Gästehaus gab, und boten an, mich zu begleiten. Ich willigte dankbar ein und war erleichtert, unter dem Schutz dieser beiden verläßlichen Männer Shajahanpur den Rücken kehren zu können. Wir fuhren auf ruhigen Sträßchen über Land. Sie erzählten mir von ihrer Arbeit im Nave-Institut, wo Jugendliche zwischen sechzehn und achtzehn Jahren ausgebildet wurden. In dieser Region mit ihrer hohen Arbeitslosenrate sei es das Wichtigste für junge Menschen, Fertigkeiten zu erwerben, die sie in ihren Dörfern nutzen konnten. Als Hauptfächer wurden Schreinern, Schneidern und elementare Maschinen- und Elektrotechnik angeboten. Es herrschte strenge Disziplin, denn andernfalls ließen sich die Jungen, die frisch von ihren Dörfern kamen, schnell von der negativen Einstellung der Stadtjugend anstecken, welche vielfach ohne feste Arbeit war. In den vergangenen Jahrzehnten war die Bevölkerung stark angewachsen, und viele Leute waren vom Land in die Stadt gezogen. Nach Ansicht meiner Begleiter mußte dieser Trend gebrochen werden, denn in den Städten herrschte hohe Arbeitslosigkeit.

Dot und Hank Garwick, die das College leiteten, stellten die überzähligen Räume ihres großen, altmodischen Bungalows Gästen zur Verfügung, die es wie mich in diese Gegend verschlagen hatte und die sonst nirgendwo unterkamen. Sie mußten wohl stets ein Zimmer frei haben, denn in diesem Landesteil von Indien zieht es nur wenige Besucher. Die beiden waren ein sehr warmherziges Paar, und ihr Zuhause war genau der richtige Ort, um mich wieder zu sammeln und meine Wunden zu lecken.

Wenn ich heute auf diesen Abschnitt meiner Reise zurückschaue, frage ich mich zuweilen, weshalb ich angesichts der widrigen Umstände nicht einfach aufgegeben und das Fahrrad in einen Zug zur nepalesischen Grenze verfrachtet habe. Damals wäre mir das jedoch nie in den Sinn gekommen, selbst als es hart auf hart ging oder man mir schreckliche Angst eingejagt hatte. Geldgründe waren sicher nicht im Spiel, denn die Reise hatte mich bislang nur einen Bruchteil dessen gekostet, womit ich gerechnet hatte. Ich war auch nicht der Meinung, unbedingt jeden Meter auf dem Rad zurücklegen zu müssen, um nicht das Gesicht zu verlieren. Es lag viel eher an dem Gefühl, daß diese eher unattraktive Gegend einen wesentlichen Aspekt meiner Reise bildete und daß es wichtig war, dies zu erleben, selbst wenn ich das alles nicht noch einmal durchmachen möchte. In seinen Narnia-Büchern hat C. S. Lewis folgende Worte dafür gefunden: »Das Abenteuer annehmen, wie es einem geschickt wird. « Als Kompensation für die vielen Strapazen machte ich mir an den unwahrscheinlichsten Orten eine ganze Anzahl Freunde.

Den nächsten Tag verbrachte ich bei den Garwicks. Meist lag ich im Schatten oder unter dem Ventilator, denn nach acht Uhr morgens stieg die Temperatur drastisch an und erreichte gegen Mittag achtunddreißig Grad. Wie ich hörte, kletterte sie im schlimmsten Fall bis auf fünfzig oder sogar fünfundfünfzig Grad, was man nur überleben konnte, wenn man sich in nasse Tücher wickelte und unter einem Ventilator blieb. Ich war froh, daß es nur noch rund vier Tage dauern würde, bis ich den Anstieg aus dieser heißen Tiefebene in Angriff nehmen konnte.

Am folgenden Morgen war ich um fünf Uhr bereits wieder unterwegs. Die Garwicks waren zuvorkommenderweise früh aufgestanden, um dafür zu sorgen, daß ich ein richtiges Frühstück bekam, und um mich mit allerlei nahrhaften Eßwaren für die Weiterfahrt zu versehen. Wenn alles gutging, würde ich in zwei Tagen die Stadt Gonda erreichen, wo ich bei Freunden des Ehepaars wohnen konnte, die ebenfalls eine Missionsschule leiteten. Für diese Nacht mußte ich mich auf ein Rasthaus verlassen, das auf meiner ungenauen Karte eingezeichnet war. Niemand im College wußte, ob es auch wirklich existierte, und so konnte ich bloß hoffen.

Die aprikosenfarbene Morgenröte mit den vielen tief fliegenden weißen Silberreihern verblaßte schnell und wich einem bleichen, heißen Himmel, der mit wachsender Hartnäckigkeit auf die topfebenen staubigen Felder zu drücken schien. Die Straße war von eng gepflanzten Laubbäumen gesäumt – ein Schattenband in der sengenden Landschaft. Einer dieser Bäume, der Peepul, hat eine so dichte Krone, daß es darunter richtig kühl scheint. Ringsherum bewegte sich kaum etwas, nur hie und da ein vereinzelter schwerfällig dahinrumpelnder Büffel- oder Ochsenkarren, dessen nur mit einem Lendentuch und einem ärmellosen Unterhemd bekleideter Führer scheinbar eingeschlafen war und sanft auf seinem Sitz hin und her wiegte. Um zehn Uhr war die Sonne über die höchsten Bäume geklettert. Die Straße lag jetzt nicht mehr im Schatten. Es herrschte eine derartige Hitze, daß das Land ganz unwirklich erschien und schimmerte, als läge es unter Wasser. Selbst das Taschentuch, das ich mir unter der Hutkrempe um die Stirn gebunden hatte, konnte nicht verhindern, daß mir der Schweiß in die Augen lief. Wenn nicht in diesem Augenblick das Rasthaus aufgetaucht wäre, hätte ich anhalten und Schatten aufsuchen müssen, denn schon die kleinste Bewegung, geschweige denn das Radfahren, war viel zu anstrengend geworden.

Der Chowkidar dieses Rasthauses war einer von der argwöhnischen Sorte, aber nicht unfreundlich. Er erlaubte mir, einen Waschraum und eine schattige Veranda zu benutzen, nicht jedoch ein Schlafzimmer – das mußte warten, bis der Bezirksingenieur später am Tag vorbeischaute. Diese Information erhielt ich von einem jungen Mann, den der Chowkidar irgendwo aufgestöbert hatte. Er war vermutlich Student und ziemlich überheblich. Er setzte sich neben mich auf die Veranda und redete eine Stunde lang auf mich ein, bis ich nicht mehr wußte, wo mir der Kopf stand, und ihn wegschickte. Sobald er fort war, faßte sich eine kleine Schar Kinder, die sich im Garten nebenan herumgetrieben hatten, ein Herz. Sie kamen herüber, um mich aus der Nähe zu besehen. Es waren nette Kinder, doch sie sprachen kein Wort Englisch, und so konnten wir einander nur zulächeln, was mir nach dem nervenaufreibenden jungen Mann sehr recht war.

Als es dunkel wurde, kehrten die Kinder mit zwei Frauen zurück, offensichtlich ihren Müttern. Mit Lächeln und Winken gaben sie mir zu verstehen, daß ich sie begleiten sollte. Ich wurde zu einem bescheidenen kleinen Haus am Rande des Gevierts geführt, in dem das Rasthaus lag, und mit Tee und Pappadoms bewirtet. Inzwischen kannte ich etwa zwei Dutzend Worte in Hindi. Eine der Frauen sprach etwa ebensoviel Englisch, daher konnten wir uns keinem ausführlichen Gespräch widmen. Lächeln, Kopfnicken und ein wenig Mimik reichten jedoch vollauf. Es war eine der nettesten Teepartys, die ich je besucht habe. Die Frauen gaben sich die größte Mühe, mir verständlich zu machen, wie sehr sie meine Radtour guthießen – wenigstens war das mein Eindruck. Hoffentlich hatte ich sie richtig verstanden, denn der lästige junge Student hatte meine Tour zuvor sehr mißbilligt. Er schien alles zu mißbilligen, was mit Frauen aus dem Westen zu tun hatte, besonders die unnütze Geldverschwendung für ihre Ausbildung. Ich erfuhr von ihm, daß in dieser Gegend nur Jungen zur Schule gingen, was er als eine patente Methode ansah, die Frauen in den Schranken zu halten.

Nach anderthalb Stunden mit viel Mimik und viel Tee traf der Bezirksingenieur ein. Er war der Ehemann einer meiner Gastgeberinnen und so charmant und hilfreich wie die meisten Ingenieure, denen ich in den verschiedenen Rasthäusern begegnet bin. Er wies den Chowkidar an, mir ein Schlafzimmer zu überlassen und das Abendessen für mich zuzubereiten. Von der Mahlzeit sah ich nie etwas, doch dank der belegten Brote von Dot Garwick mußte ich wenigstens nicht hungern.

Am Morgen aß ich meine letzte Apfelsine und ein Paket Protein-Snacks. Um Viertel vor fünf fuhr ich los in der Hoffnung, mein Nachtlager in Gonda vor elf Uhr zu erreichen, doch von Anfang an lief alles schief – es gab gar keine Straße. Auf meiner Karte war eine ganze Auswahl verzeichnet, doch alles, was ich fand, waren ein paar Karrenwege, die sich ohne ein bestimmtes Ziel durch die von der Sonne ausgedörrten Felder schlängelten. Um halb neun war mir von der Hitze ganz schwindelig, denn es gab nirgendwo Schatten. Ich biß auf die Zähne und behielt mit Hilfe meines Kompasses einigermaßen die Richtung bei. Es war fürchterlich anstrengend. Um halb elf erreichte ich Fatephur, ein winziges Städtchen auf halbem Weg nach Gonda. Mir war klar, daß ich heute nicht mehr weiterfahren konnte. Ich mußte irgendein Transportmittel für mich und mein Fahrrad auftreiben, denn anderswo glaubte ich keinen Ort zum Übernachten zu finden. Ein Autofahrer, der mich unentschlossen an der Straße stehen sah, hielt an und fragte, ob er mir helfen könne. Als ich ihm mein Problem erklärt hatte, ging er für mich Auskünfte einholen. Bald hatte es den Anschein, als hätte sich jedermann in Fatephur in die Verhandlungen eingeschaltet. Ratschläge und Gegenratschläge schwirrten hin und her. Alle Leute waren erstaunlich nett und rücksichtsvoll und schienen es sich als eine Ehre anzurechnen, daß ich zu ihrer Stadt geradelt war. Ich wurde in den Schatten geführt, und man brachte mir einen Stuhl und höchst willkommene kalte Getränke. Während sie das Problem erörterten, war ich vollauf zufrieden damit, nur dazusitzen und zu trinken.

Die ungeheure Menge Flüssigkeit, die ich in Nordindien zu benötigen schien, setzte mich immer wieder in Erstaunen. Bevor ich mich auf den Weg gemacht hatte, war mir eingeschärft worden, darauf zu achten, mindestens vier bis fünf Liter am Tag zu trinken. Ich brachte es ohne weiteres auf das Doppelte und fühlte mich trotzdem öfters gefährlich ausgetrocknet. Vermutlich schwitzte ich alles wieder heraus, denn ich mußte selten aufs Klo. Wie auch jetzt mußte ich einen Großteil der Flüssigkeit in Form von Tee oder gesüßtem Mineralwasser zu mir nehmen, denn Wasser durfte nie unaufbereitet getrunken werden. Der viele Zucker in all diesen Getränken diente als höchst willkommener Kalorienspender.

Das Ergebnis der allgemeinen Erörterungen lautete, daß Gonda der nächste Ort zum Übernachten war und es nicht allzu schwierig wäre, die fünfundsechzig Kilometer Weg dorthin zurückzulegen. Ich mußte bloß zwei Haltestellen auf einer Nebenlinie bis Barwal Junction fahren und dort in den Zug mit der normalen Breitspur umsteigen. Ein Sportlehrer vom College bot an, mich zum Anschlußbahnhof zu begleiten und mir mit dem Fahrrad behilflich zu sein. Die meisten Männer folgten mir zum Bahnhof, um Lebewohl zu sagen und zu helfen, das Rad in den Gepäckwagen hochzustemmen, dessen Tür gut einen Meter über dem Bahnsteig lag. Ich war ganz verblüfft über all die Freundlichkeit, die mir hier widerfuhr, vor allem wenn ich an meine Schreckenszeit in Shajahanpur zurückdachte. Vermutlich hatte ich einfach Glück, daß sich in Fatephur verantwortungsbewußte Einwohner meiner annahmen, doch möglicherweise stimmt, was viele Inder behaupten – daß es hier Städte gibt, die überwiegend »schlimme und böse Orte« sind.

Auf dem Anschlußbahnhof suchte der Sportlehrer einen ehemaligen Schüler heraus, einen dicken, vergnügten Jungen, der nicht so aussah, als hätte er sich je mit etwas so Stressigem wie Turnunterricht abgeben können. Er erhielt den Auftrag, auf mich aufzupassen und mich in den Zug nach Gonda zu setzen. Ohne diesen Beistand hätte ich es vermutlich nie geschafft. Auf dem Bahnhof herrschte ein fürchterliches Gedränge; überall hatten sich Menschen im Schatten niedergelassen. Der Zug nach Gonda sollte in zwei Stunden eintreffen. Es war ein Schnellzug, der zum Einladen von Gütern nicht lange genug anhielt. Ich selbst konnte ihn also benutzen, mein Fahrrad hingegen nicht. Mein Helfer war Klasse. Er brachte es zuwege, daß sämtliche Bahnhofsbeamten – vom Stationsvorsteher bis hinunter zum Boy, der den kleinen Teil des Bahnsteigs kehrte, der nicht von Menschenleibern bedeckt war – fest entschlossen waren, das Unmögliche möglich zu machen. Sie kamen immer wieder zu mir her, um mich zu beruhigen, daß ich mir keine Sorgen zu machen brauche und alles getan werde, um mich in den Zug zu bringen. »Vielleicht müssen wir schmieren«, meinte mein Helfer und wies mich an, wie viele Rupien ich bereithalten sollte.

Wir verkürzten die Wartezeit mit unzähligen Tassen Tee. Der Tee kam fertig angerichtet in Teekannen mit reizenden kleinen, konischen Tontäßchen. Diese Tassen wurden unmittelbar nach ihrem Gebrauch vernichtet, und zwar nicht etwa im Interesse der Hygiene, sondern um der Möglichkeit einer Kastenverunreinigung vorzubeugen.

Als der Zug einfuhr, entstand ein fürchterliches Chaos. Leute sprangen von den Wagendächern herunter, während andere hochzukraxeln versuchten. Die Zweite-Klasse-Wagen waren alle zum Bersten voll. Leiber und Habseligkeiten purzelten aus den offenen Wagenfenstern. Ich wußte nicht, wo ich landen würde. Alles hing von der Laune des Schaffners ab. Ein Angestellter packte das Fahrrad und stürzte sich mit ihm nach hinten zum Bremswagen. Wenige Augenblicke später raste ein anderer damit ans vordere Ende des Zugs. Unterdessen führte der Stationsvorsteher eine hitzige Diskussion mit einem mitreisenden Würdenträger der Staatsbahnen in der ersten

Klasse. Schließlich wurde das Fahrrad in einen Erste-Klasse-Wagen geladen und sorgfältig zwischen zwei Toiletten – einer europäischen und einer indischen – abgestützt. Nachdem ich all meinen freundlichen Helfern hastig, aber von Herzen gedankt hatte, wies man mich ins Abteil, wo bereits der Würdenträger saß, ein älterer, mit einem leichten, weißen, ärmellosen Trikot und einem Dhoti bekleideter Gentleman, dessen heilige Hindu-Kordel ihn als einen hochkastigen Brahmanen auswies. Das Abteil war zu beiden Seiten mit einem Bett versehen. Nachdem ich mein Fahrgeld entrichtet hatte, lieh mir mein Reisegefährte freundlicherweise sein aufblasbares Kopfkissen aus. Ich legte mich hin und fiel sogleich in tiefen Schlaf.

In Gonda merkte ich, daß ich dank des Interviews, das ich in Moradabad gegeben hatte, inzwischen so etwas wie eine Berühmtheit geworden war. Mehrere Tageszeitungen hatten den Artikel gedruckt. Er trug den Titel: »Radfahren – einmal anders«. Die hochtrabende Prosa begann mit den Worten: »Der Einsatz war hoch, und ebenso hochgemut war die Stimmung« und beschrieb mich im weiteren als eine »überschwengliche und sehr zielstrebige Lady«. »Überschwenglich« war in meinen Augen nicht gerade das passende Adjektiv für meine momentane Gemütsverfassung, doch zumindest paßte es zum Stil des Artikels, der sich unter subtiler Mißachtung von Fakten und Grammatik über mehrere Spalten ergoß. Nichtsdestoweniger färbte mein Ruhm auch ein wenig auf die sechshundert Kinder ab, die die Missionsschule besuchten, wo ich die nächsten beiden Nächte verbrachte. Ich mußte einen Tag länger als vorgesehen bleiben, um das Fahrrad vorzuführen und einen improvisierten Vortrag über meine Reise zu halten. Am Ende meiner Ansprache wollte ich wissen, ob jemand eine Frage hatte. Es gab nur eine: Ob sie bitte einmal auf dem Rad herumfahren dürften.

16

Die Grenze zu Nepal liegt eine Tagesreise von Gonda entfernt. Unter normalen Bedingungen hätte ich die Strecke leicht in etwa vier Stunden geschafft, doch ich mußte nicht nur gegen die normale körperliche Erschöpfung ankämpfen, die sich beim Radfahren in drückender Hitze einstellt. Selbst auf einer flachen, schattigen Straße war das Radfahren zur Tortur geworden, da mich immer wieder Wellen von Übelkeit und Schwindel überfluteten. Zudem hatte ich schwere Magenkrämpfe, so daß ich mich bisweilen vor Schmerzen krümmte und nicht mehr weiterfahren konnte. Ich bezweifelte, ob ich Nepal je erreichen würde.

Etwa um halb elf Uhr erreichte ich den Bahnhof von Barhni. Man hatte mir gesagt, daß es dort nach demselben Prinzip wie in den Rasthäusern Pensionszimmer gebe. Als ich mich danach erkundigte, erfuhr ich, daß erst im vierzig Kilometer entfernten Naugarh solche Zimmer vermietet wurden. Vielleicht sah ich dabei wirklich so krank aus, wie ich mich fühlte, denn der liebenswürdige Stationsvorsteher bat mich unverzüglich in sein Büro und rückte einen Stuhl für mich unter den Ventilator. Dort blieb ich sitzen, bis die größte Hitze vorüber war. Ich wurde bemuttert und zu unzähligen Tassen Tee genötigt. Der Stationsvorsteher wollte mir sogar auf dem Fußboden ein Bett bereiten, damit ich hier die Nacht verbringen konnte, doch ich glaubte seine Güte bereits über Gebühr beansprucht zu haben. Nachdem ich im Wartesaal eine Dusche genommen hatte, wozu man lediglich einen behelfsmäßigen Stöpsel aus Zuckerrohr herausziehen mußte, wo normalerweise ein Wasserhahn gewesen wäre, kämpfte ich mich in Richtung Naugarh weiter.

Ich weiß nicht, ob mir Naugarh weniger schmutzig vorgekommen wäre, wenn ich mich nicht so krank gefühlt hätte. Jedenfalls würde ich niemandem anraten, dort eine Nacht zu verbringen. Die Pensionszimmer des Bahnhofs schienen wirklich die einzige Unterkunftsmöglichkeit zu sein. Der Raum, den man mir zuwies, war mit einer uralten dicken Schmutzschicht überzogen, und die Elektrizität hatte den Geist aufgegeben, was bedeutete, daß trotz mittlerer Backofentemperatur der Ventilator nicht funktionierte. Im Waschraum daneben gab es auch kein Wasser, was frühere Benutzer allerdings nicht davon abgehalten hatte, die Toilette zu benutzen. Weil eine Verbindungstür fehlte, herrschte überall ein schrecklicher Gestank. Der Bahnhof wurde von allen als Freiluftschlafsaal genutzt. Fast jede Handbreit Boden auf den Bahnsteigen war mit hingestreckten Leibern bedeckt. Für die Bedürfnisse all dieser Leute diente eine einzige Toilette im Wartesaal, auch sie ohne Wasser.

Trotzdem war es der reinste Luxus, mich allein und ungestört hinlegen zu können, und da ich bereits krank war, würde ich mich wohl kaum noch mit etwas anderem anstecken. Nachdem ich meine Checkliste mit den verschiedenen Krankheiten durchgegangen war, die ich mir möglicherweise zugezogen hatte, entschied ich mich für Amöbenruhr. Die Symptome schienen zuzutreffen – akute Magenschmerzen, die vor allem durch Strapazen und Hitze hervorgerufen wurden, Übelkeit, Schwindelgefühl usw. In meiner gegenwärtigen Lage konnte ich von Glück reden, daß Amöbenruhr nicht immer von Durchfall begleitet wird. Keins der Antibiotika, die ich mitführte, würde gegen diesen Erreger sehr viel helfen. Mir blieb nichts anderes übrig, als mich so schnell wie möglich wieder auf den Weg zu machen, um in höher gelegene Landstriche zu kommen. Wenn es mir bis dahin nicht besser ging, konnte ich in Pokhara, etwa dreihundert Kilometer hinter den Bergen, das Missionskrankenhaus aufsuchen.

Die ganze Reise hatte ich mich darauf gefreut, nach Nepal zu gelangen, und zwar nicht nur, weil hier die meisten der höchsten Berggipfel des Himalajas liegen. Die Berichte, die ich über Nepal gelesen hatte, ließen es als eines der faszinierendsten Länder Asiens erscheinen, ein sagenumwobenes, paradiesisches Shangri-La, das von der übrigen Welt isoliert gewesen war, bis es vor dreißig Jahren auf einmal seine Tore für die westliche Welt aufgestoßen hatte.

Es war der Gedanke, diesem Shangri-La so nahe zu sein, der meinen protestierenden Körper am folgenden Morgen weitertrieb – dies und die Erleichterung, dem gräßlichen Bahnhof zu entrinnen. Ich hatte nichts anderes im Kopf, als über die Runden zu kommen, so daß ich den Polizeiposten, bei dem man den Ausreisestempel erhielt, völlig übersah und mir ein Streifenwagen hinterhergeschickt wurde, um mich zurückzubringen. Ich hatte die größte Mühe, bis man mir glaubte, daß ich nur eine harmlose Touristin war. Ziemlich lange wurde ich von einem gestrengen Beamten verhört, dessen Englischkenntnisse sich auf einen einzigen Satz zu beschränken schienen: »Warum Sie nicht anhalten, hmm?« Er wiederholte ihn beharrlich, was immer ich auch zu meiner Verteidigung vorbrachte, wie etwa »Ich habe den Polizeiposten nicht gesehen« oder »Tut mir sehr leid, aber ich habe nicht gewußt, daß der Polizeiposten hinter einer Backsteinmauer versteckt ist«. Erst als ich keine weiteren Abwandlungen zu diesem Thema mehr auf Lager hatte, ließ er sich dazu erweichen, meinen Reisepaß abzustempeln.

Ich radelte zu dem sandigen, von Buschwerk überwachsenen Streifen Niemandsland zurück und hielt scharf nach dem nepalesischen Polizeiposten Ausschau, denn ich wollte nicht zweimal am selben Tag verhört werden. So legte ich Kilometer um Kilometer zurück, ohne ihn zu sichten. Bald war der Straßenbelag derart brüchig, daß er meine gesamte Aufmerksamkeit erforderte und mir das kleine, von der

Straße zurückversetzte Haus, das die Grenzkontrolle bildete, völlig entging, so daß man mir nachpfeifen mußte, sofort zurückzukommen. Die Nepalesen waren sehr umgänglich. Sie bedienten sogar ihre Gartenpumpe, damit ich mir den Staub von Gesicht und Händen waschen konnte. Nach dem Grenzübergang hörte die Straße ziemlich bald auf, und ich mußte mich durch zehn Kilometer Sand kämpfen, bis ich nach Lumbini kam.

Es war ein Jammer, daß ich mich so unwohl fühlte und diese einzigartige heilige Stätte, den Geburtsort von Buddha, dem Erleuchteten, gar nicht richtig würdigen konnte. Selbst die Säule, die der große König Asoka errichten ließ, als er vor zweitausend Jahren hierherkam, um seine Reverenz zu erweisen, war mir im Moment nicht so wichtig, wie lokale Währung aufzutreiben, damit ich mir etwas zu trinken kaufen konnte. Ich saß im dünnen Schatten der Asoka-Säule und fragte mich, wie um alles in der Welt ich die notwendige Kraft zur Weiterfahrt aufbringen würde, als zwei etwa neunzehnjährige Jugendliche auftauchten und höflich fragten, ob sie mir irgendwie behilflich sein könnten. Ich brauchte dringend eine Transportmöglichkeit in die Berge hinauf. Die Jungen meinten, das sei kein Problem. Im Handumdrehen hatten sie einen Lastwagen gefunden, der eine Ladung Sand transportierte und dessen Fahrer gewillt war, mich gegen ein bescheidenes Entgelt mitzunehmen. Das Fahrrad und ich wurden oben auf den Sand gesetzt. Ich muß wohl eine Zeitlang ohnmächtig gewesen sein, denn ich kam erst wieder zu mir, als ich gewahr wurde, daß sich der Ton des Motors verändert hatte und wir uns in einem kleinen Gang die Steigungen hinaufquälten. Bald konnte ich mich aufsetzen und von meiner Umgebung Notiz nehmen.

Die Berge ragen abrupt aus der flachen Tiefebene auf, zuerst das Shivalik-Gebirge, dann die Mahabharats. Es sind dieselben Bergketten, die ich vor mehr als zwei Wochen in Himachal Pradesh durchquert hatte und die seither ständig als schwacher Umriß am nördlichen Horizont erkennbar gewesen waren. Ich hatte eine Route verfolgt, die parallel zum Gebirge verlief, während sie sich nach Südosten schwangen. Hier, dreihundert Kilometer näher am Äquator, zeigten sie ein ganz anderes Gesicht. Statt mit Pinien- und Zedernwäldern waren ihre Hänge mit subtropischer Vegetation bekleidet. Auch die Leute sahen hier anders aus. Sie glichen den nepalesischen Straßenarbeitern, die ich in Indien gesehen hatte – kleiner als die meisten Inder und mit mongoliden Gesichtszügen.

In einigen Dörfern waren Weizenbüschel über die Straße ausgebreitet worden, damit die Räder des vorbeiziehenden Verkehrs die Körner herausdroschen. Diese verschwenderische und ineffiziente Erntemethode traf ich überall in Nepal an. Alle Leute schienen sehr freundlich gestimmt zu sein und winkten und lächelten mir zu, wenn der Lastwagen vorbeifuhr. Ich hatte den Eindruck, daß ich Nepal sehr genießen würde, sobald meine Gesundheit wiederhergestellt war. Wegen des Höhenunterschieds fühlte ich mich bereits viel besser, und als mich der Lastwagen absetzte, konnte ich wieder daran denken, mein Rad zu besteigen.

Die letzten paar Kilometer hatte sich ein Junge im Teenageralter, der aus der Fahrerkabine geklettert war, um mir eine häßliche eiternde Wunde an seinem nackten Fuß zu zeigen, oben auf den Sand zu mir hingesetzt. Ich säuberte sie, strich etwas antiseptische Salbe darauf und legte einen Verband an, worauf ich ihm mit viel Mimik und den paar Worten Englisch, die er verstand, erklärte, er müsse dafür sorgen, daß die Wunde zugedeckt und frei von Sand bliebe, bis sie verheilt sei. Bevor ich losfuhr, begriff ich, weshalb er bei meinem Rat bloß mit den Achseln gezuckt hatte. Er und ein weiterer Junge waren angestellt, den Lastwagen so schnell wie möglich zu entladen. Sie arbeiteten mit rasender Eile und schaufelten und kickten den Sand durch die enge Heckklappe, während der Fahrer sie andauernd ermahnte, sich noch mehr ins Zeug zu legen.

Bis nach Tansen, wo ich die Nacht im Hotel »Siddharta« zu verbringen gedachte, waren es acht sehr steile Kilometer Fahrt. Kinder, die schneller kurze Strecken bergauf rennen konnten, als ich es mit dem Fahrrad schaffte, verfolgten mich den ganzen Weg und schrien: »Paisa, Paisa.« Es wäre kaum möglich gewesen, auf einem so steilen Wegstück anzuhalten, um ihnen das gewünschte Geld zu geben, selbst wenn ich dies beabsichtigt hätte, was aber nicht der Fall war. Als sie merkten, daß sie leer ausgingen, machten sie ihrer Enttäuschung Luft und warfen mit Steinen nach mir. Dieses Shangri-La hatte ganz offensichtlich auch seine Schattenseiten und Gefahren. Ich wünschte mir, daß all jene Touristen, die zuvor so gedankenlos mit ihrem Reichtum um sich geworfen hatten, jetzt hier wären, um mich vor den fliegenden Geschossen zu schützen. So aber raste ich in einem Tempo, das meiner angeschlagenen körperlichen Verfassung in keiner Weise angemessen war, die Hänge hoch, bis ich endlich Tansen erreichte. Ich fühlte mich zermürbt und ziemlich elend.

Das Hotel »Siddharta« erwies sich als ein großes, für diese Gegenden sehr reinliches Gebäude. Den Hauptteil des ersten Stockwerks nahm ein langer Raum ein, der zugleich als Eßsaal und als Bar diente und in welchem auch allerlei häusliche Arbeiten verrichtet wurden, wie Kinder waschen oder Gemüse putzen. Die übrigen Geschosse waren ein Labyrinth kleiner, dunkler Zellen, mit Ausnahme des obersten Stocks, wo es zwei komfortable Zimmer mit Waschgelegenheit und Ventilator gab. Mir gefiel es hier sehr gut. Ich wäre gern länger als eine Nacht geblieben, doch leider mußte ich schleunigst ins Krankenhaus von Pokhara.

Tansen thront zuoberst auf dem Mahabharat-Gebirge und bietet die phantastischste Aussicht, die ich je von einer Stadt aus erblickt habe. Von einem kleinen Hügel gleich davor sah ich über den Midland Valleys die massige, ehrfurchtgebietende Gestalt des Himalajas aufragen, Gipfel an Gipfel. Ich saß auf dem Hügel und bestimmte mit Hilfe meines Reiseführers ihre Namen. Wegen der zudringlichen kleinen Jungen, die mir von der Stadt gefolgt waren, konnte ich nicht sehr lange hier verweilen. Ich kehrte ins Hotel zurück und begnügte mich statt dessen mit der Aussicht aus dem Vielzweckspeisesaal.

Am Morgen stellte ich fest, daß mich die lange Ruhepause und die Höhe wieder einigermaßen hergestellt hatten und ich bereit war, den Tag mit meiner gewohnten Energie in Angriff zu nehmen. Dieses Gefühl verstärkte sich noch, weil mir als erstes eine wundervolle, nicht enden wollende Sausefahrt bevorstand, bis ich unten im Tal den Fluß Kali Gandaki überquerte. Ich hatte etwa neunhundert Meter Höhe verloren. Das Wetter war herrlich und fühlte sich nach der Hitze der Tiefebene wunderbar kühl an.

Beinahe hätte ich das wenig freundliche Urteil, das ich mir über die hier ansässigen Kinder gebildet hatte, wieder umgestoßen, denn in jedem Dorf, durch das ich fuhr, stürzten alle heraus, riefen »Bye, bye«, lächelten entzückend und winkten mir zu. Ich lächelte ebenfalls, winkte zurück und dachte mir dabei, was für bezaubernde und unverdorbene Kinder sie doch waren. Erst als die erste Bergstrecke vor mir lag und ich beträchtlich langsamer vorwärtskam, bemerkte ich, daß mir die kleinen Hände erwartungsvoll in der universellen Bettlergeste hingestreckt wurden und das vertraute »Paisa« aus allen anderen Wörtern herausklang. Die süßen kleinen Dinger wollten Geld. Als sie merkten, daß sie keins bekommen würden, versuchten sie es mit verschiedenen Tricks. Die einen titulierten mich mit Schimpfwörtern, doch weil ich bislang noch kein Nepali aufgeschnappt hatte, verfing dies kaum. Eine weitere Kriegslist bestand darin, nach dem Fahrrad und nach allem, was sich darauf befand, zu grapschen. Am unangenehmsten jedoch war, wenn sie neben mir herrannten und blitzschnell einen großen Stein in die Speichen des Vorderrads zu stoßen versuchten. Schon ganz kleine Kinder von sechs oder sieben Jahren übten sich in dieser Methode. Die älteren jagten mir noch mehr Angst ein. Als ich langsam einen steilen Hang hochfuhr, wurde ich von zwei etwa zwölfjährigen Jungen verfolgt. Sie holten mich ein, bevor ich den Gipfel erreichte, und liefen mit federnden Schritten zu beiden Seiten neben mir her. Dann streckte einer die Hand aus, um den Lenker zu packen, während der andere mit der Faust ausholte und zu mir sagte: »Du geben Geld.« Mir blieb keine andere Wahl, als anzuhalten, worauf sie bedrohlich näher rückten. Erst als ich mit meinem Taschenmesser herumfuchtelte, machten sie einen Rückzieher und ließen von mir ab.

Kurz nach diesem Vorfall traf ich einen anderen Radtouristen an, den ersten und einzigen Gefährten auf der ganzen Reise. Unter uns Radfahrern, die das Glück hatten, diese herrliche Form des Vorwärtskommens zu entdecken, herrscht ein großes Kameradschaftsgefühl. Wir lieben es, Erfahrungen auszutauschen und über den bevorstehenden Straßenabschnitt oder über Gefahren zu diskutieren, die es zu vermeiden gilt. Diese Begegnung war mir um so willkommener, als Radfahrer in jener Gegend äußerst dünn gesät waren. Er war ein junger Mann aus Österreich, der bereits vor drei Jahren mit dem Rad hier durchgefahren war. In seinen Augen hatte sich das Land seither sehr zum Schlechten verändert. All die Dörfer am Weg seien sozusagen über Nacht entstanden, nachdem die Straße fertiggestellt worden war. Die Leute, die dort wohnten, hätten in der Hoffnung auf bessere Lebensbedingungen ihre abgelegenen Dörfer verlassen. Sie seien entwurzelt, hätten ihre traditionelle Lebensweise aufgegeben und seien demoralisiert. Er selbst werde wohl kaum je wieder nach Nepal zurückkehren, vor allem wegen der Bedrohung durch die Kinder, die auf dem besten Weg seien, echte Straßenräuber zu werden. Hierin pflichtete ich ihm bei. Selbst als wir draußen vor der kleinen Teestube saßen und schwatzten, wurden wir dauernd von kleinen Monstern gepeinigt, die uns piesackten und versuchten, Dinge von den Fahrrädern zu klauen. Ich fragte meinen Gefährten, was geschehe, wenn man ihnen Geld gäbe. Mein von einem Nepalesen verfaßter Reiseführer forderte seine Leser dringend auf, nichts zu geben, da die Kinder sonst zu Bettlern würden. Der junge Österreicher erzählte mir, daß er eines Tages als letztes Mittel ein paar kleine Münzen verteilt habe, worauf die Kinder ihn damit bewarfen, weil es ihnen zuwenig gewesen war. Während wir so dasaßen und versuchten, uns zu unterhalten und gleichzeitig unsere Besitztümer zu bewachen, kamen hin und wieder Schüler vorbei, die die kleinen Kinder wegscheuchten, sobald sie bemerkten, wie sehr sie uns belästigten. Obwohl die Kleinen nach wenigen Augenblicken wieder da waren, tat es gut zu sehen, wie ein bißchen Schulbildung eine andere Einstellung bewirken konnte. Das eigentliche Problem Nepals besteht ja darin, daß das Bildungswesen (wie so viele andere öffentliche Dienste) noch immer nur einer sehr kleinen Minderheit zugänglich ist.

Wenn ich nicht von kleinen Jungen belästigt wurde, genoß ich die Fahrt in vollen Zügen, denn die Szenerie war prächtig und sehr abwechslungsreich. Rundherum gab es allerlei Arten von interessanten Blumen, Vögeln und Schmetterlingen zu sehen, die mir völlig neu waren. Urplötzlich verdunkelte sich der Himmel, und es regnete in Strömen. Da ich erwartete, daß es ebensoschnell wieder aufhören würde, verzichtete ich darauf, meinen Regenschutz anzuziehen, und war nach wenigen Sekunden tropfnaß. Der Regen fiel in schweren Güssen und schmerzte beim Auftreffen. Weniger als vierundzwanzig Stunden zuvor hatte mich noch die Hitze geplagt, jetzt fror ich jämmerlich.

Der Himmel blieb bedeckt. Als ich mehrere Stunden und mehrere Berge später Pokhara erreichte, war es beinahe schon dunkel. Der Ort sah nicht besonders attraktiv aus. Meine Freunde vom »Ringo's« in Delhi hatten mir geraten, sogleich zum See zu fahren, um dort in einer der vielen Lodges ein Zimmer zu finden. Diese billigen Unterkunftsmöglichkeiten sind wie Pilze aus dem Boden geschossen. Inzwischen gibt es Dutzende von ihnen, und alle wetteifern um die Gunst der ausländischen Kundschaft. Sie führen exotische Namen wie »Lodge des strahlenden Lichtes«, »Krishna Lodge«, ja sogar »Jesus Christ Lodge«, bieten aber nur den elementarsten Komfort an. Auf der Karte, die ich in einem der Häuser erhielt, war folgendes aufgeführt:

Hotel Sanju und Lodge

1. Wir können bedinen mit asiatische und astralische Essen
2. Wir können bedinen mit Trager [Träger fürs Trekking]
3. Sie können freuen an Himalberge – vorne nach Lamjung Himal, hinten nach Manaslu Himal
4. Wir haben Toilette
Einzelzimmer Rs. 5, Doppelzimmer Rs. 10, Massenlager Rs. 4

Ich wünschte mir etwas, was ein bißchen bequemer war, wollte aber auch nicht ins andere Extrem mit schamlosem Luxus zu fünfundzwanzig Dollar die Nacht fallen. Während ich mir überlegte, was für Alternativen es wohl geben mochte, und gleichzeitig versuchte, ein paar Tibeter abzuwimmeln, die mir unbedingt mein Fahrrad abkaufen wollten, winkte mir ein älteres englisches Ehepaar zu, das gemerkt hatte, daß ich Hilfe benötigte. »Verkaufen Sie denen ja nichts«, riefen sie mir zu. »Die ziehen Ihnen noch das Hemd aus, wenn Sie nicht aufpassen.« Dieses Paar brachte mich zu ihrem Hotel. Als geübte Reisende hatten sie etwas gefunden, was recht preisgünstig, aber dennoch komfortabel war. Später saßen wir mehrmals beim Essen am selben Tisch, und ich gewann sie sehr lieb. Sie hatten mehrere Jahre in Indien gelebt und gearbeitet und sich darauf gefreut, in England ihren Ruhestand zu genießen. Die Wirklichkeit sah jedoch ganz anders aus als ihre Träume. Ihr Dasein wurde zu einem täglichen Kampf, da sie von einem fixen Einkommen lebten und damit auskommen mußten, was nur möglich war, wenn sie ständig den Gürtel enger schnallten. Schließlich waren sie dieser grauen Existenz und des englischen Winters überdrüssig geworden und auf den Subkontinent zurückgekehrt. Als ich ihnen begegnete, waren sie bereits seit sechs Monaten mit öffentlichen Transportmitteln herumgereist und hatten dabei viel weniger ausgegeben, als sie das Leben in England gekostet hätte. Sie hatten nicht die Absicht, je wieder zurückzukehren. Wenn sie des Herumziehens müde seien, würden sie sich ein hübsches kleines Haus in Rajasthan suchen und sich dort niederlassen.

Als ich am folgenden Morgen aufwachte und zufällig aus dem Fenster blickte, ragten scheinbar nur einen Steinwurf entfernt die gigantischen Berggipfel des Macchapuchare und des Annapurna auf. Im Vordergrund spiegelte sich ihr Bild in dem makellosen grünen Wasser des Sees. Es war fast zu schön, um wahr zu sein, denn die Morgenröte hatte den Schnee und das Eis auf den majestätischen Berghängen mit einem rosa Schimmer überzogen. Da es tags zuvor stets stark bewölkt gewesen war, waren diese Gipfel bei meiner Herfahrt unsichtbar gewesen. Als sie sich mir so plötzlich enthüllten, übten sie eine enorme Wirkung auf mich aus – vielleicht hat sich diese Szene nur deshalb so unauslöschlich meinem Gedächtnis eingeprägt. Noch heute brauche ich nur die Augen zu schließen, und schon sehe ich, wie der Macchapuchare mit seinem grandiosen Ebenmaß in einer rosa Morgenröte erglüht.

Kurz nach dem Frühstück radelte ich zum Krankenhaus, das von den Einheimischen »The Shining Hospital« genannt wird, weil die Sonne so blendend auf das Blechdach scheint. Es war vor zwanzig Jahren von den Vereinten Missionen gebaut worden, um die Not der Bevölkerung in einem Umkreis von vielen Kilometern zu lindern. Ich hatte ein wenig Skrupel, daß ich seine Dienste in Anspruch nehmen mußte, da Nepal einen sehr großen Bedarf an medizinischer Versorgung, aber viel zu wenig Ärzte hat – nach letzter Zählung kommt lediglich einer auf hunderttausend Einwohner, und die meisten von ihnen leben im Katmandu-Tal. Man versicherte mir jedoch, daß der bescheidene Betrag, der von Ausländern verlangt wird, ein willkommener Beitrag zu den Missionskosten sei. Davon abgesehen machen die schrecklichen Krankheiten, die sich Westler in diesem Land zuziehen, das als das schmutzigste in ganz Asien gilt, irgendeine Form von ärztlicher Betreuung zwingend notwendig. Der Tourismus bildet immerhin Nepals einträglichste Einnahmequelle.

Der englische Arzt, den ich konsultierte, war ziemlich sicher, daß ich an Amöbenruhr litt, und meinte, daß ich sie wahrscheinlich schon einige Wochen hätte. Meine gute Kondition hatte verhindert, daß sie mich richtig erwischen konnte, und mir ermöglicht, so lange Zeit weiterzumachen. Er sagte, dies sei eine heimtückische Krankheit, die einen sehr schwächen und depressiv stimmen könnte. Die Behandlung bestand aus einer Tablettenkur und sehr viel Ruhe. Er riet mir, gleich damit zu beginnen und nicht erst den Laborbefund abzuwarten. Es brauchte keine Überredungskunst, denn als ich gewogen wurde, sah ich, daß ich von meinen siebenundfünfzig Kilo Normalgewicht rund neun Kilo verloren hatte.

Um eine Krankheit auszukurieren, hätte meine Wahl auf keinen besseren Ort als Pokhara fallen können. Die zehn Tage, die ich dort verbrachte, brav meine Pillen schluckte und mich ausruhte, überzeugten mich, daß ich tatsächlich das wahre und ursprüngliche Shangri-La entdeckt hatte. Nach ein, zwei Tagen fühlte ich mich nicht mehr krank und konnte schon wieder tüchtig essen und langsam Gewicht zulegen. Jeden Morgen begann ich den Tag mit einem Bad im warmen, grünen Wasser des Sees. Fünf Uhr früh war die beste Zeit dafür, da dann die Berggipfel stets klar und wolkenlos waren und ich mich auf den Rücken legen und zuschauen konnte, wie sich der Himmel von einem Taubengrau in ein prächtiges Aprikosenrosa verwandelte. Später am Tag waren die Gipfel oft von Wolken verhüllt, denn die Regenzeit näherte sich rasch.

Ich wählte diese frühe Morgenstunde zum Schwimmen auch aus praktischen Erwägungen, denn ich konnte in meinem Hotelquartier nie ein Bad nehmen, weil das Wasser nur draußen aus dem Überlaufrohr sprudelte und nicht aus den Wasserhähnen. Was mich jeden Morgen so früh weckte, war das Geplapper der einheimischen Frauen, die an diesem Rohr gleich vor meinem Fenster ihre Wasserkrüge füllten. Zuweilen fragte ich mich, ob es nicht absichtlich zu ihrer Bequemlichkeit so installiert worden war.

Ich konnte stundenlang im Café im Hof des Hotels sitzen, das an der Hauptverkehrsstraße lag. Von hier hatte man nicht nur eine schöne Aussicht auf die Berge, sondern es ließ sich auch gut beobachten, was rund um den See vorging. Es gab stets eine Menge Interessantes zu sehen. Die aufsehenerregendsten Vorkommnisse betrafen die freakigen Europäer. »Magic mushrooms« waren als »Kick« gerade in Mode und wurden in aller Öffentlichkeit von reizenden alten nepalesischen Damen verhökert, die mit ihren Körben am Strand saßen. Die jungen Leute, die dieser Droge frönten, konnten jederzeit ohne Vorwarnung in ein ziemlich bizarres Verhalten ausbrechen. Leider verpaßte ich den größten Teil der Show, bei der ein junger Mann auf dem Hauptplatz alle seine Kleider auszog und dazu tanzte und große Oper sang. Ich sah nur, wie er, noch immer singend, vom Lokalpolizisten abgeführt wurde, wobei die alten Damen ihre Gesichter verhüllten und beinahe Zustände bekamen, da sie ja ach so sittsam und nicht daran gewöhnt waren, Nacktheit zu sehen. Ein anderer junger Mann brachte sich nach dem Genuß des Pilzes in ernstliche Schwierigkeiten, denn er verfiel darauf, jedermann anzugreifen, der auf einem Fahrrad saß, unter andrem auch den Lokalpolizisten, der hergeschickt worden war, um ihn zu verhaften. Ein weniger aggressives Spektakel wurde von einem Deutschen geboten, den es empörte, daß sein großer, weißer Hund völlig verkannt wurde, wo er doch in Wirklichkeit ein Gott war. Er streifte durch alle Strandcafés und bat jeden, der dort saß, die Göttlichkeit des Tieres anzuerkennen. »Gott, nicht Hund, Gott, nicht Hund«, intonierte er, wobei ihm die Tränen über die Wangen liefen und alle verlegen wegblickten, weil niemand zu wissen schien, wie man sich in einer solchen Situation verhalten soll.

Die hier ansässigen Europäer waren von diesen Vorfällen peinlich berührt und verlangten, daß die Polizei scharf gegen den Verkauf der Droge einschreiten solle, da sie befürchteten, daß die Nepalesen, die sowieso schon eine viel zu schlechte Meinung von den Westlern hätten, sie immer mehr verachten würden. Meiner Ansicht nach traf dies nur auf die älteren Nepalesen zu. Die jüngeren, vor allem die Buben, waren viel eher darauf aus, europäische Gewohnheiten zu kopieren und die eigenen Sitten abzulegen. Dies zeigte sich schon daran, daß sie begannen, westliche Kleidung zu tragen und am Nacktbaden teilzunehmen, das trotz der Verbotsschilder überall munter betrieben wurde. Im Glaubenssystem der Hindus und Buddhisten ist Wasser ein göttliches Element, dem man mit Achtung begegnen soll. Ein großer Teil der Jugend hatte auch gelernt, Haschisch zu rauchen, doch ich sah keinen, der wegen »Magic mushrooms« ausgeflippt wäre.

Die Mehrzahl der Westler waren völlig normale Leute, die entweder auf ihrer Weltreise einen Zwischenhalt eingelegt hatten oder hierhergekommen waren, um in den hohen Himalaja-Tälern trekken zu gehen. Daher herrschte nie Mangel an interessanter Gesellschaft. Man unterhielt sich und ging zusammen essen. Ich schätzte es besonders, etwas über die Menschen und Orte in Erfahrung zu bringen, welche die Trekker aufgesucht hatten. Der Gedanke, etwas Ähnliches zu unternehmen, übte eine unwiderstehliche Anziehungskraft auf mich aus. Um richtig in die Höhe zu kommen, mußte man zu Fuß gehen, denn es gibt hier keine Straßen, die auch nur annähernd so hoch hinaufführen wie jene in Indien und Kaschmir.

In gewisser Weise gleicht Pokhara einem Wintersportort in der Hochsaison. Die Einheimischen werden von den Besuchern regelrecht überschwemmt und verdienen sich mit dem Tourismus ihren Lebensunterhalt. Die Familie, die das Café betrieb, in dem ich einen so großen Teil meiner Rekonvaleszenzzeit verbrachte, war ein typisches Beispiel dafür. Voriges Jahr hatten sie mit ihrem kleinen Sohn ihr Heimatdorf verlassen und den kleinen, heruntergekommenen Schuppen im Hof meines Hotels gemietet. Man hatte eine Trennwand eingebaut, um bei Regen einen Raum für die Kunden zu schaffen, während die restlichen drei mal drei Meter als Küche und Wohnquartier für die Familie dienten. Wer ein bißchen heikel in punkto Hygiene war, drang besser nicht bis zu diesem hinteren Teil vor, doch da ich Antibiotika schluckte, machte ich mir keine allzu großen Sorgen. Weil das Paar von frühmorgens bis spätabends hart arbeitete und der kleine Junge die meiste Zeit sich selbst überlassen blieb, erreichten sie einen höheren Lebensstandard, als sie in ihrem Dorf auch nur erhoffen konnten, zumindest in materieller Hinsicht. Sie waren beide intelligent und schnell von Begriff und lernten rasch so seltsame Gerichte wie Bananenbeignets, Eier und Speck, Brownies oder Buffburgers zuzubereiten, für welche die westliche Jugend so zu schwärmen schien – die Speisekarte wollte kein Ende nehmen.

Während meines Aufenthalts wurde ihr Neffe, ein zehnjähriger Junge, aus ihrem Dorf hergebracht, um bei ihnen zu leben und das Handwerk zu lernen. Er war einer der fröhlichsten und willigsten Jungen, die ich je getroffen habe, und alle liebten ihn. Schon nach wenigen Tagen hatte er gelernt, alle Namen auf der Speisekarte richtig auszusprechen. Er lief mit den Bestellungen hin und her und strahlte vor Entzücken übers ganze Gesicht. Wenn er nicht servierte oder in der Küche aushalf, spielte er für seinen kleinen Cousin das Kindermädchen. Dieses kleine Kerlchen, ein stämmiger, selbständiger Zweijähriger, war eine große nervliche Belastung für seine Eltern, denn er hatte die hartnäckige Angewohnheit, ständig alle seine Kleider auszuziehen. Vielleicht entwickelte er bereits den Ehrgeiz, der Freakszene zuzugehören.

In Pokharas buntem Ortsbild bilden die Tibeter eine weitere unverkennbare Gruppe. Weiter oben im Tal liegt ein großes Flüchtlingslager, wo sie riesige Mengen an volkstümlichem Schmuck und gewobenen Gürteln herstellen. Diese bieten sie rund um den See auf der Straße feil und nehmen alles, was aus dem Westen kommt, zum Tausch an. Eine schmuddelige alte Bluejeans oder ein abgenutzter Schlafsack läßt sich so gegen etwas sehr Exquisites eintauschen. Mein Fahrrad zog sie wie die Fliegen an. Ich konnte nie damit herumfahren, ohne daß sich Tibeter um mich scharten und mir Angebote machten. Wenn gerade Geschäftsflaute war, setzten sich immer wieder ein paar junge Tibeter an die Tischchen im Café und bedrängten die Gäste, ihnen ihre Halsketten und Armreifen abzukaufen. Auf diese Weise erwarb ich mehrere Stücke, bis mich die anderen Reisenden baten, davon abzusehen. Sie meinten, es würde den Markt verderben, weil ich nicht hart genug feilschte. Einige von ihnen verdienten sich ihr Reisegeld damit, solche Waren billig zu erstehen und zu Hause mit Gewinn zu verkaufen, und so überließ ich es im folgenden diesen Experten, für mich einzukaufen.

Nicht alles an diesem hübschen Ort war jedoch so idyllisch. Gewisse Dinge waren im Laufe der Zeit zusehends schwerer zu ertragen. Zum einen gab es scharenweise Ratten. Ich hörte sie oft in der Nacht über das Dach huschen, und einige meiner Kleidungsstücke waren arg zernagt.

Zum anderen starrte es überall vor Schmutz in Form vor sich hinmodernder Müllhaufen und offener Kloaken. Am allerschlimmsten jedoch war das ständige Räuspern und Spucken, eine Unsitte, die ebenso wie in Indien und in Pakistan alle Einheimischen ohne jegliche Hemmungen ausübten. Wer dieses ständige Gespucke nicht selbst erlebt hat, kann nur schwer ermessen, wie sehr es einem zusetzen kann, vor allem weil in diesem Teil der Welt noch die Tuberkulose grassiert. Wann immer zwei Westler in meiner Gegenwart über den Subkontinent diskutierten, bezeichneten sie das Spucken stets als den unangenehmsten Einzelaspekt. Man brauchte nur auf das Geräusch zu achten, wenn sich jemand zu räuspern anschickte, und schon konnte man sehen, wie alles rundherum zusammenzuckte und Vorbeugungsmaßnahmen traf.

Bis wenige Tage vor meiner Abreise hatte ein totaler Stromausfall geherrscht, was in mancherlei Hinsicht sehr segensreich war, denn das Kerzenlicht verbarg den gröbsten Schmutz rund um die Cafés. Doch weil die Kerzen flackerten und vom Abendwind oft ausgeblasen wurden, war es häufig schwierig, alle die Fremdkörper aufzustöbern, die sich manchmal ins Essen verirrten. Erst als die Elektrizität wieder funktionierte, merkte ich, was für ein Glück ich bislang gehabt hatte, denn jetzt war es aus mit dem Frieden. Aus jedem Café und jeder Lodge plärrte den ganzen Tag bis weit in die Nacht hinein laute Popmusik über den See. Langsam verschob sich auch das Gleichgewicht zwischen Freaks und Trekkern. Weil das Wetter wärmer wurde und die Monsunperiode heranrückte, begann die Trekkingsaison ihrem Ende zuzugehen. Die Lodges senkten ihre bereits bescheidenen Tarife, und die Freakszene gewann endgültig die Oberhand. Die Zwischenfälle mit »Magic mushrooms« häuften sich, und alles war vom Haschgeruch durchdrungen. Ich beschloß, daß es an der Zeit war, von Pokhara Abschied zu nehmen und meine Reise nach Katmandu fortzuführen.

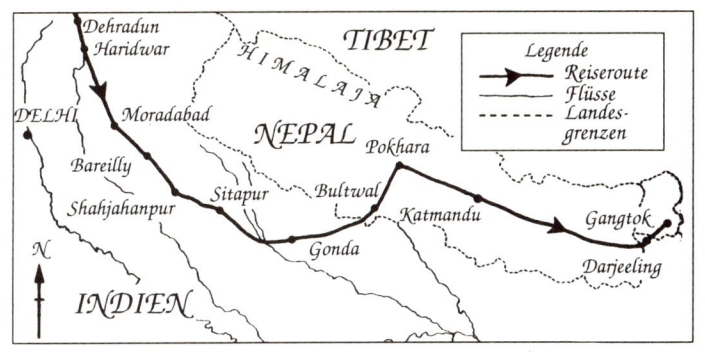

Von Dehradun nach Sikkim

17

Niemand kann den Weg nach Katmandu verfehlen, denn an den Straßenkreuzungen steht eine Statue von König Prithvi Narayan Shah und weist auf die Route, die er einschlug, als er sich vor zweihundert Jahren von Pokhara aufmachte, um die reiche Stadt Katmandu zu erobern und das Königreich Nepal zu gründen. Bis zu jener Zeit hatte es nur Dutzende kleiner Fürstentümer gegeben, die durch die überaus schroffe Natur des Geländes voneinander getrennt waren.

In Nepal hatte damals ein Zeitabschnitt begonnen, der sich am ehesten mit Europa im Mittelalter vergleichen ließe, als die Kunst in höchster Blüte stand, der Mehrzahl der Menschen jedoch nur ein kurzes, rohes Leben beschieden war. Während der Rest des Subkontinents kolonialisiert wurde, zur Hauptsache von den Briten, blieb Nepal unabhängig, denn hier war wenig zu holen, was den Aufwand gelohnt hätte.

Die Shah-Dynastie hat sich in ununterbrochener Erbfolge bis auf den heutigen Tag erhalten. Seit 1846 dient sie jedoch nur noch als Marionettenherrscher, denn in jenem Jahr war ein brutaler Machtwechsel erfolgt, als der Chefminister in einer schrecklichen »Nacht der langen Messer« alle seine Widersacher aus dem Weg räumte und die nun regierende Dynastie der Ranas begründete. Den König konnten sie allerdings nicht loswerden, denn in Nepals eigenwilliger Religionsform, einer einzigartigen Mischung aus Hinduismus und Buddhismus, gilt er als eine niedere Gottheit. Jeder neue königliche Erbe wurde daher kurz nach der Geburt von seinen Eltern getrennt, zu möglichst großer Zügellosigkeit verleitet und zur Untauglichkeit erzogen, damit er zwar für Staatsfunktionen verfügbar war, aber den Usurpatoren keine Scherereien machte. Daraus resultierte eine totale Vetternwirtschaft. Die Familie Rana hielt alle Fäden in der Hand und beließ den Rest des Volkes in einem Zustand der Leibeigenschaft. Es wurden nur ganz wenige Besucher ins Land gelassen und auch diese nur mit strikt eingeschränkter Bewegungsfreiheit.

Mitte unseres Jahrhunderts jedoch bewies Tribhuvan Shah, der regierende Marionettenkönig, weit mehr Unternehmungslust als seine Vorfahren. Man munkelt, daß er, anstatt in den ausschweifenden Genüssen zu schwelgen, die ihm von den Ranas verschrieben worden waren, jahrelang heimlich Werke wie »Der Wohlstand der Nationen« von Adam Smith oder Thomas Paines »Die Menschenrechte« gelesen hatte. Diese hatten ihn angeregt (wie schon so viele Engländer im achtzehnten Jahrhundert), etwas für seine armen, geknechteten Untertanen zu tun. Er machte sich eine Staatsvisite nach Indien zunutze, das soeben seine Unabhängigkeit erlangt hatte, und suchte in diesem Land um Hilfe nach, um einen Coup zu inszenieren, der Nepal von den Ranas befreien sollte.

Seit jener Zeit ist Nepal ein offenes Land. Besucher sind in Scharen herbeigeströmt, vor allem die Hippies der sechziger Jahre. Der Schock, den dieser unvermittelte Kontakt mit dem Westen auf ein Volk ausübte, das im wesentlichen ein sehr primitives Leben führt, hatte zwangsläufig Folgen. Kein Volk kann plötzlich den Schritt vom Feudalismus ins technologische Zeitalter vollziehen, ohne einen tiefgreifenden Kulturschock und eine Desorientierung bezüglich seiner traditionellen Werte zu erleiden.

Während ich den ziemlich düsteren Schluchten folgte, die nach Katmandu führen, mußte ich immer wieder über dieses Stück Geschichte nachdenken. Ich war froh, daß ich während meiner Genesung in Pokhara soviel Zeit gefunden hatte, mich gründlich einzulesen. Es half mir sehr, die Mentalität der Menschen in diesem Land zu verstehen. Angesichts einer solchen Entwicklung wunderte ich mich nicht mehr über das Betteln, die aggressiven Kinder und die versteckte Abneigung gegenüber den Fremden.

Mehrere meiner neuen Bekannten reisten am selben Tag wie ich von Pokhara ab, doch sie nahmen den Expreßbus, der fahrplanmäßig eine Stunde nach mir wegfahren sollte. Er erreichte Katmandu in einem Tag, während ich auf halber Strecke in Mugling übernachten mußte. Ich erwartete ständig, daß der Bus mich überholte, da ich kein besonders schnelles Tempo anschlug, weil es sehr heiß war und ich ja noch immer alles mit Ruhe machen sollte. Doch in Nepal haben es selbst die Eilbusse nicht eilig. Erst als ich etwa neunzig Kilometer mit drei Teepausen hinter mir hatte, holte er mich ein. Er hustete Wolken von Abgasen heraus, und alle meine Freunde winkten und riefen mir aus den Fenstern ein Hurra zu. In Mugling, der Zwischenstation auf halbem Weg, wo alle Busse anhielten, um den Motor abkühlen zu lassen, trafen wir uns wieder.

Nachdem meine Freunde abgefahren waren, fühlte ich mich etwas niedergeschlagen, weil man mich so allein in Mugling zurückgelassen hatte, denn es war wirklich ein trostloses Nest. Es existierte ausschließlich als Servicestation für den Transportverkehr und bestand aus etwa zwanzig von Fliegen verseuchten, widerlichen Bruchbuden, die alle grandiose Schilder zur Schau trugen, worauf behauptet wurde, es seien Hotels. Da sie sich in nichts unterschieden, buchte ich gleich dort, wo ich Tee getrunken hatte. Im Obergeschoß lagen drei winzige Räume, die durch hölzerne Querwände voller Spalten und Astlöcher voneinander getrennt waren. Aus einem dieser Räume wurden jemandes spärliche Habseligkeiten ausgeräumt, und für vierzig Pence durfte ich einziehen. Es gab eine Holzpritsche mit einer dünnen Baumwollsteppdecke anstelle einer Matratze, und das Fenster wurde vom Hotelschild draußen völlig verdeckt. Natürlich gab es keine Waschgelegenheit und auch sonst keine Annehmlichkeiten, doch was konnte man zu diesem Preis schon erwarten?

Der Besitzer erzählte mir etwas von einem guten Bade-
platz am Fluß, der nur zehn Minuten zu Fuß von hier entfernt sei und selten von jemandem besucht werde. Da
Mugling mit Ausnahme eines unablässig lärmenden Ver-
kehrsstroms keinerlei Zerstreuung anzubieten hatte, ent-
schloß ich mich, meine Bücher und mein Waschzeug zu-
sammenzupacken und den Rest des Tages dort zu verbringen. Zuerst mußte ich auf einer Seilbrücke, die bei jedem
Schritt schwankte und auf und ab wippte, den breiten,
schnellfließenden Fluß überqueren. Danach führte ein ab-
schüssiger Pfad zu einem Bach, der aus den Bergen her-
absprudelte und einen tiefen Teich bildete, bevor er sich in
den Fluß ergoß. Ich zog mich aus und ließ mich einwei-
chen, bis ich mich wieder angenehm kühl fühlte. Ich wusch
gerade meine Kleider aus, die mit mir zusammen im Teich
eingeweicht worden waren, als ich Stimmen hörte, die sich
näherten. Hastig ergriff ich mein tropfendes Hemd und
hielt es vor meine nasse Vorderseite. Drei junge Männer
kreuzten auf. Ich rief ihnen zu, kurz wegzugehen, bis ich
mich angekleidet hatte. Sie verstanden mich nicht und
kamen immer näher, wobei sie Gesten machten, daß sie
sich die Haare waschen wollten. Im Bewußtsein meiner
enthüllten Rückseite schrie ich noch lauter, worauf sie mir
den Gefallen taten und weggingen, so daß ich in meine
Shorts und ein frisches Hemd schlüpfen konnte. Kaum sah
ich wieder einigermaßen anständig aus, verwandelte sich
der Pfad unter mir in eine Hauptverkehrsader mit Kühen,
Ziegen, Ziegenhirten, Kuhhirten, kleinen Jungen und
Frauen, die herkamen, um Wasser zu holen und Kleider zu
waschen – soviel zur Auskunft des Hotelbesitzers!

Später fragte ich mich, ob die anderen Informationen, die
er mir beim Abendessen aufdrängte, wohl ebenso zutreffend waren. Er war ein junger Mann aus der dünnen
Schicht der gebildeten Nepalesen und offenbar politisch
sehr engagiert. Er zeichnete mir ein Bild von Nepal, das
bezüglich Korruption, Schikanen, veruntreuter Gelder, Ent-

wicklungshilfe, die auf Schweizer Bankkonten landete, und kritischer Studenten, die ins Gefängnis geworfen und nie mehr gesehen wurden, anderen Drittweltländern in keiner Weise nachstand. Ich sollte solche Geschichten noch öfter hören, hatte jedoch keine Möglichkeit, ihren Wahrheitsgehalt zu überprüfen.

Die nächste Tagesreise dauerte etwas länger, und die steile Berg- und Talfahrt stellte auch mehr Anforderungen an mich. Im letzten Teil, wo ein großer Berg den Zutritt ins Katmandu-Tal bewacht, erwartete mich ein besonders saftiger Anstieg. Ich schaffte ihn nur mit Mühe und Not, denn ich fuhr zur heißesten Tageszeit, und von den Amöben hatte ich mich auch noch nicht vollständig erholt. Die Weizengarben, die vielerorts zum Dreschen auf die Straße gelegt worden waren, machten mir zusätzliche Schwierigkeiten. Als ich endlich oben ankam, mußte ich die ersten Kilometer bergab zu Fuß gehen, denn die Straße wurde gerade ausgebessert.

Nach diesem Streckenstück ging es leichter. Ich segelte stilvoll nach Katmandu hinunter und versuchte mir bewußt zu werden, daß ich es tatsächlich geschafft hatte. In knapp vier Monaten war ich rund sechseinhalbtausend Kilometer durch meistenteils sehr schwieriges und gebirgiges Gelände geradelt, und hier war ich nun, in Katmandu. Ich fühlte einen leichten Stich der Enttäuschung, daß keine Flaggen gehißt worden waren, um mich zu begrüßen.

Jetzt galt es Prioritäten zu setzen. Die Stadtbesichtigung konnte warten, denn als allererstes wollte ich meine Post abholen und mir die Nachrichten von zu Hause zu Gemüte führen. Seit Lahore, vor drei Monaten, hatte ich keinen Brief mehr erhalten. Statt mich also in die Wunder von Durbar Square zu stürzen, von denen ich schon so lange geträumt hatte, machte ich mich flugs auf den Weg zu Yeti Travels, wo das Büro von American Express untergebracht war. Dort fand ich einen großen Stapel Briefe sowie den dringend benötigten neuen Reifen vor. Während ich meine

Schätze umklammerte, machte ich mich daran, das Hotel zu finden, das man mir empfohlen hatte. »Dwarika's« war ein hübsches, in wunderschöne Gärten eingebettetes Haus am Stadtrand mit alten, in die Struktur des Gebäudes eingearbeiteten Holzschnitzereien von unschätzbarem Wert. Eigentlich lag es außerhalb meiner Preisklasse, doch ich war der Meinung, daß ich meine sichere Ankunft stilvoll feiern mußte und mir ja am nächsten Tag etwas Bescheideneres suchen konnte. Die Hoteldirektion zeigte sich fasziniert von meiner Ankunft auf einem Fahrrad, und als ich ein wenig von meiner Reise berichtet hatte, bot man mir freundlicherweise für ein paar Tage freie Unterkunft an.

Ich wurde in ein Zimmer geführt, wie ich es seit meiner Abreise aus England nicht mehr gesehen hatte, mit eleganten Möbeln, Teppichen und einem Bett, das mit sauberen weißen Laken und Kissen bezogen war. Nicht weniger als sieben Lampen standen herum, und sechs davon funktionierten! Mein Badezimmer hatte eine richtige Badewanne, die sanitären Installationen funktionierten genau wie vorgesehen, es stank nicht, und es gab ein richtiges Klo zum Sitzen. Ein solcher Luxus war kaum zu fassen – und noch viel weniger, daß alles so blitzblank und strahlend sauber war. Die Aufregung beim Lesen meiner Briefe, die Freundlichkeit der Hoteldirektion und der Umstand, daß ich mich wegen der Amöbenruhr noch immer ein bißchen geschwächt fühlte, bewirkten, daß mir vor Rührung die Tränen kamen.

Wer heute nach Katmandu reist, kommt etwa dreißig Jahre zu spät. Mittelalterliche Städte mit ihren engen, gepflasterten Straßen vertragen sich nun einmal nicht sehr gut mit Verkehr auf Rädern, nicht einmal mit einer Fahrradriksha. Unter gellendem Dauergehupe und klingelnden Fahrradglocken muß sich der unselige Fußgänger die meiste Zeit gegen irgendeine Mauer quetschen, statt daß er die nötige

Muße findet, um die abbröckelnde Pracht von Tempeln, Schreinen und den tausend anderen faszinierenden Dingen zu bestaunen, die zur Einzigartigkeit dieser Stadt beitragen. Nur die heiligen Kühe und Stiere, welche überall frei herumlaufen und Haufen verwesender Abfälle fressen, werden rücksichtsvoll behandelt. Diese Tiere dürfen ungestraft herumgehen, wo immer sie wollen. Wenn sie auf die Idee kommen, sich mitten auf der Straße ein wenig auszuruhen, schlägt der Verkehr vorsichtig einen Bogen um sie oder kommt ganz und gar zum Erliegen. Die breiteren Straßen, welche die Altstadt säumen, sind mit runden, von Gras bewachsenen Verkehrsinseln versehen, wo sich stets irgendeine Kuh oder ein Bulle hingelegt hat und friedlich wiederkäut. In einem der engen, vom Hauptplatz wegführenden Gäßchen, in welchem die Gemüsestände so dicht stehen, daß es schwierig ist, sich zwischen ihnen durchzuzwängen, hatte sich einmal eine Kuh zum Sterben hingelegt. Bevor ein Karren zur Stelle war, um sie abzutransportieren, war der Leichnam bereits mit Blumen bedeckt, die von Gläubigen hingelegt worden waren.

Frühmorgens oder nach Einbruch der Dunkelheit war die beste Zeit, um sich die Sehenswürdigkeiten anzusehen. Ich war es inzwischen gewohnt, um halb fünf aufzustehen, und liebte es, in den Straßen herumzuwandern und zuzuschauen, wie die Stadt erwachte. Zu dieser Stunde waren noch keine anderen Westler zugegen, nur Nepalesen, die bei den kleinen Schreinen ihre Frühandacht hielten und draußen die großen, schwingenden Glocken läuteten, bevor sie eintraten, um ihre Opfergaben zu Füßen der Gottheit niederzulegen. Von Durbar Square, wo der alte Königspalast und die meisten herausragenden Tempel stehen, kann man bloß zu dieser frühen Morgenstunde einen Gesamteindruck erhalten; später ist der Platz vom Verkehr und den vielen Verkaufsständen verstopft, die alles Erdenkliche feilhalten, von Gemüse bis zu Gebetsmühlen. Eines Tages wurde mein frühmorgendlicher Spaziergang vom

Anblick eines jungen Elefanten belebt, der völlig unbeaufsichtigt in rasantem Tempo durch die Straßen jagte. Niemand verfolgte ihn. Und nur zu dieser Tageszeit war man auch vor den Aufmerksamkeiten der vielen Männer und Jungen sicher, die ihren Lebensunterhalt mit den Touristen verdienten. Den restlichen Tag war jeder Meter Weg von Rufen begleitet wie:

»Dollar wechseln!«

»Sie wollen kaufen Drogen?... Flöte?... schöne Armband?... meine Schwester?«

Unter den Ladentüren standen Männer und beschworen die Passanten, einzutreten – »Nur schauen, nicht nötig kaufen, nur schauen.« Fast alle Einheimischen wirkten freundlich und gutmütig. Gelegentlich brachte ein Jugendlicher mit obszönen Anspielungen junge Touristinnen aus der Fassung, während sie die erotischen Schnitzereien an den Tempelstreben besichtigten, und auch die kleinen Jungen, die ihr ganzes Leben auf der Straße zwischen den Schleppern und den illegalen Geldwechslern verbrachten, schlugen zuweilen über die Stränge und begannen Leute in einer zotigen Sprache zu beschimpfen, die sie nur von Westlern gelernt haben konnten.

Mein Fahrrad wurde immer wieder bewundert. Wenn ich nicht einen entlegenen Tempel oder eine andere Stadt im Katmandu-Tal aufsuchte, ließ ich es stehen, denn es ging mir bald auf die Nerven, daß man mich andauernd bestürmte, es zu verkaufen. Wenn ich es mitnahm, wurde ich häufig zur Zielscheibe von Leuten, die mir etwas über Nepals soziale und politische Mißstände mitteilen wollten, genau wie der Hotelbesitzer in Mugling. Bald nach meiner Ankunft hatte man mich nämlich gebeten, einen Artikel für die englischsprachige Zeitung zu schreiben, und die Leute, die ihn gelesen hatten, erkannten mich an der Beschreibung des Fahrrads wieder. Da sie mich für eine Journalistin hielten, hofften sie, daß ich das, was sie mir anvertrauten, publizieren würde. Man führte mich mehrmals an einen abgeschiedenen Ort, wo draußen jemand Wache stand, während sie mir ihr Herz ausschütteten. Leider konnte ich ihnen nicht helfen und mußte mich darauf beschränken, mitfühlend zuzuhören.

Nach meinen wenigen Luxustagen wählte ich mir die Freak Street zum Aufenthalt. Sie führte direkt vom Durbar Square weg und war das Kontrastprogramm zum »Dwarika's«. Wenn sie einst einen anderen Namen gehabt hatte, war dieser längst vergessen. In den sechziger Jahren hatten die Hippies die Straße in Beschlag genommen, und inzwischen waren alle alten nepalesischen Häuser zu Lodges geworden. Hier fand ich weder Reinlichkeit noch Komfort vor, und auch die Ratten zeigten wieder lautstark ihre Anwesenheit, doch es herrschte eine völlig eigenartige Atmosphäre, war herrlich zentral gelegen und kostete praktisch nichts. Jede Lodge in der Freak Street und in den anderen umliegenden mittelalterlichen Gassen besitzt ihr eigenes Restaurant. Es gibt keine internationale Küche, die nicht repräsentiert wäre – österreichisch, schweizerisch, indisch, tibetisch, französisch, nepalesisch, chinesisch, amerikanisch, Naturkost, um nur einige zu nennen. Eine Straße, Pig Alley (Schweinegasse) genannt, hat sich ganz auf Tortenläden spezialisiert. Wo immer man hinging, um diese Delikatessen zu kosten, bedachten sich Touristen aus aller Welt gegenseitig mit Berichten über die verschiedenen Krankheiten, die sie in Nepal aufgelesen hatten. Fast alle hatten sich wie ich eine Amöbenruhr zugezogen, und die unheilvoll gelben Augen jener, die an Hepatitis litten, ließen mich eilends ins Missionskrankenhaus fahren, um mein Gammaglobulin aufzufrischen. Diese Krankheiten stehen samt und sonders in einem ursächlichen Zusammenhang mit Schmutz, und man muß den Leuten wohl beipflichten, die behaupten, daß Katmandu trotz all seiner Faszination zu den dreckigsten Städten der Welt zählt.

In der Nacht jedoch ist Katmandu verzaubert. Fantastisch aufeinandergeschichtete Pagodendächer und hohe

Säulen, auf denen vergoldete Figuren stehen, zeichnen sich gegen einen sternenübersäten Himmel ab, während weiter weg das Mondlicht auf dem Schnee schimmert. Die trüb beleuchteten Straßen verbergen ihre Abfallhaufen und abbröckelnden Fassaden und lassen die von Laternen beleuchteten Tempel hervortreten. Auf primitiven Instrumenten gespielte religiöse Musik erklingt dort bis weit in die Nacht hinein, und Leute gehen zwanglos ein und aus, um ihre Andacht zu verrichten. Dann ist die Illusion, sich in ein anderes Jahrhundert verirrt zu haben, beinahe überwältigend.

Ich hätte meine verbleibenden vier Wochen liebend gern im Katmandu-Tal verbracht, denn es gab mehr als genug, was mich an Katmandu selbst und an den umliegenden Klöstern und Tempeln interessierte, und außerdem wollte ich noch zwei weitere mittelalterliche Städte in der Nähe erforschen. Doch oben im Tal stand als beständige Verlokkung die große Kette des Himalajas, und keine Stadt, nicht einmal Katmandu, könnte es auf die Dauer mit einem solchen Rivalen aufnehmen. Die Saison war zwar beinahe vorbei und das Trekking bis nach dem Monsun, der sehr bald fällig war, praktisch eingestellt worden, doch ich spürte, daß es völlig abwegig gewesen wäre, bis hierher zu gelangen und keinen Versuch zu unternehmen, etwas von den hohen, abgelegenen Gegenden Nepals zu sehen. Ich legte mein Problem der Sherpa-Kooperative vor, die von Mike Cheney geleitet wird, einem Engländer, der die meiste Zeit seines Lebens in diesen Landstrichen gelebt und bei der Organisation vieler erfolgreicher Angriffe auf die hohen Berggipfel mitgeholfen hatte. Er glaubte, daß es möglich sei, einen kurzen Ausflug hoch zu den Gletschern unter dem Langtang-Gipfel zu unternehmen, wenn ich von einem Sherpa begleitet wurde, der das Gepäck trug. Letztes Jahr hatte die BBC dort einen Film mit Freya Stark gedreht, die derselben Route gefolgt war. Mike hatte die Expedition organisiert, einschließlich des Ponys, auf dem die Hauptdarstellerin sitzen sollte. Es war eine riesige Anzahl Träger notwendig gewesen, und zwar nicht nur für die Ausrüstung; stellenweise war der Weg derart abschüssig, daß auch das Pony getragen werden mußte.

Die meisten Sherpas, mit Ausnahme von ein paar jüngeren, waren inzwischen in ihre Dörfer zurückgekehrt. Wie ich hörte, widerstrebte es diesen jungen Burschen immer mehr, die Wonnen von Katmandu aufzugeben und nach Hause zu gehen, um bei der Ernte mitzuhelfen. Zwei von ihnen wurden für meinen Ausflug ausgewählt. Der neunzehnjährige Karma sollte mir zu einem Tageslohn von etwa einem Pfund zwanzig Pence als Führer dienen, während der ein bißchen jüngere Chandra als Träger vorgesehen war und knapp ein Pfund verdiente. Um schneller voranzukommen, wollten wir nicht campieren, sondern in den Dörfern, die wir durchquerten, essen und übernachten.

Am nächsten Tag brachen wir auf und nahmen nach einer kurzen Busfahrt den steilen Pfad gegen die entfernten Gletscher des Langtang-Himal-Massivs in Angriff, hinter welchem Tibet liegt. Die nächsten fünfzehn Tage würde ich mich in einer Welt befinden, wo sich die einzigen Räder in den Gebetsmühlen drehten, die von Hand oder durch die Wasserkraft der kleinen Bergbäche angetrieben wurden, und wo Träger das einzige Mittel sind, Güter zu transportieren. Ein Stirnband hilft, die große Last auf dem Rücken besser zu tragen. Trotzdem ist diese Gegend keineswegs abgelegen, bis man auf etwa viertausend Meter Höhe kommt. Alle paar Kilometer liegt ein Dorf, und der holperige Pfad wird rege benutzt und dient als Hauptstraße für den Handel mit allerlei Gebrauchsgütern. Die steilen Berghänge rund um die Dörfer sind alle in kleine Felder terrassiert und mit einer Vielfalt von Feldfrüchten bepflanzt, die mit zunehmender Höhe wechseln – von semitropisch an den unteren Hängen bis zur Subsistenzwirtschaft mit Weideland für Yaks auf der extremen Siedlungshöhe von knapp viertausenddreihundert Metern.

Jeder Tag folgte einem ähnlichen Muster. Wir verließen unsere Unterkunft etwa um sieben Uhr, nachdem wir Tee getrunken und einen leichten Imbiß zu uns genommen hatten, und marschierten los, bis wir gegen halb elf in einem Dorf anhielten, um die Hauptmahlzeit einzunehmen, die stets aus Reis, Gemüse und Dal bestand. Danach ging es nochmals drei Stunden weiter, bis wir das Dorf erreichten, das wir für unser Nachtlager ausgewählt hatten. Hier nahmen wir eine weitere Mahlzeit ein und legten uns bei Anbruch der Nacht früh schlafen. Unterwegs versuchten wir stets einen Ort zu finden, wo wir uns und unsere Kleider waschen konnten, bevor wir den Tagesmarsch beendeten.

Da die beiden Jungen die ganze Ausrüstung trugen, war das Wandern für mich sehr angenehm. Für sie war es ebenfalls eher ein Ferienausflug, denn ihre Lasten waren üblicherweise drei- bis viermal so schwer, und sie mußten auch nicht kochen oder die Zelte aufstellen wie auf anderen Expeditionen. Karma sprach ein paar Brocken Englisch, doch Chandra verstand kein Wort. Sie schienen einander sehr gern zu haben und schwatzten den ganzen Tag aus vollem Hals. Ich ging gewöhnlich voraus, um ein wenig Stille zu genießen und den vielen Vögeln nachzuschauen, die beim Klang der Stimmen aufflogen. Es gab stets etwas Interessantes zu sehen. Die beiden machten immer wieder ein erstauntes Gesicht, daß mich Dinge, die für sie so alltäglich waren, derart faszinieren konnten. Eines Tages hatte ich zugeschaut, auf welch seltsame Weise der Weizen hier geerntet wird: Die Ähren werden zwischen zwei Stöcken abgeköpft und die Stengel stehengelassen. Es war gut, daß mich die Jungen einholten, denn als ich eine Aufnahme von einer alten Frau machen wollte, die vor einem großen Haufen mit Weizenähren saß, sprang sie plötzlich auf und ging auf mich los. Die Jungen wehrten sie ab, doch sie konnten mir auch nicht erklären, weshalb ich sie beleidigt hatte. In der Regel ließen sich die Leute gern fotografieren, obwohl die meisten eine Belohnung dafür erwarteten.

Die Dörfer zeigen hier ein vielfältiges Gesicht. Weiter unten stehen Häuser mit Strohdächern und lehmverputzten, ockerfarbenen Mauern, während sie weiter oben vorwiegend aus Stein gebaut und mit großen, schweren Steinplatten bedeckt sind. Je höher wir kamen, desto schmutziger und buddhistischer wurden die Dörfer. Gebetsfahnen flatterten an hohen Stangen im Wind, um die Gebete in den Himmel zu tragen, während die Fahnen langsam zerfetzten. Die Lebensbedingungen sind sehr primitiv. Überall wurde man von Fliegen belästigt, und man mußte sorgfältig darauf achten, gesund zu bleiben. Ich wachte streng darüber, daß Teller, Tasse und Besteck, die ich bei mir hatte, stets sterilisiert wurden, und gab Jod ins Wasser, bevor ich es trank. Trotzdem war ich froh, daß wir nicht campierten, sondern bei den Leuten zu Hause wohnten, denn trotz des mangelnden Komforts war es faszinierend, einen Blick ins Leben dieses Bergvolkes zu werfen.

Diese Route war schon von vielen Trekkern begangen worden, und die Dorfbewohner hatten sich inzwischen an Westler gewöhnt. Mir schien, daß die Anwesenheit der Touristen wenig dazu beigetragen hat, ihr Leben zu fördern. Für die wenigen, die eine Lodge betreiben, war die kleine Erhöhung ihres Einkommens natürlich willkommen, doch die Mehrzahl wurde sich bloß des riesigen Wohlstandsgefälles bewußt, das zwischen ihnen und der entwikkelten Welt herrschte. Schon drei Tagesmärsche von unserem Ausgangspunkt entfernt stand praktisch keinerlei Hilfe von außen mehr zur Verfügung – keine Schule, kein Arzt, nicht einmal ein medizinischer Betreuer, obwohl die Regierung von Nepal jedem Ausländer, der diese Gegend aufsucht, Geld abknöpft. In jedem Dorf sprachen mich Kinder und Erwachsene um Zigaretten und Schokolade, hauptsächlich jedoch um Arzneimittel an. Man zeigte mir eine Anzahl von Gebrechen, die mit höchst bescheidenem finanziellem Aufwand sehr leicht hätten behandelt werden können. Schmerzhafte Augenleiden sind besonders verbreitet. Meist werden sie vom Rauch der Herdfeuer oder vom gleißenden Licht verursacht, welches der Schnee in der Höhe reflektiert. Bei Säuglingen und Kindern finden sich häufig Verbrühungen, Brand- und Schnittwunden, die sich wegen der unhygienischen Verhältnisse noch verschlimmern. Mein magerer Vorrat an Antiseptika war bald verbraucht, denn ich konnte die kleine Schar, die sich in jedem Dorf so vertrauensvoll um mich sammelte, unmöglich zurückweisen.

Eines Morgens, als ich zur Abwechslung allein in einem Speicher über einem Kuhstall geschlafen hatte, fand ich beim Aufwachen einen alten Mann vor, der ruhig neben meiner Matratze saß. Ich wußte nicht, wie lange er schon dagesessen hatte, doch nach und nach erfuhr ich, daß er von Leuten, die ich behandelt hatte, von der guten Wirkung meiner Augentropfen gehört hatte. In der Hoffnung, mich zu treffen, war er mehrere Tage hergereist, denn seine Augen waren arg in Mitleidenschaft gezogen. Leider waren meine Vorräte inzwischen völlig erschöpft. Was den Mangel an medizinischer Betreuung noch viel ärgerlicher machte, war die Tatsache, daß Hilfsgelder bereitgestellt worden waren, um hoch oben im Tal ein Krankenhaus zu bauen; das Gebäude war zwar vor einiger Zeit fertiggestellt worden, doch es enthielt weder Personal noch irgendwelche Arzneimittel oder medizinische Einrichtungen.

Eines Tages brachte mir ein Junge seine hübsche drei- oder vierjährige Schwester mit einem krausen, verfilzten Haarschopf. Die Kleine hüpfte auf einem Bein herum, denn am anderen Fuß litt sie an einer stark entzündeten Wunde auf der großen Zehe. Ich hatte nichts mehr übrig als das Jod, mit dem ich das Trinkwasser sterilisierte. Während das Kind mir vertrauensvoll seinen Fuß hinhielt, trug ich ein paar Tropfen auf und wartete die Reaktion ab. Sie kam denn auch prompt. Zuerst befürchtete ich, daß alle Dorfbewohner auf ihr Geheul hereinstürzen würden, um sie aus meinen Klauen zu retten, doch der Junge hielt sie fest und lächelte mir beruhigend zu – vielleicht hatten andere Trekker bereits früher Jod verwendet. Ich versuchte, den Verrat wiedergutzumachen, indem ich dem Kind mit einem Streifen eines sauberen Taschentuchs einen Verband anlegte, was solchen Erfolg hatte, daß sich alle anderen Kinder nach wunden Stellen abzusuchen begannen, damit auch sie einen Verband bekommen konnten.

Eines Abends wurde ich eingeladen, in einem winzigen Dorf, das ein wenig abseits vom Weg lag, einer religiösen Zeremonie beizuwohnen. Da Karma nur wenig Englisch sprach und niemand da war, der die Sprache besser beherrschte, war es schwierig herauszufinden, was genau vorging. Ich bekam immerhin soviel mit, daß es sich um eine rituelle Geisterverbrennung für den Dorfchef handelte, der vor ein paar Wochen gestorben war. Die Zeremonie hatte zum Zweck, daß der Geist sicher zum Himmel fuhr und nicht zurückblieb, um im Dorf herumzuspuken. Auf einem offenen Platz war auf langen Stangen ein kleines, bedecktes Podium errichtet worden, worauf man Objekte mit religiöser Bedeutung und Speisen als Opfergaben hingelegt hatte. Rundherum tanzte im Zeitlupentempo ein Kreis singender Leute, die Frauen voran, dahinter die Männer. Auf der Veranda des Hauses des Toten saß ein Lama und intonierte aus einem riesengroßen Buch, während Musikanten mit ihren gebogenen Stöcken Gongs anschlugen. Vor dem Priester saß ein Abbild des verstorbenen Mannes, in seine besten Kleider gehüllt. Selbstgebrautes Bier, das hier *tschang* genannt wird, floß in Strömen. Alle schienen zufrieden und freuten sich über die Gelegenheit zum Feiern. Die Leute baten mich um Zigaretten und schoben mir Krüge mit Tschang zu. Kleine Kinder schlürften vom Bier der Erwachsenen, während sich die Allerkleinsten niederkauerten, um ihren Darm zu entleeren, wo immer es ihnen beliebte. Darauf bekamen sie Hiebe von den größeren Kindern, die rasch mit dem Fuß ein wenig Erde über die anstößigen Häufchen scharrten.

Die größeren Kinder (womit die Sieben- bis Zwölfjährigen gemeint sind) schienen oft die verantwortungsbewußtesten Familienmitglieder zu sein, vor allem die Mädchen. Sie betreuten die kleineren Kinder und übernahmen viele der häuslichen Pflichten. Bei dieser Gelegenheit schienen sie als einziges Grüppchen in der sonst so zufriedenen Versammlung ein mißbilligendes Gesicht aufzusetzen. Ich wurde in den Kreis der sich wiegenden und singenden Frauen gezogen, doch obwohl mir der Rhythmus einfach vorkam, gelang es mir nicht, ihn aufzunehmen. Alle Frauen waren mit schweren, runden, goldenen Ohrringen von sieben bis zehn Zentimetern Durchmesser und mit Nasenringen geschmückt, während bei den Männern meist ein einziger reifenförmiger Goldring an einem Ohrläppchen hing. Sämtliche Frauen trugen lange Röcke, die Männer kurze Jacken und Lendentücher oder Shorts. Gelegentlich ersetzte eine leuchtende wollene Balaklava die traditionelle Kappe der Nepalesen und zeigte an, daß ihr stolzer Besitzer Träger bei einer Kletterexpedition gewesen war. Als ich mich mehrere Stunden später verabschiedete, war die Zeremonie noch in vollem Gang. Sie ging wohl erst zu Ende, wenn auch der Tschang zur Neige gegangen war.

Als ich eines Tages um eine Wegbiegung kam, erlebte ich ein betrübliches Schauspiel. Zwei junge Frauen spielten mit einem kleinen Vogel, der einer Blaumeise glich. Die eine hatte an ihrem Kleid ein langes Stück Zwirn befestigt, dessen anderes Ende um den Fuß des Vogels gewickelt war. Sie ließen das arme Geschöpf so weit wegflattern, wie der Faden reichte, und zogen es dann wieder zu sich hin. Bevor ich mich zurückhalten konnte, war ich hinzugeeilt, um den kleinen Vogel zu retten, und mußte Karma folglich veranlassen, einen Preis auszuhandeln. Ich merkte zu spät, daß mein unbedachtes Vorgehen vermutlich dazu führen würde, daß noch mehr von diesen winzigen Kreaturen gefangen und den vorbeiziehenden Trekkern zum Kauf angeboten wurden. Später sah ich viele Kleinkinder, die einen dieser Vögel als lebendiges Spielzeug an einer Schnur mitführten. Die Tiere überlebten diese Prozedur glücklicherweise nur kurz, doch die Knirpse zogen ihre erbarmungswürdigen Kadaver noch lange hinter sich her. Obwohl die Kinder hier kein richtiges Spielzeug besitzen, wunderte es mich, daß in einer buddhistischen Gegend, wo sonst allen Lebensformen Achtung bezeugt wird, eine so grausame Praxis von den Erwachsenen nicht nur geduldet, sondern sogar noch gefördert wird.

Je höher wir kletterten, desto berauschender wurde die Luft und desto schöner die Aussicht. Ein besonders lieblicher Berg war der den Horizont gegen Norden hin dominierende Ganesh Himal, nach Schiwas elefantenköpfigem Sohn benannt. Der Himalaja ist traditionellerweise die Heimstätte der Götter, vor allem von Schiwa, zu dessen heiligem See, dem Gossainkunda, wir einen Abstecher machten. Er liegt ganz oben in einem einsamen Seitental auf fast viertausenddreihundert Metern Höhe. Hier soll Schiwa liegen und von seinen Ausschweifungen ausschlafen, und die sich wiegenden Pflanzenwedel im Wasser werden als sein langes, wildes Haar angesehen. Später im Jahr wachen hier Tausende von Hindu-Pilgern eine ganze Nacht lang. Ich fand den Ort ziemlich abstoßend, obwohl die Paßhöhe, die dreihundertsechzig Meter über dem See liegt und mit Hunderten von Gebetsfahnen und religiösen Steinhaufen gekennzeichnet ist, eine recht spektakuläre Aussicht bietet.

Ein paar hundert Meter weiter unten in diesem Seitental liegen uralte Wälder mit Bäumen fast so groß wie die riesigen kalifornischen Redwoods. Viele von ihnen sind umgestürzt; sie liegen dort, wo sie hingefallen sind, und vermodern. Nur wenige Leute kommen hierher, und die Gegend prangt in einer überaus vielfältigen Flora und Fauna mit großen Kissen von Orchideen und Rhododendren, die wegen der Höhenlage erst so spät im Jahr blühen, in allen Farben.

In diesem Tal stießen wir auch auf den Vater und die Vettern von Karma, welche einem englischen Ehepaar als Führer dienten. Zusammen verbrachten wir die Nacht in der einzigen Lodge, die es dort gab – das englische Paar in einem Zelt, die Träger alle in einer Holzhütte, wo sie wie kleine Hunde behaglich auf einem Haufen schliefen, um einander zu wärmen. Ich teilte den Fußboden in der Lodge mit einem jungen Mann aus Lancashire, einem bekennenden Buddhisten. Irgendwann in der Nacht wurde ich geweckt, weil mein Gefährte losbrüllte und Gegenstände durchs Zimmer warf. Im Licht seiner Taschenlampe sah ich das Hinterteil eines Hundes durch die offene Tür verschwinden. Als ich am Morgen meine Uhr suchte, die ich neben mir auf den Fußboden gelegt hatte, war sie weg. Schließlich fanden wir sie dort, wo sie der Hund beim Hinausrennen hatte fallen lassen. Die Hälfte des Uhrbandes war weggefressen. Ich war entsetzt beim Gedanken, wie ausgehungert das arme Biest gewesen sein mußte, aber zugleich erleichtert, daß es nicht die ganze Uhr hinuntergeschluckt hatte.

Zurück im Haupttal veränderte sich die Szenerie dramatisch, sobald wir die Viertausendmetermarke überschritten hatten. Es ist eine kalte, baumlose Landschaft aus Gestein und zähem Gras, über welches der Wind fegt. Die Menschen, die hier oben im Langtang-Tal leben, führen einen erbitterten Existenzkampf, denn die Zeit des Pflanzenwachstums ist so kurz, daß es kaum möglich scheint, Feldfrüchte zur Reife zu bringen. Dennoch sah ich hier Tibeter, die auf ihren winzigen, von Steinen übersäten Feldern mit Hilfe ihrer Yaks den Boden pflügten. Wenn wir vorbeigingen, lehnten sie sich über die rauhen niedrigen Mäuerchen und versuchten, mir Schmuckstücke zu verkaufen. Kinder mit triefenden Nasen und trockenem Husten rannten herbei, auf ihren Rücken waren Babys festgebunden, die beinahe so groß waren wie sie selber. Sie boten mir an, sie zu fotografieren – gegen angemessene Bezahlung natürlich.

Karma verteilte entgegen meiner Anweisung an alle Kinder Zigaretten, und bald pafften sie vergnügt vor sich hin. Jedermann im Himalaja scheint zu rauchen, wenn er eine Möglichkeit dazu findet. Meine beiden Helfer waren bereits ziemlich starke Gewohnheitsraucher und inhalierten mehrere Päckchen am Tag, was schade war, denn Karma hatte den Ehrgeiz, ein »Tiger« zu werden und bei den großen internationalen Besteigungen als Träger mitzugehen.

Als wir die Lodge im Dorf Langtang erreichten, mußten wir zuerst eine Art Hof betreten, der mit alten Yakknochen und anderen Abfällen übersät war und wo es von Fliegen nur so wimmelte. Draußen vor dem niedrigen Schuppen, dessen Dach aus zerrissenen Binsenmatten bestand und der höchst zutreffend mit »Yak Hotel« beschriftet war, lagen drei Gestalten und ein Baby in einem unschönen Knäuel auf dem Boden. Karma versuchte mit wiederholten Rufen die Frau in der Gruppe auf die Beine zu bringen. Schließlich regte sie sich, setzte sich halb auf, schaute uns an, stöhnte und ließ sich wieder auf den Menschenhaufen zurückfallen. Darauf erschien ein Mann, vermutlich ihr Ehemann, der sich mit Geschrei auf sie stürzte und sie mit Fußtritten traktierte. Widerwillig rappelte sie sich hoch und stolperte in den Schuppen, wobei sie ihre Kleider ordnete. Die zwei Männer und das Kleinkind in dem Haufen ächzten und stöhnten und ringelten sich in eine neue Ruheposition. »Schwarze Leute«, sagte Karma verächtlich. »Waschen sich nie.« Ein Blick in den Schuppen genügte, um mich zu überzeugen, daß es der Gipfel der Torheit gewesen wäre, an einem solchen Ort zu übernachten. Sofern man seine westlichen Vorstellungen von Sauberkeit ablegte, waren die Verhältnisse in den meisten Lodges einigermaßen erträglich gewesen, doch diese hier starrte vor Schmutz und war schlicht unzumutbar. So blieb uns nichts anderes übrig, als so schnell wie möglich zum Ende des Trails hochzuklettern, einen Blick in die Runde zu werfen und denselben Weg bis zur Lodge von gestern abend zurückzugehen.

Viertausendneunhundert Meter war die Obergrenze auf diesem Trek. Das letzte Drittel des Bergs besteht aus einer ehrfurchtgebietenden Reihe von Gletschern und schneebedeckten Felswänden, die nur für die allerbesten Bergsteiger zugänglich sind. Als wir in die wirbelnden Wolken hochstarrten, die über die Felsklippen fegten, sahen wir Gestalten, die sich auf dem Abstieg befanden. Es war eine japanische Expedition, welche nach vier anstrengenden Wochen soeben erfolgreich den Gipfel bezwungen hatte. Sie waren fast schwarzgebrannt, sahen jedoch fit und sehr selbstbewußt aus und schritten forsch aus, zurück zu den Fleischtöpfen von Katmandu. Auch ich machte mich mit einem triumphierenden Gefühl der Erfüllung auf den Rückweg. Zwar hatte ich nicht wie sie ganz oben auf einem siebentausenddreihundert Meter hohen Gipfel gestanden und nach Tibet hinuntergeschaut, doch ich hatte immerhin eine Höhe erreicht, die fast neunhundert Meter über allen Berggipfeln Europas liegt, und etwas von den Wundern der höchsten Region dieser Welt gesehen.

18

Darjeeling war während des britischen Imperiums eine Perle in der Halskette der Höhenkurorte gewesen. Aus dieser Zeit stammten Bungalows, Kirchen, Schulen und Klubs am steil terrassierten Hang, der dem Massiv des Kanchenjunga auf der anderen Talseite gegenüberliegt. Diese Relikte aus der Kolonialzeit sind zwar noch vorhanden, doch meist gammeln sie unter rostigen Blechdächern vor sich hin. Hier und dort lassen die gespenstischen Überreste einer schottischen Villa Erinnerungen aufsteigen – nicht an vergangene Ruhmeszeiten, sondern an ein behagliches Mittelstandsdasein mit Kletterrosen über dem Vorbau und Dienern, die wußten, wohin sie gehörten.

»The Planter's Club«, wo ich wohnte, wurde von einer zähen, alten Dame aus der Kolonialzeit geleitet, die so tat, als hätten sich die Zeiten inzwischen in keiner Weise geändert. Das zweistöckige Gebäude nimmt eine dominierende Stellung auf einer der höhergelegenen Terrassen ein und gemahnt an einen englischen Kricketpavillon. Das Holz verrottet langsam, und im Fundament gibt es Lücken, wo die Mäuse ein und aus gingen. Viele Scheiben in den langen Fenstern sind übermalt worden, vielleicht um Vorhänge zu sparen.

Noch nie hatte ich ein solches Gewirr von Rohrleitungen gesehen. Doch sofern niemand anderes versuchte, zur gleichen Zeit seinen Wasserhahn aufzudrehen, stand jederzeit herrlich heißes Wasser zur Verfügung. Die hohe Wassertemperatur hatte jedoch auch ihre Nachteile, denn irgendwann war die Innenseite der Badewanne neu gestrichen worden, und wenn man darin lag und in der Hitze schwelgte, lösten sich große Farbstreifen wie blasser Seetang ab und klebten am Körper.

Die Hotelleiterin hatte eine junge Australierin überredet, ihr Zimmer mit mir zu teilen, da zur Zeit kein anderes frei war, denn der Klub galt als ein renommiertes Haus und war voll von reichen Indern aus dem Mittelstand, die ihre Kinder in den Internaten besuchten. Diese Inder kamen mir noch viel englischer vor als die Engländer selbst. Sie hingen einer Lebensweise und einer Reihe von Wertvorstellungen nach, die in Großbritannien inzwischen längst überholt sind.

Das Leben im »The Planter's« drehte sich vorwiegend um den Speisesaal und seine drei anständigen Mahlzeiten am Tag. Diese konnten gut, leidlich oder schrecklich ausfallen – minderwertiger Fisch, gefolgt von vergammeltem Schweinefleisch und jener Sorte Pudding, die für jeden, der das Schulalter hinter sich hat, tödlich ist. Das Geschirr war alt und mit Monogramm versehen. Die Ränder waren angeschlagen, die Glasur gesprungen und verfärbt. Vielleicht war dies der Grund, weshalb das bejahrte Personal den hartnäckigen Schmutz, der sich vor allem in den Krügen und Teekannen eingenistet hatte, geflissentlich übersah. Überall stand schwarz angelaufenes Tafelsilber herum; das versilberte Salzfäßchen (ohne Löffel) war allerdings nicht selten von einem Pfefferstreuer aus zersprungenem rosa Plastik flankiert, und manchmal erhielt man statt eines Desserttellers eine Untertasse serviert.

Über den Speisesaal herrschten drei uralte Kellner. Jeder trug eine Uniform aus dunkler Hose, ausgefranster langer weißer Jacke und einer Wollmütze. Der Kellner, der an unserem Tisch bediente, hatte keine Zähne, weder echte noch falsche, und auch keine Haare mehr, wie wir bald entdeckten, denn er nahm häufig seine Mütze ab, um sich den Schweiß von der Stirn zu wischen. Er zeigte ein feines Gespür für den Unterschied zwischen Mittag- und Abendessen. Abends trug er Stiefel und bewegte sich wie zu einem Trauermarsch, während er zum Mittagsmahl ohne Schuhe und Socken erschien und öfter in einen watschelnden Trott verfiel, sobald er gegenüber den beiden anderen Kellnern in Rückstand geraten war.

Meine Zimmergenossin und ich hatten den Eindruck, daß wir von den Kellnern nicht für voll genommen wurden. Vielleicht benahmen wir uns nicht ernst und würdevoll genug, und wir übten uns ja auch nicht in dem korrekten, weitschweifigen Sprachstil, dem die indischen Gäste frönten. Vielleicht lag es auch an unserer völlig ungeziemlichen Einstellung zum Essen, denn wir sahen die Inder nie etwas zurückweisen, nicht einmal minderwertigen Fisch oder vergammeltes Schweinefleisch.

Sobald meine Aufenthaltsgenehmigung vorlag, verließ ich Darjeeling und machte mich auf nach Sikkim. Indien ist anscheinend nicht sehr erpicht darauf, daß allzu viele Leute in die Gegenden strömen, die als politisch heikel gelten, und Sikkim ist so ein Ort. Es ist äußerst schwierig, die Erlaubnis zu bekommen, länger als eine Woche zu bleiben, und man sieht es auch nicht gern, wenn Einzelreisende allein durch die Gegend streifen, sondern zieht organisierte Wandergruppen vor, die einer festgelegten Route folgen müssen. In so kurzer Zeit würde ich wohl nicht viel zu sehen bekommen. Am meisten wünschte ich mir, den Kanchenjunga ganz aus der Nähe zu besichtigen. Perman Yangtse im westlichen Teil des Landes ist der nächstgelegene Ort in Reichweite. Es gibt auch ein berühmtes Buddhistenkloster in der Nähe der Hauptstadt Gangtok, das ich unbedingt besuchen wollte. Daher machte ich Gangtok zu meinem ersten Ziel. Unterwegs verlangten mehrmals Männer, die ich für Polizisten in Zivil hielt, meine Genehmigung zu sehen.

Gangtok ist keine aufregende Stadt, obwohl mir die Leute hier gefielen. Sie sind ähnlich wie die Nepalesen, doch ihre kulturellen Bande zu Tibet sind stärker, und ihre Religion steht auch dem tibetischen Buddhismus näher. Ich streifte einen ganzen Tag lang durch Anlagen des alten Königspalasts, während ich darauf wartete, bis das Touristeninformationsbüro meinen Besuch im Runtek-Kloster organisiert hatte. Es gibt hier einen »Wildpark«, wo Buddha angeblich seine berühmte Predigt gehalten hat. Es ist ein trostloser kleiner Ort mit einem winzigen Zoo. Ein Himalajabär steckt in einem Käfig, der so klein ist, daß er sich nicht einmal aufrichten kann, und ein paar schöne Bengaltiger schmachten in heißen Verschlägen ohne einen Winkel, wo sie sich geschützt vor der Sonne zusammenrollen können. Indische Touristen schlugen an die Käfigstäbe und trieben die frustrierten Tiere zur Weißglut, vor allem ein paar arme Makakaffen, die sich in dem fruchtlosen Versuch, ihren Peinigern zu entkommen, mit ihrem ganzen Gewicht gegen die Stangen warfen. Ich ging schnell wieder weg, bevor ich in Versuchung kam, etwas Unbesonnenes zu sagen oder zu tun.

Später wurde ich von ein paar jungen sikkimischen Kindern gefangengenommen, die einen Schulausflug machten und unbedingt ihr Englisch anwenden wollten. Sie schafften mich im Triumph zu ihrem Lehrer in ein Heiligtum voller Orchideen, und ich wurde eingeladen, an ihrem Picknick aus Brot und Currykartoffeln teilzunehmen. Die Schule wurde von den Bahai betrieben, von deren Religion ich nur sehr wenig wußte, doch die Kinder taten ihr Bestes, um sie mir zu erklären. Was sie mir sagten, klang sehr viel vernünftiger als das, was die amerikanischen Baptistinnen in Pakistan vertreten hatten. Später besuchte ich ihre Schule und war verblüfft, in welch ärmlichen Verhältnissen sie lebten und arbeiteten.

Als ich endlich die Klosteranlage betrat, wurde ich von einem Mönch begrüßt, der auf ein englisch beschriftetes Schild deutete. Es wies mich an, zum Reinigungsraum weiterzugehen, wo mich ein Mönch in der Reinigungsprozedur unterrichten werde. In dem kleinen, mit Bildern und Butterlampen vollgestopften Raum wurde mir ein Glas Wasser gereicht, und es wurde mir zu verstehen gegeben, daß ich mir damit den Mund ausspülen müsse. Dies war gar nicht so einfach, wie es sich anhörte, denn das Wasser mochte zwar spirituell rein sein, aber für meinen Körper war es höchstwahrscheinlich unbekömmlich. Das eine Mal, als ich von den gefürchteten Amöben befallen worden war, reichte mir vollauf, daher wies ich das Glas zurück, wobei ich mir den Bauch hielt und stöhnte, um den Grund für meine Weigerung klarzumachen. Nach einer kurzen Diskussion mit weiteren Mönchen wurde entschieden, daß ich statt dessen äußerlich gereinigt werden konnte. Man hieß mich den Kopf beugen, worauf der zuständige Mönch großzügig Wasser über mich spritzte, gefolgt von ein paar Handvoll gefärbtem Reis. Ich überreichte ihm eine Geldspende, dann konnte ich ohne Gefahr an den schreckenerregenden gemalten Dämonen vorbeigehen, welche den Eingang zur Puja- oder Gebetshalle bewachen.

Die Puja-Halle nimmt fast das ganze Erdgeschoß ein. Die Wände sind mit riesigen leuchtenden Bildern von Buddhas, Dämonen, Ungeheuern und allegorischen Tieren bedeckt. Von der hohen Decke hängen lange, bunte seidene Tücher herunter. Am einen Ende steht so etwas wie ein Altar mit Hunderten von Butterlampen, sowie eine schreinartige Konstruktion, auch sie mit Seide verhängt und mit Schädeln, Blumen und vielen rituellen Objekten dekoriert. Der Platz auf dem Fußboden wird größtenteils von breiten, mit Teppichen bedeckten Bänken eingenommen, auf denen die Mönche im Lotussitz sitzen. Es waren mehr als hundert von ihnen anwesend, von kleinen, fünfjährigen Jungen bis zu uralten Männern. Sie waren alle gleich gekleidet und trugen ärmellose seidene gelbe Hemden und lange maronenfarbene Röcke und Schultertücher. Nur einer war anders angezogen. In ihm vermutete ich den Obersten Lama, denn er trug eine goldene Satinrobe und saß an einer freien Stelle vor dem Altar. Um die Taille trug er einen mit einem fürchterlichen Dämon bestickten Gürtel, und auf dem Kopf saß ein riesiger Hut, der wie ein Kulihut geformt, aber aus schwerer Seide gefertigt war und aus dessen Mitte ein langer Stachel ragte, an welchem verschiedene Gegenstände hingen, unter anderem auch ein Totenschädel. Zu seinen Füßen lagen ein Wachsbildnis und ein dreischneidiger Dolch, und in der Hand hielt er eine lange, schwarze Schärpe. Ein paar weitere Mönche, die am anderen Ende der Halle auf erhöhten Sitzplätzen saßen, hatten ebensolche Schärpen.

Ich konnte fünf Reihen Mönche mit Musikinstrumenten sehen. Meist waren es gongartige Trommeln, die über ihren Köpfen aufgehängt waren und mit gebogenen Stöcken in einem langsamen Rhythmus geschlagen wurden, zu welchem die Mönche sangen. Der Gesang dauerte etwa fünf Minuten an, worauf eine Pause eintrat, in der die anderen Musiker auf Gongs, Glocken, riesigen Trommeln und dreieinhalb Meter langen Hörnern loslegten, ohne einem erkennbaren Muster zu folgen. Während diese Kakophonie von Klängen durch die Halle donnerte, schnellten die Mönche die schwarzen Schärpen nach vorn und wieder zurück und führten mit den Händen komplizierte Gesten aus. Dasselbe tat der Oberste Lama, der zudem den dreischneidigen Dolch ruckartig über das Wachsbildnis führte.

Diese Geisteraustreibungszeremonie, um die es sich hier offensichtlich handelte, war ungeheuer spannend, doch da niemand da war, den ich hätte ausfragen können, fand ich nicht heraus, was dies alles im einzelnen zu bedeuten hatte. Diese Form von Tantrischem Buddhismus ist sehr undurchsichtig und wird heutzutage nur noch an ganz wenigen Orten praktiziert, und ich schätzte mich glücklich, daß ich die Chance hatte, einigen Ritualen beiwohnen zu dürfen.

Das Touristeninformationsbüro in Gangtok hatte mir mitgeteilt, daß ich in Perman Yangtse ein sehr komfortables Hotel finden würde, doch als ich kurz vor Einbruch der Dunkelheit dort ankam, hatte das Personal wohl gerade einen Tag freigenommen, denn es zeigte sich keine Menschenseele. Das Haus lag dunkel und verlassen ein gutes Stück Weg abseits von jeder Zivilisation. Ich war unschlüssig, was ich tun sollte. Glücklicherweise erspähte ich ein paar Männer in der Nähe, die sogar Englisch sprachen. Als ich ihnen die Sache mit dem Hotel erklärt und sie sich vergewissert hatten, daß es tatsächlich nicht in Betrieb zu sein schien, schlugen sie vor, mich zum »Captain« zu bringen. »Jeder geht zum Captain. Er weiß immer Rat.«

Und so kam es denn, daß ich die Nacht auf einer Baustelle in den höchst unbequemen Schlafquartieren eines Dutzends Männer aus Sikkim verbrachte. Dies war zugleich der Anfang einer der lohnenswertesten Begegnungen meiner ganzen Reise.

Bevor man mir eine Pritsche zeigte, an der auch der fanatischste Asket keine Freude gehabt hätte, aß ich mit den Männern zu Abend. Sie erzählten mir, daß sie eine Schule bauten und dies als eine sehr wichtige Sache angesehen wurde, zu welcher viele Leute mit freiwilliger Arbeit und Geldspenden ihr Scherflein beitrugen. Der Captain, ein Mann von anscheinend grenzenloser Energie und großem Charisma, war für das Projekt verantwortlich. Ich erfuhr seine Lebensgeschichte von dritter Seite. Zur Zeit, als das Land von Indien annektiert wurde, hatte er in der sikkimischen Armee gedient. Wie viele andere Sikkimer, die als Dissidenten ihre Stimme gegen die Machtübernahme erhoben hatten, wurde er in Indien ins Gefängnis gesteckt. Seine Zukunft sah nicht sehr rosig aus, doch während seiner Gefängniszeit widerfuhr ihm anscheinend eine Art religiöser Offenbarung, worauf er begann, buddhistische Gebete zu rezitieren, und seine Gefährten überzeugte, es ihm nachzutun. Skeptiker werden vielleicht einwenden, daß der Militärputsch, der die indische Regierung kurz danach stürzte, in jedem Fall erfolgt wäre. Der Captain wurde von der Junta freigelassen und kehrte nach Sikkim zurück. Er war entschlossen, etwas zu unternehmen, um die religiösen und kulturellen Werte seines Landes zu bewahren, bevor sie völlig verschluckt wurden. Eine buddhistische Schule schien ihm das naheliegendste – eine Schule, die Englisch und Tibetisch als zweite und dritte Sprache unterrichtete und nicht Hindi wie alle staatlichen Schulen. Man hatte diesen Standort gewählt, weil Perman Yangtse, das »Kloster des Erhabenen Lotus«, für die Sikkimer eine ganz besondere Bedeutung hat.

Am folgenden Morgen wurde ich auf der Baustelle herumgeführt. Es war ein ehrgeiziges Projekt, das einmal ein Internat werden sollte, für alle Altersstufen von fünf Jahren an aufwärts. Scharen von Männern und Frauen arbeiteten freiwillig in allen Teilbereichen mit. Wenn eine größere Aufgabe wie beispielsweise das Verlegen eines Betonbodens in Angriff genommen wurde, waren die Kinder vom Unterricht befreit, um mitzuhelfen. Die finanziellen Mittel gingen jedoch immer wieder aus, und so wurden die Arbeitskräfte öfter eingesetzt, um irgendwo auf die Schnelle etwas Bargeld zu verdienen.

Ich verbrachte eine lange Zeit damit, hinter dem Captain herzutrotten, auf die Baugerüste zu klettern und mir voller Stolz alles zeigen zu lassen. Darauf führte er mich zum Kloster hoch, um mir die Schule zu zeigen, wie sie gegenwärtig existierte. Noch nie zuvor hatte ich etwas Ähnliches gesehen. Die hundertvierzig Kinder wurden in baufälligen Gebäuden untergebracht und verköstigt, deren ursprünglicher Zweck einst darin bestanden hatte, meditierende Mönche zu beherbergen. Ihre Schulstunden fanden behelfsmäßig überall dort statt, wo sich gerade eine freie Ecke finden ließ, und wenn die Bauleute den Platz benötigten, zogen die Kinder irgendwohin um. Trotz all dieser Erschwernisse schienen sie sehr viel zu lernen, denn selbst die Kleinsten unter ihnen sprachen bereits beachtlich gut Englisch.

Sonam Denjongpa, der Schulleiter, hatte ein Stipendium der Brown University in Amerika erhalten und dort Maria, eine amerikanische Studentin, geheiratet. Die übrigen Lehrkräfte hatten einen traditionellen sikkimischen Werdegang. Maria freute sich besonders über eine Besucherin aus dem Westen, und als bekannt wurde, daß ich einige Jahre an einer englischen Grundschule unterrichtet hatte, wurde ich eingeladen, so lange wie möglich hierzubleiben, um Gedanken auszutauschen und Ratschläge zu geben. Ihr Enthusiasmus und ihre Hingabe waren derart ansteckend, daß ich mir wünschte, viel mehr Zeit zur Verfügung zu haben, doch ich konnte nur zwei Nächte bleiben, bevor meine Aufenthaltsgenehmigung ablief.

Man fand einen kleinen Raum für mich in dem Gebäude, wo die jüngsten Kinder schliefen. Am ersten Morgen wurde ich um halb fünf Uhr von kleinen ABC-Schützen geweckt, die durch das unverglaste Fenster »Hallo Tourist, hallo Tourist« sangen. Nachdem ich sie mit strenger Stimme zurechtgewiesen hatte, daß dies keine passende Anrede für einen weiblichen Gast in reifen Jahren sei (obwohl mir entfallen ist, wie ich überhaupt auf diesen Gedanken gekommen war), führte einer der kleinen Charmeure mit einem strahlenden Lächeln einen perfekten Salam aus und sagte: »Guten Morgen, Memsahib«, womit er mich völlig entwaffnete.

Ich hatte fast vergessen, daß ich ja eigentlich hierhergekommen war, um mir den Kanchenjunga aus der Nähe zu besehen, obwohl ich vom Kamm, wo das Kloster lag, bloß die Augen zu heben brauchte, um seine massive Südwand zu erblicken, die durch die wirbelnden Nebelschwaden auftauchte und wieder verschwand. Doch die meiste Zeit war ich viel zu beschäftigt damit, am Unterricht teilzunehmen und alles, was vorging, genau zu beobachten. Ich sah zu, wie kleine, kompetente Achtjährige ihre eigenen Kleider wuschen und Gärten bepflanzten, wenn sie nicht gerade mit ihren Schullektionen beschäftigt waren. Trotz des Mangels an Komfort und an grundlegenden Bequemlichkeiten genoß ich hier jede Minute meines Aufenthalts. Wenn ich zu Hause keinen Ehemann gehabt hätte, der in Kürze meine Rückkehr erwartete, wäre ich versucht gewesen, das Angebot einer festen Stelle anzunehmen. So jedoch kam ich gerade noch rechtzeitig weg, denn am Tag meiner Abreise setzte der Monsun ein. Er verfolgte mich bis zurück nach Katmandu, überschwemmte die Straßen und trug Brücken mit sich fort.

Epilog

Nach dem einstündigen Flug von Katmandu war ich um sieben Uhr abends auf dem Flughafen von Delhi angekommen. Zuerst saß ich völlig entspannt im Niemandsland, das den Transitpassagieren vorbehalten ist. Der Flug von Nepal war herrlich gewesen. Das Flugzeug war beinahe parallel zur Himalajakette geflogen, und jeder einzelne der gut sichtbaren Gipfel wurde von den Strahlen der untergehenden Sonne vergoldet.

Meine Euphorie klang langsam ab, als immer mehr meiner Mitreisenden von ihren Fluggesellschaften aufgerufen wurden und in den Luxus der Abflughalle überwechseln durften. Nichts konnte ungemütlicher sein als dieser Transitraum, wo der einzige Kiosk mit Erfrischungen schon vor meiner Ankunft geschlossen hatte. Als weitere Abwechslung blieb nur der Waschraum für Damen, doch dessen Fußboden war von den Putzfrauen belegt, die hier schliefen. Das erste Mal, als ich ihn aufgesucht hatte, waren sie aufgesprungen und hatten mit einem Lappen schnell über die Waschbecken gewischt, bevor sie sich mit einem Lächeln und mit ausgestreckter Handfläche an mich heranmachten. Meine letzten wenigen Münzen, nepalische Rupien, waren auf wenig Gegenliebe gestoßen; bei weiteren Besuchen hielten sie es nicht mehr für nötig, so weit wegzurücken, daß ich eintreten konnte.

Niemand rief mich auf. Von Zeit zu Zeit konnte ich mir irgendeine uniformierte Person schnappen, die den Raum durchquerte, und sie fragen, ob man mich nicht abfertigen könne, damit ich endlich aus diesem Schwebezustand herauskam, doch jedesmal wurde mir befohlen zu warten – alles »kein Problem«.

Ich hatte eigentlich keinen rechten Grund, mich zu beschweren, und litt nur an Langeweile, zumindest die ersten sieben Stunden. Als es nur noch eine Stunde bis zum Start dauerte, dachte ich, daß jetzt langsam etwas geschehen müßte. Doch jedesmal, wenn ich die Tür zur Außenwelt öffnete und versuchte, jemandes Aufmerksamkeit zu erregen, runzelte irgendein Beamter die Stirn und stürzte herbei, um die Türe wieder zu schließen.

Dann blieb nur noch eine halbe Stunde bis zum Abflug. Ich begann mir ernsthaft Sorgen zu machen. Schließlich war es ja nicht ganz dasselbe, wie einen Bus zu erwischen, dem schon wenige Minuten später ein weiterer folgt. Ich war noch nicht abgefertigt worden, und auch mein Fahrrad mußte noch eingeladen werden. So nahm ich all meinen Mut zusammen und schob das Rad zur Abflughalle hinüber.

»Was tun Sie da?« bellte ein uniformierter Aufseher.

»Ich suche mein Flugzeug«, sagte ich mit fester Stimme und zeigte ihm mein Flugticket.

»Flug schon aufgerufen. Warum Sie nicht kommen? Vielleicht schon zu spät. Ich schaue.«

Ich schluckte alles hinunter, was mir auf der Zunge lag, und folgte ihm dicht auf den Fersen, damit er mir nicht entwischen konnte. Schon bald hielt er bei einem Schalter an, über dem meine Flugnummer geschrieben stand. Hinter dem Schalter konnte ich ein Flugzeug – mein Flugzeug – auf dem Rollfeld sehen. Gerade stiegen die letzten Passagiere ein, und die Türen zum Gepäckraum wurden geschlossen.

»Zu spät für Fahrrad, Madame, tut mir sehr leid«, meinte der neue Beamte. »Wir schicken es später nach.«

Vor fünf Monaten hätte ich mich vielleicht damit abgefunden, aber jetzt nicht mehr. Mein Fahrrad und ich hatten zusammen einen langen, schweren Weg zurückgelegt, zusammen würden wir auch heimreisen. Ich war nicht gewillt, es hierzulassen, damit es vielleicht für immer irgendwo auf dem Subkontinent verschwand.

Der Beamte beugte sich der höheren Gewalt, zuckte resigniert mit den Achseln und rief einen Gepäckabfertiger herbei, der das Rad zum Flugzeug bringen sollte. Keiner meldete sich. Statt dessen stand eine ganze Gruppe von Trägern da und diskutierte, wer dafür verantwortlich sei. So nahm ich die Sache selber in die Hand und schob das Rad über die Rollbahn zu dem wartenden Flugzeug.

»Tut mir schrecklich leid«, sagte ich zu dem Mann, der vortrat, um es mir abzunehmen.

»Schon gut«, meinte er. »Immer Chaos in Delhi. Hübsches Rad. Ich kümmere mich darum, nur keine Angst.«

London, 14. November 1983

Technischer Steckbrief

Das Fahrrad wurde von Ernie Young (Young's Cycles in Lewisham) entworfen und gebaut, wobei das Problem, einen ausreichenden Radabstand zwecks Stabilität mit einem möglichst kurzen und bequemen Oberrohr zu kombinieren, auf elegante Weise gelöst wurde. Die wichtigsten technischen Daten:

Rahmen von Grandini mit doppelt konifizierten Reynolds-531-Rohren
Sattelrohr 21″
Oberrohr 20 $\frac{1}{2}$″
Hinterrohre 17 $\frac{1}{2}$″
Sitzwinkel 72°
Oberwinkel 73°
Abstand Tretlager/Gabel 23″
Spur 2 $\frac{1}{8}$″
Hartgelötete Gepäckträgerverbindungen vorne und hinten
Geschmiedete Ausfallenden Campagnolo
Reich verzierte Muffen und Ösen, damit der Besitzer wirklich stolz auf sein Rad sein kann.

Laufräder: Legierte Felgen Weinmann 26″. Niederflansch-Naben Campagnolo Record. Rostfreie Speichen Norm 14 mit Dreifachkreuzung.

Reifen: Michelin Speeds. Für 26-Zoll-Räder meiner Meinung nach die besten, aber nicht sehr geeignet für strapaziöse Radtouren.

Kraftübertragung: Tretlager Campagnolo Brevit. Kurbel-arme Stronglight. Fünffach-Zahnkranz Regina Oro. Kette Sedis. Hinterer Umwerfer Duopar titanium. Vorderer Umwerfer Campagnolo.

Übersetzung: Großes vorderes Kettenblatt: 47 Zähne
Kleines vorderes Kettenblatt: 30 Zähne
Zahnkränze: 17 – 19 – 22 – 25 – 30
Übersetzungsverhältnis:
Großes Kettenblatt: 72 – 64 – 56 – 49 – 41
Kleines Kettenblatt: 46 – 41 – 35 – 31 – 26

Sattel: Avocet Anatomical W 2

Bremsen: Campagnolo Grand Sport mit Bremsklötzen Scott Malthauser

Lenker: Cinelli mit Randonneur-Bügeln, Schaumstoffpolsterung Grab-Ons

Ausrüstung

Über meine Garderobe habe ich im ersten Kapitel gesprochen. Als einziges würde ich zusätzlich noch einen Badeanzug und einen Fahrradregenschutz empfehlen – hören Sie nicht auf Leute, die Ihnen weismachen wollen, daß es in Indien und Pakistan außerhalb der Monsunperiode nie regnet!

Wichtige Ausrüstungsgegenstände: eine Dauerkerze und imprägnierte Streichhölzer. Sicherheitsnadeln – besonders nützlich, um Wäsche an den Satteltaschen zum Trocknen aufzuhängen. Kompaß und Landkarten, sofern erhältlich. Mindestens zwei Wasserflaschen. Ein gutes Messer und eigenes Besteck, Teller und Tasse. Sonnenbrille. Ein Schlafsack sowie ein dünner Baumwollschlafsack zum Schlafen bei sehr heißem Wetter. Ein sehr weiter Rock, um die Schicklichkeit zu wahren, wenn man auf dem Land, wo immer und überall Leute sind, einem natürlichen Bedürfnis nachgeben muß.

Gepäck: Nach meiner Erfahrung läuft das Fahrrad am stabilsten, wenn alles Gepäck in konischen Seitentaschen verstaut wird, etwa zwei Drittel in den hinteren und ein Drittel in den vorderen. Ich habe gern viele Außentaschen, damit Dinge, die ich häufig benötige, leicht zugänglich sind. Sehr wertvoll finde ich den kleinen, am Lenker zu befestigenden Kartenhalter, der es erlaubt, während des Fahrens die Route zu überprüfen, was übrigens auch etwas von den Strapazen ablenkt, wenn man mit einem langen, steilen Anstieg seine liebe Mühe hat.

Werkzeug: Ich sehe keinen Sinn darin, nutzloses Zeug mit-
zuschleppen. Die einzige Ausnahme von dieser Regel sind
ein paar Ersatzspeichen. Ich kann zwar immer noch keine
zerbrochenen Speichen auswechseln, hoffe jedoch, daß sich
nötigenfalls jemand findet, der das beherrscht. Im übrigen
umfaßt mein Sortiment folgendes Werkzeug:

> Eine Garnitur leichtgewichtiger Mafac-Schraubenschlüs-
> sel – scheußlich in der Anwendung, doch sie passen zu
> sämtlichen Schraubenmuttern am Rad.
> Inbusschlüssel in passenden Größen
> Miniaturzange
> Zwei Leichtmetall-Reifenheber
> Einen Kettengliedabheber
> Einen Miniaturschraubenzieher. Weitere Schraubenzie-
> her gibt es an meinem Schweizer Militärtaschenmesser.
> Pannenflickzeug
> Ersatzkabel
> Zwei Ersatzschläuche und ein Ersatzreifen

Fotoausrüstung: Ich wählte eine vollautomatische Olympus
XA 35 mm, die trotz verschiedenster Desaster und Rutsch-
partien in den Bergen perfekt funktionierte. Neun der zehn
Filmrollen Kodachrome 25 ASA brachten prächtige Aufnahmen, die letzte und in gewisser Hinsicht für mich kost-
barste ging bei Kodak auf unerklärliche Weise verloren,
was ich der Firma bis heute nicht verziehen habe.

Gesundheit

Wer den Subkontinent bereist, ist zahllosen Gesundheits-risiken ausgesetzt. Dies betrifft vor allem Krankheiten als Folge unhygienischer Verhältnisse. Ich schützte mich, so gut ich konnte, indem ich mich vor der Abreise impfen ließ. Impfungen gegen Typhus, Paratyphus, Cholera, Wund-starrkrampf und Gelbfieber zählen zu den Standardvor-sichtsmaßnahmen. Zusätzlich erhielt ich eine Spritze Gam-maglobulin, ein nicht überall anerkannter Schutz gegen infektuöse Gelbsucht. In meinem Fall wirkte er, doch ich achtete darauf, mir eine zweite Dosis verabreichen zu las-sen, bevor die empfohlene Immunisierungsperiode abge-laufen war.

Das größte Problem, von Darmkrankheiten wie bakte-rieller Ruhr oder Amöbenruhr verschont zu bleiben, liegt darin, daß es sehr schwierig ist, eine ausreichende Menge sauberer Flüssigkeit zum Trinken zu erhalten. Die Erreger gibt es praktisch überall, wo etwas mit der Hand berührt wird – auf dem Geschirr, auf Früchten, im Essen usw. Auf der Reise ist es unmöglich, alles gründlich zu waschen, und so kann man nicht viel mehr tun als hoffen, sämtliches Trinkwasser sterilisieren und seine Hände häufig mit Kar-bolseife waschen. Zur Sterilisation des Wassers existiert meines Wissens kein völlig zufriedenstellendes Mar-kenprodukt, das sich leicht mitführen läßt, mit Ausnahme von Jod, doch da dies immerhin ein schwaches Gift ist, muß man ein gewisses Maß an Vorsicht walten lassen. Ich ver-wendete Sterotabs von Boots, und wenn ich glaubte, in einer besonders gefährdeten Gegend zu sein, nahm ich Jod.

Die Malaria grassiert auch im Himalaja und ist auf dem ganzen Subkontinent verbreitet. Es gibt verschiedene Vor-beugemittel, doch weil die Mücken schnell dagegen resistent werden, sollte sich ein Reisender unbedingt beim zuständigen Tropeninstitut nach der besten Vorsorge erkundigen.

Auch die Tuberkulose ist häufig, und es empfiehlt sich sehr, einen Test zu machen, um zu sehen, ob man dagegen immun ist.

Für Notfälle führte ich Antibiotika mit, außerdem eine fungizide und eine antibakterielle Salbe gegen Hautinfektionen, eine antibiotische Augensalbe, Pflaster, Binden und eine Salbe für Verbrennungen.

Die wichtigste Vorbeugemaßnahme, die ich mir leistete, war eine gute Versicherungspolice, die es mir ermöglicht hätte, im Fall einer ernsthaften Krankheit nach Hause geflogen zu werden. Ich bedauerte die Kosten dafür keinen Augenblick, denn es war eine große Beruhigung, besonders nach dem Besuch eines typischen örtlichen Krankenhauses.

Bettina Selby
Timbuktu!

Eine Frau in Schwarzafrika allein mit dem Fahrrad unterwegs. Aus dem Englischen von Jürg Wahlen. 285 Seiten mit 21 Farbfotos von Bettina Selby. Serie Piper

Mit ihrem roten Fahrrad bricht die Autorin auf, um ein Stück Schwarzafrika – von Niamey bis Timbuktu – zu erkunden: vorbei an Lehmhütten und Reisfeldern, durch die Wüste und durch den Urwald, immer entlang dem Niger. Auf ihrem abenteuerlichen und strapaziösen Weg, den sie mit erfrischender Selbstironie schildert, erlebt sie Menschen und Landschaft in einer Unmittelbarkeit, wie sie nur die Reisegeschwindigkeit des Fahrrads erlaubt. Sie stößt auf verloren geglaubte Kulturen und liefert Momentaufnahmen einer fernen Welt, die vom Untergang bedroht ist.

Bettina Selby
Ah Agala!

Mit dem Fahrrad durch Afrika. Aus dem Englischen von Jürg Wahlen. 338 Seiten mit 19 farbigen Abbildungen und 4 Karten. Serie Piper

Was für Ideen hat man in der Ägyptischen Abteilung des Britischen Museums? Natürlich – eine Radtour durch Afrika. Zugegeben, daran denkt nicht jeder als erstes, aber so begann tatsächlich Bettina Selbys Tour durch die Wüste. Auf den Spuren der großen Afrikaforscher wollte die Britin am Nil entlangfahren, eine Strecke von 7000 Kilometern: durch den Sudan, an den Seen im Ostafrikanischen Graben vorbei, über das geheimnisvolle Mondgebirge bis zur Quelle des Nil mitten in Uganda. Ausgerüstet mit einem Spezialfahrrad, einer kleinen Apotheke, Trinkwasserfilter und einem Antihundespray tritt sie fünf Monate lang in die Pedale. Ihre Erlebnisse schrieb sie auf in einem spannenden, selbstironischen, nicht nur für Fahrrad-Begeisterte lesenswerten Buch.

05/1063/01/L. 05/1064/01/R

Hauptsache weit weg

Abenteuerliche Frauen-Leben. Herausgegeben von Susanne Aeckerle. 237 Seiten. Serie Piper

Viele Frauen reizt der Gedanke, nicht nur in die Ferne zu reisen, sondern auch dort zu leben, zu arbeiten und – zu lieben. Und schon immer gab es mutige und starke Frauen, die sich auf den Weg machten: in die Wüste, nach Grönland, zu den Scheichs, in den Busch, zu den Kopfjägern. Dort blieben sie für ein paar Monate, ein paar Jahre – oder ein ganzes Leben.

Elf berühmte abenteuerliche Frauen sind in diesem Band vereint: Daisy Bates, Margaret Mead, Florinda Donner, Dian Fossey, Sophie Caratini, Maria Sibylla Merian, Anna Leonowens, Anne Spoerry, Lady Hester Stanhope, Christiane Ritter und Carmen Rohrbach.

Lieve Joris

Das schwarze Herz Afrikas

Meine erste Reise in den Kongo. Aus dem Niederländischen von Barbara Heller. 300 Seiten und mit einem farbigen Bildteil. Serie Piper

Als junge Reisereporterin reist Lieve Joris Mitte der achtziger Jahre zum ersten Mal nach Schwarzafrika. Ihr einzigartiger Bericht über die Schönheiten und Skurrilitäten eines uns so fremden Landes steht am Beginn einer Faszination, die bis heute anhält. Ohne zu verklären, zeichnet sie das lebendige und atmosphärische Porträt eines Volkes, in dem Kolonialmacht und Diktatur ihre Spuren hinterlassen haben.

»Ein wunderbares Buch, welches das Land in einem Licht zeigt, wie es die politische Berichterstattung nicht vermag.«
Neue Zürcher Zeitung

Abenteuerliche Frauen

Starke Geschichten. Herausgege-
ben von Annika Krummacher.
121 Seiten. Serie Piper

Ob als Fotoreporterin allein durch den afrikanischen Dschungel oder mit dem Fahrrad durchs Katmandu-Tal, als Jagdführerin in Alaska, zu Besuch bei einem senegalesischen Stammeskönig oder als Lehrerin im fernen Bhutan – die fünf Frauen in diesem Buch haben sich einen großen Lebenstraum erfüllt. Ihre Suche nach dem Abenteuer und ihre Sehnsucht nach der Ferne haben sie nach Afrika, Asien und Alaska geführt. Deborah Copaken Kogan, Bettina Selby, Pam Houston, Lieve Joris und Jamie Zeppa erzählen von wunderbaren Naturerlebnissen und lebensgefährlichen Situationen und entführen die Leserinnen in fremde Länder und zu exotischen Völkern. Ein Buch für Frauen mit der Sehnsucht nach Abenteuer und Wildnis im Herzen.

Jamie Zeppa
Mein Leben in Bhutan

Als Frau im Land der Götter.
Aus dem Englischen von
Karina Of. 367 Seiten mit
15 Farbfotos. Serie Piper

Bhutan – das ist das geheimnisvolle »Land des Donnerdrachens« im Himalaja zwischen Tibet, Indien und Sikkim. Aus purer Abenteuerlust beschließt die Kanadierin Jamie als 24jährige, für zwei Jahre in Bhutan Englisch zu unterrichten. Dort begegnet sie einer vom Tourismus noch unberührten Welt. Sie entdeckt die sensationelle, wilde Schönheit der Natur, die faszinierende buddhistische Religion, die traditionsreiche Kultur mit ihren überwältigenden Klosterburgen und uralten mystischen Bräuchen. Mehr und mehr erliegt sie dem Zauber dieses einzigartigen Landes. Jamies tiefe Zuneigung zu den einheimischen Kindern und ihre Liebe zu dem Bhutaner Tshewang führen schließlich dazu, daß sie für immer bleiben möchte – gegen alle Widerstände ... Eine mitreißende Reportage einer mutigen jungen Frau und das bewegende Zeugnis einer großen Liebe zwischen den Kulturen.

SERIE PIPER